雪球 和聪明的投资者一起学习投资

雪球投资经典

白话A股

“段子手”股民的忏悔录

魔力理财◎著　　Mitty花花◎插画

看别人的投资故事，长自己的理财见识

老股民将自己眼中的A股慢慢道来

还有那些口口相传的股谚、A股传奇人物

助你看清股市，少犯错误

中国经济出版社
CHINA ECONOMIC PUBLISHING HOUSE
·北京·

图书在版编目（CIP）数据

白话 A 股："段子手"股民的忏悔录 / 魔力理财著；Mitty 花花插画 .
—北京：中国经济出版社，2019. 5
ISBN 978 - 7 - 5136 - 5700 - 6
Ⅰ. ①白… Ⅱ. ①魔… ②M… Ⅲ. ①股票市场—普及读物 Ⅳ. ①F830. 91 - 49
中国版本图书馆 CIP 数据核字（2019）第 083959 号

责任编辑　燕丽丽
责任印制　巢新强
封面设计　任燕飞

出版发行　中国经济出版社
印 刷 者　北京力信诚印刷有限公司
经 销 者　各地新华书店
开　　本　710mm × 1000mm　1/16
印　　张　18. 25
字　　数　220 千字
版　　次　2019 年 5 月第 1 版
印　　次　2019 年 5 月第 1 次
定　　价　49. 00 元
广告经营许可证　京西工商广字第 8179 号

中国经济出版社 **网址** www. economyph. com **社址** 北京市西城区百万庄北街 3 号 **邮编** 100037
本版图书如存在印装质量问题，请与本社发行中心联系调换（联系电话：010 - 68330607）

目　录

第一章　往事并不如烟

第二章　历史不会重复，但会惊人的相似

第三章　A股传奇

第四章　股民老张的口头禅

第五章 “韭菜”收割机

第六章　宏观领域的一些概念和故事

第七章　技痒

第一章

往事并不如烟

股票交易大厅中，交易员们身穿马甲，一手拿着电话听筒，一手使劲儿比画，大声喊着交易指令……这样的场景，现时代的我们只有在《华尔街》《锅炉房》之类的老电影中才能看到。

本章可以看作A股的“野史”，通过这些故事、传说，也许你可以从历史中找到“闪光点”、淘到宝贝，使自己的投资能力特别是抗风险能力得到明显的提升。

01 红马甲、黄马甲、蓝马甲

红马甲、黄马甲

电影中的股票交易大厅，人声鼎沸，夹杂着一阵接一阵的电话铃声，交易员们手舞足蹈，表情丰富，却听不清楚他们说什么；跑马灯显示屏上各种股票的价格不断变化，场内场外有人欢喜有人愁，上演着一幕又一幕的精彩故事。

在这些千变万化之中，我们也能注意到，交易员们穿着清一色的红马甲，以至于后来“红马甲”就成了交易员的代称。

中国股票的历史可以追溯到清朝晚期，但现代的股票交易要从上海交易所和深圳交易所谈起。到目前为止，这是 A 股的两个交易所。

交易所在成立之初，建设者们参考吸收了西方经验，建立了交易大厅，设置了证券公司或投资机构席位，席位上坐着这些机构的交易员。当然，还有交易所的内部工作人员。为了与交易员区别开来，他们穿的制服就是黄马甲。

图 1－1－1　红马甲
（插画：Mitty 花花@新都）

黄马甲，中国特色

据说当年上海证券交易所筹建期间，条件相当有限，大家都经验不足，离规定的开张时间又很近了，于是产生了误打误撞、将错就错的"马甲颜色之中国特色"。

当时，交易大厅的色彩整体上是冷色调，如果交易人员穿红马甲，不但符合审美传统，而且万绿丛中一点红，显得喜庆而且活跃。于是领导决定马甲就用红色。但执行不到位，负责服装的那位工作人员去买布的时候，个人认为黄色比红色更好看，于是自作主张买了黄布。但是黄布不符合领导要求，又去买了红布。到了交易所开业的那一刻，红马甲、黄马甲一起出现，而且数量刚刚好，没有多余的。说时迟那时快，领导傻眼一秒钟后临时拍板说，让交易员们按照国际惯例穿红的，交易所的工作人员将就一下，穿黄的吧。红黄二色马甲由此诞生。

后来交易所的业务发展得很快，上交所一共开辟过 8 个交易大厅，投资机构的交易席位最多的时候曾经超过 5000 个。午饭时段，交易大厅附近的大街小巷，5000 多个红马甲来来往往，蔚为壮观，如果有航拍照片的话，可以说是值得珍藏的股市文物了。

1997 年底上海证交所搬迁到浦东新大楼后，开始采用无形交易的方式，但沿袭传统，在交易大厅保留了 1608 个席位。到现在，尽管网络技术发达，股市交易早就实现了电子化，但上交所保留了交易大厅和一小部分 B 股的有形交易席位，所以在上交所的交易大厅里仍旧可以见到红黄马甲的身影。

图 1－1－2　上交所 01 号红马甲，
浙江证券的出市代表
（插画：Mitty 花花@新都）

说来有趣，当年两匹布的"失误"造就了独特的风景线。毕竟红黄二色在中国传统文化中具有独特的魅力。君不见，美股用绿色表示上涨用红色表示下跌，到了东方世界就扭转过来。再说了，交易员和工作人员分别穿不同色彩的马甲以示区别，也是实用有效的管理措施。打破无关痛痒的国际惯例，采用红黄二色马甲，这是个很实用的将错就错，让中国的股票交易所在全世界的交易所中别具一格、独树一帜。

蓝马甲

深交所当年开业的时候，也采用交易员手工竞价的方式完成交易，虽有电脑但毕竟数量太有限，只能处于辅助地位。交易大厅内，各个席位的交易员按分工不同穿上蓝马甲和红马甲，不是军事演练中的红方蓝方，也不是上交所那样的交易员穿红马甲、交易所的工作人员穿黄马甲，而是一种新情况：红蓝马甲都是同一家投资机构的人员，蓝马甲负责接收、登记本部门传来的买卖指令，相当于收报员、邮差先生；红马甲负责依照指令代客竞价、买卖股票，是名副其实的交易员。

到了 1997 年，深交所也实现了无形化交易，而且改革彻底，场内交易员全部退场，红蓝马甲从深交所消失。

02　手工竞价、口头唱报、白板竞价

手工竞价、口头唱报

说到这里，看官们可能会问，电影中的那个年代，上交所、深交所开业之初，人们买卖股票都要通过交易员才能实现吗？“炒股”的实操流程是不是很复杂？是的。手工操作为主，电脑只能辅助。“通信基本靠吼”这句俏皮话，也适用于那个阶段，而且是很形象的描述，可惜笔者没有亲

身体验过。

据说跟电影场景高度近似。当时的操作流程是：投资人（简称“股民”，下同）想在深交所买卖股票，就要到券商柜台去办理委托，填写委托书，然后券商将委托书上记载的买卖指令通过热线电话传给事先派往交易所工作的蓝马甲，蓝马甲立即登记在《买卖申请记录簿》上，交易员红马甲再根据这些操作指令，按价格优先、时间优先的操作原则进行公开竞价。

图 1－2－1　交易员扑地唱报
（插画：Mitty 花花@新都）

竞价时，红马甲们手举单子在场内飞奔，跑到指定位置后，趴在红色地毯上，比画着手势进行口头唱报，一个唱买另一个唱卖，竞价应价后，即刻签字成交。大家可以脑补一下那个场景，像不像一场紧张的橄榄球比赛？

白板竞价

扑地唱报虽然很有戏剧性，但是既占空间又费时间，于是迅速被“白板竞价”替代，交易员们在白板上写字来撮合交易。

红马甲们将 B（Buy）买盘和 S（Sale）卖盘写在白板上方的左右两栏，每栏又有两个价位，按买卖价格的高低顺序登录

图 1－2－2　白板竞价
（插画：Mitty 花花@新都）

白板竞价。成交后，卖方的红马甲填写三联记录单，在打卡机上打好成交时间和成交记录单号码。然后将红色联交买方的红马甲，将黄色联交给深交所工作人员查验，将蓝色联交卖方电话员并通过本部将成交结果告知股民。同时，交易所的工作人员将交易价格和交易量的变化输入电脑，向社会公布。时值 1991 年，坐标：深交所交易厅。

相比于扑地唱报，白板竞价大幅提高了工作效率，但毕竟是手工操作，信息处理、传输、再现，变成“行情”需要较长的时间，所以当时的投资人看到的行情不是实时行情，而是至少几分钟以前的延时行情。

03　股票业务大厅、任意键

随着信息行业的高速发展，到了 1996 年，笔者也开始到股票业务大厅去炒股。那时候没有手机和平板电脑，电脑和炒股软件更不是股民的标配，要完成买卖、实现交割，就要到证券公司（以下简称“券商”）的业务大厅去。就算是股资 10 万元以上的大户，家里配有电脑，也经常到业务大厅的大户室去。

什么是“业务大厅”，跟前文所述的“交易大厅”有啥不同？最大的区别是等级，“交易大厅”特指交易所的交易大厅，业务大厅指的是众多券商们开设的遍布全国各地的业务网点。笔者实操过的那个业务大厅，通常有着这样的场景：

数十平方米的大厅里，标配一排排的座位，只有四色显示的 LED 显示屏，挨墙摆放着一排电脑，供散户们共享。行情火爆、人头攒动的时候，一台电脑周围至少有 10 个人在排队。后面的等不及了就催促前面的人：“快点嘛大哥（大姐），我再不买（卖）就没机会了啊！”偏偏遇到一个操作不熟练的人，左手拿着纸条，右手在只有十多个按键的小键盘上面晃悠，抖抖颤颤地寻找着，一边看键盘一边看纸条或者 LED 屏幕上跳动的行情。估计因为担心出错，按键特别用力，不是轻敲而是按压，使劲地、按一下估计 2 秒以上，结果是输入一连串数字，哎呀！这机器咋搞的，错了错了！旁边的人赶快说："快点删掉重来！"于是一字一顿地敲退格键，啪、暂停，啪、暂停……让那些排在后面的人等得心急火燎。

看官您别急，当年我在排队现场还遇到一个阿姨问我："小伙子，这个任意键在哪里？我咋找不到呢？"没等到我回答，排在我后面的叔叔大声忤气地说："随便按哪个都行！你搞快点嘛！"阿姨生气了，"你吼啥子？嫌我慢你来嘛！哪个人生下来就懂嘛……"

所以那时候大厅里吵架的多，连打架的都有。

图 1-3-1　排队下单，遇上任意键
（插画：Mitty 花花@新都）

资深股民忍不住说，除了到大厅现场去操作，你还可以电话委托嘛。没错，可以通过拨打指定号码到证券公司，跟随语音指示，按键完成交易。但是股民们更愿意到业务大厅的电脑上去操作，因为电脑上显示有股票名称、代码、当前股价等信息；如果搞不懂，还可以请教股友，请人帮忙；更重要的是，那里有气氛、有现场感、有各种消息、有人际交流。相比之下，冷冰冰的电话就让他们发怵。用现代科技语言来说，交易大厅相当于一个富媒体，承载的东西很多，对股民的吸引力很强，远不止"信息量大"四个字所能描绘。

然而我们在电影里看见的情景是：客户打进电话发出买卖指令，交易员记录，然后帮客户把买卖指令输入交易主机完成撮合交易。或者交易员主动给客户打电话，建议某一桩买卖。这些差别，可能就是东方新兴股市与西方老牌股市的区别之一：股民的参与形式不同。

"业务大厅"跟"交易大厅"还有一点区别，笔者没有见到过穿红马甲、黄马甲、蓝马甲的人。以至于21世纪头10年听到某股友讲到他的师父"当年是穿红马甲的"，不免肃然起敬，还思绪翩翩想到黄马褂，似乎有某种联系，比如一种身份、一种经历、一桩故事。

04 老八股（上海）

20世纪80年代末，上海一些国营企业"接到命令"去上市。不是产品上市而是股票上市，也就是我们常说的IPO，在上海主板首次公开发行股票。被命令去上市，看到这里，估计一些人要感叹自己晚生了20年！

1990年12月19日，上海证券交易所成立，首批挂牌交易的股票有8只，这是新中国最早公开上市交易的股票，被股民们称为"老八股"。为了与后来的"深圳老五股"区别开来，更准确的称呼是"上海老八股"。

老八股都有哪些？现状如何？请看下表。

图1-4-1　晚生了20年
（插画：Mitty花花@新都）

表 1-4-1　老八股

代码，初名	现名	简述
600601 延中实业	方正科技	1985 年 1 月成立，首批向社会公开发行股票的股份制试点企业之一。 1986 年 9 月 26 日改公司，股票在上海上市交易（登录上交所以前）。 公司于 1990 年、1992 年、1993 年、1994 年 4 次送配股和增发新股，注册资本从初创时的 500 万元增至 6000 万元。
600602 真空电子	云赛智联	1987 年 1 月改制为上海真空电子器件股份有限公司。 1992 年 2 月 4 日，公司通过向境外投资者发行人民币特种股票后，获批成为中外合资股份制企业。
600651 飞乐音响	飞乐音响	1984 年 11 月 18 日成立，经中国人民银行上海分行金融行政管理处批准，首家向社会公开发行股票的股份制试点企业（之一）。 1986 年 9 月 26 日，股票开始在上海市交易（登录上交所以前）。 通过 1989 年、1991 年、1993 年 3 次送配股和增发新股，注册资本从初创时 50 万元增为 1000 万元。
600652 爱使股份	游久游戏	1985 年 1 月成立，原名上海爱使电子有限公司，股本金 30 万元（其中法人持股 12.5 万元，个人持股 17.5 万元），是上海首批股份制试点企业和股票上市公司之一。 公司现拥有全资子公司 4 家、参股企业 6 家。1993 年 6 月公司正式更名为上海爱使股份有限公司。
600653 申华实业	申华控股	原名上海申华电工联合公司，自 1986 年开始股份制试点工作以来，以"资本来自民间、产业服务社会、效益回报股东"为宗旨，积极发挥股份制企业的机制优势和资本优势，并取得了可喜的成绩。 公司最大特点是产权关系清晰，属完全自主经营的企业。
600654 飞乐股份	*ST 中安	1987 年 9 月成立，由国集合营的上海飞乐电声总厂改制成立，是国内电声行业规模最大的综合性企业。
600655 豫园商场	豫园股份	公司前身上海市豫园商场，1987 年 6 月改制成立上海豫园商场股份有限公司。 为了进一步开发建设豫园地区商业、旅游业，原公司上海豫园旅游服务公司等 15 家单位共同发起下，原有限公司重新组建为"上海豫园旅游商城股份有限公司"，并于 1992 年 5 月 13 日正式成立。
600656 浙江凤凰	（不存在了）	老八股中经历最复杂、命运最多舛的一个。曾用名：凤凰化工、浙江凤凰、华源制药、*ST 华药、*ST 源药、S*ST 源药、ST 源药、ST 方源、博元投资、*ST 博元，直到 2016 年退市。

05 小飞乐、大飞乐

老八股中有飞乐音响（600651. SH）和飞乐股份（600654. SH），坊间昵称“小飞乐”和“大飞乐”，就像称呼一对兄弟那样。

整体上，小飞乐的股价走势比大飞乐好得多，在老八股 8 个兄弟中，小飞乐的股价也经常是最高的，而大飞乐的股价却经常是最后一名。然而，过程中必然有起伏，大飞乐的股价走势非常适合“三十年河东，三十年河西”这句话。

就在 A 股刚兴起不久的 1992 年，大飞乐股价摸高 3550 元，成为 A 股历史上的最高价纪录保持者，至今无人打破。

后来公司业绩大幅下滑，经过资产重组，更名为“中安消”，股价再度高涨。于是踏空大飞乐而持有小飞乐的部分股民发出“质问”说，“果然选择比努力重要，（你们这些）业绩差的企业要穷则思变，人家大飞乐生命不息奋斗不止，现在终于大了、飞了、乐了！”

A 股股民有善于炒作重组股的记录，并因此造就了炒股神话“三最模式”。大飞乐一经重组马上表现精彩，可谓风生水起。可惜，没有业绩支撑的重组股，概念炒作坚持不了多久。由于业绩持续下滑，中安消被戴帽（st），后来还被加星（*），到 2018 年 3 月笔者整理本小节内容时，股票名称已经是披星戴帽的 *ST 中安，据说面临退市风险。

魔力戏说

A 股曾经被批评不适合价值投资，因为股民以散户为主，整体素质较差，价投基础薄弱。但是 2017 年以来，贵州茅台（600519. SH）让人们再次想起价值投资，而且以前屡试不爽的"三最模式"也不灵了，"一朝重组、鸡犬升天"那一页也翻过去了。

我们不免要问，上市公司要怎样做才能避免大飞乐的老路，股民的资产要怎样保护才能不被"打飞了"？"投资者保护"这项工作任重而道远，"投资者教育"（简称"投教"）工作同样需要多方协同加不懈努力。搞教育不比做保护来得更轻松。

06 三不、双低、双高

到 2019 年，A 股已经运行了接近 30 年。8 年前的 2011 年，有股民问"老八股"，运行了 20 年，市场表现如何？这些年你过得好不好？

有人评论说，上海老八股是 A 股的一种历史遗产，市场表现一度不佳，共同特点是规模不大、市值不高、成长不足，**净资产收益率低、投资回报率低**，导致**市盈率高、换手率高**，被股民戏称为"三不、双低、双高 + 垃圾股"，可以说是长成了歪瓜裂枣。

曾经，题材炒作和资产重组是老八股在市场上表演的保留节目，严重影响了中国股市早期的试点工作和后续的发展模式。这样评价的数据依据是：

时至 2011 年 7 月底，老八股的市盈率中位数为 59 倍，净资产收益率中位数为6.44%，年平均换手率400%。2001—2011年，十年平均股价复合收益率1.88%。作为一项十年投资，收益率目标再低也不能低于国民经济的实际增长率，否则这种投资还有何意义？

当然，也有人评论说，还是有不错的，比如豫园商城（现在已经改名“豫园股份”了）。

魔力戏说

股民不能刻舟求剑，用老眼光去看新世界；更不能跟股票谈恋爱，就算你是价值投资者，具体的股票对你来说也不过是投资标的之一，仅此而已。一母生九子，九子各不同，在A股的历史长河中，恒星和彗星都必然会有的，而且就算是恒星，其股价也在波浪中起伏。

老八股表现得怎么样不重要，重要的是你要知道为什么会有老八股？为什么会有人热炒重组概念股，而且一波接一波，乐此不疲？为什么曾经辉煌得不可一世的“三最模式”会悄然熄火？

07 “老五股”（深圳）、爱万科

“老五股”

上交所有“老八股”，深交所有“老五股”：深发展、深万科、深金田、深安达、深原野。从它们上市到现在，快30年了，深金田已经退市，另外4个兄弟也改名换姓了。

表 1－7－1　老五股

代码/初名	现名	简述
000001 深发展	平安银行	深圳发展银行的前身为深圳特区 6 家城市信用社，经市政府和中国人民银行批准，通过股份化改造组建而成。1987 年 5 月 10 日开始向社会公开发行股票，同年 12 月 28 日正式开业。 1988 年 4 月 11 日，"深发展"股票在特区证券公司挂牌，1991 年 4 月 3 日"深发展 A"在深圳证券交易所上市交易。
000002 深万科	万科 A	公司前身深圳现代科教仪器展销中心成立于 1984 年，1987 年 3 月更名为"深圳现代企业有限公司"，同年 11 月股份制改组并向社会发行股票。 1988 年深万科股票在深圳特区证券公司挂牌；1991 年"深万科 A"在深圳证券交易所上市；1993 年 4 月首次发行 B 股，同年 5 月 28 日"深万科 B"上市。
000003 深金田	（退市）	退市后进入三板市场，代码 400016，名称：金田 A5。
000004 深安达	国农科技	原公司成立于 1981 年 10 月，隶属于招商蛇口工业区。
000005 深原野	世纪星源	公司前身深圳市原野纺织股份有限公司，成立于 1987 年 7 月，1988 年进行股份制改组。1990 年 1 月更名为"深圳原野股份有限公司"并向社会公开发行股票。 1990 年 12 月 10 日"深原野 A"在深圳证券交易所上市，1992 年 7 月 7 日因财务问题调查停牌，1993 年重组并更名，1994 年 1 月 3 日复牌。

见证"老五股"的股民们也见证了 3 种典型的股票：被封为价值投资典范的深万科，现在的万科 A（000002. SZ）；退市股深金田；重组股，深发展、深安达、深原野。

深圳万科、贵州茅台、云南白药，一度成为老牌股民嘴里津津乐道的"价值投资典范"。如果有人从上市开始就持有、长期持有，并参与各种转增配股（送股和派现无须关心、无须参与，自动到账，不在话下），投资者就能享受高增长带来的高回报，以万科 A 的后复权 K 线图为例，有数十倍回报，见图 1－7－1。

图 1－7－1　万科 A 的后复权 K 线图

图中左侧高峰大致对应大盘 6124 点，右侧高峰对应的却不是大盘 5178 点，没有出现在 2015 年 6 月，而出现在 2018 年 1 月 24 日。

再说深发展，曾经是深圳交易所的龙头和代表，股票代码 001。当年，沪市长虹、深市发展，都是毫无争议的“一哥”。后来深发展经过改组后更名为“平安银行”（000001. SZ）。

爱万科

万科不愧是 A 股价值投资典范，至少是之一。到 2018 年 1 月，更号称全球市值最高的房地产公司。2018 年 9 月，现任一号人物郁亮先生发声分析行业前景，全行业都在聆听。

所以，股民说他们爱万科，把美国总统唐纳德·特朗普的宝贝女儿伊万卡称为“爱万科”，让万科 A 稀里糊涂地成为美国大选概念股之一，似乎都是可以理解的。

魔力神侃

至于宝能集团姚老板被大部分人骂成万科门口的野蛮人，我想，他之所以起心动念，是否也因为爱万科？不得而知，也许是吧。毕竟人家选中万科而不是别人，自然有他的道理。截至2018年1月，万科股价上涨，姚老板实现巨额浮盈，时间证明了他爱万科是英明的决策。

08 万点论

A股指数的历史峰值如下表：

表1-8-1　A股指数历史表现

指数	历史大顶	出现日期	2018年1月18日盘后
创业板指数	4037点	2015年6月5日	1738点
上证指数	5178点	2015年6月12日	3474.75点
	6124点	2007年10月16日	

5178点、公安底

2015年6月12日星期五，上证指数（俗称"大盘"）盘中摸高5178.19点，最后以一根小阳线收盘，结束了一周的走势并开启了跳水模式，如图1-8-1所示。

当年6月15日，大盘重挫2%，猛烈扯开了股市暴跌的序幕。随后不到一个月时间，沪指最大跌幅高达34.8%，甚至出现了多日的千股跌停、千股停牌现象，民间戏称"股灾1.0""股灾2.0"。

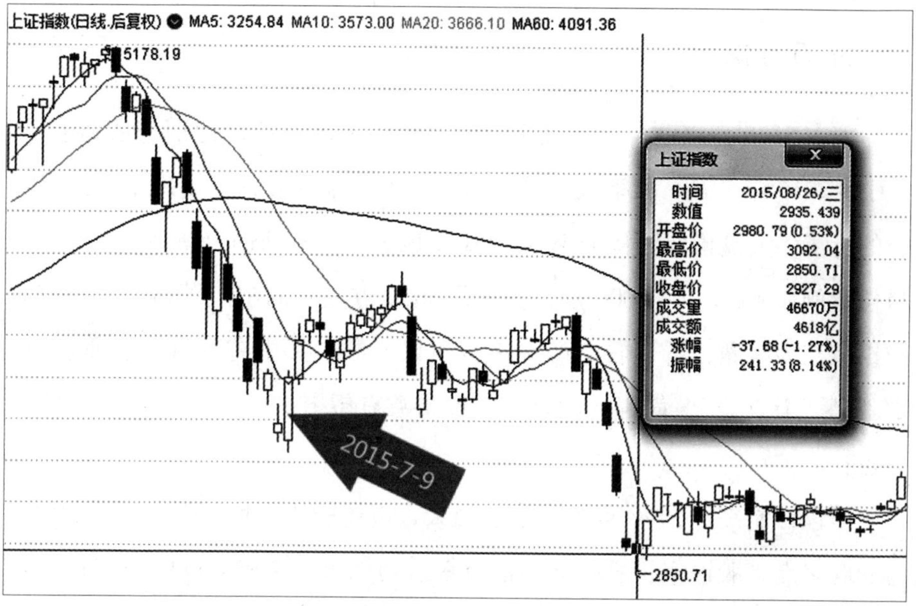

图 1－8－1　上证指数摸高 5178 点以后的日 K 线图

见图 1－8－1，7 月 9 日出现反转，媒体报道公安局采取了措施，以至于股市人气提振，大盘指数在当天低开并创新低之后强势拉起，随后走出了一波小幅反弹，画出 M 头以后，大盘在 8 月 26 日“钻探”到了当年最低点 2850.71 点。后来股民们把 7 月 9 日这一天的阶段性底部称为“公安底”。

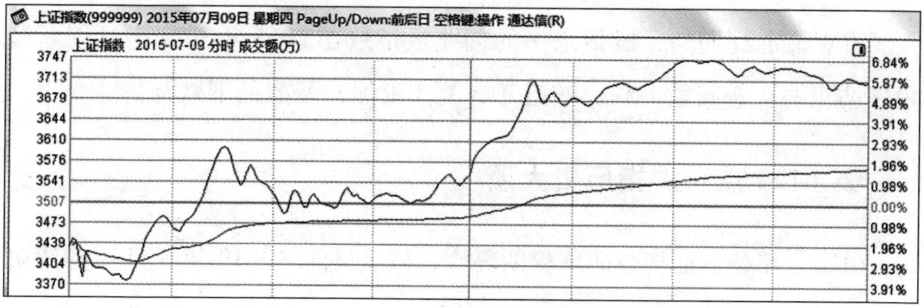

图 1－8－2　上证指数分时图 2015－07－09（公安底）

万点论

而在 5178 点以前，大盘经历了近两年的牛市行情，特别是从 2014 年 7 月到 2015 年 5 月，很多股票价格振荡向上，量价齐升，走出了一波又一波的行情，大盘指数则从 1849 点开始爬坡上行，不断创出新高，虽然在关口位置例如 3000 点、4000 点，特别是 5000 点左右的整点关口，多空双方拉锯战甚为激烈，看多看空两种声音争议不断，其中有一种声音很特别，那就是"万点论"，简言之就是，上证指数有望突破前高 6124 点，达到 1 万点！

阶段性制高点 5178 点被拿下的当天，市场一片欢腾。距离历史大顶不过 900 多点，股评家、股民都相信或者迫切期望，突破 6000 点指日可待，然后 7000 点、8000 点……"万点论"一时间甚嚣尘上。然而就在第二天（6 月 13 日），沪指就以暴跌百点收盘。急跌慢涨明明是牛市特征啊！可惜这仅仅是悲剧的开头，接下来的半个多月里，股民们迎来的是持续的、断崖式的暴跌。

4037 点：创业板指历史大顶

万点论走红期间，股指之一的创业板指数在 2015 年 6 月 5 日创新高 4037 点。与大盘指数一样，随后开启了（更加）暴烈的下跌行情。

6124 点：沪指历史大顶

6124，那是上证指数的珠穆朗玛峰，截至目前（2019 年 3 月）的历史"大顶"。

2007 年 10 月 16 日，沪指处于如火如荼的牛市行情中，"全民炒股"，万点论盛行。"到股市去捡钱"的喧嚣声掩盖了其他呼声。当天早盘 10 点钟，沪指摸高 6124.04 点后快速滑落，大盘在振荡走势中表现得疲软乏力，此后一路走熊，熊了好几年。过程中曾经在2400点这个堡垒面前展开拉锯战、攻坚战，可惜攻而不克。

直到2014年6月底，如上所述，沪指再次迎来春天，悄悄开启了新一轮的上涨行情并制造出新词汇“疯牛”，被监管部门要求“慢牛”。到2015年6月12日摸高5178点，再次扬长而去，让老股民不得不叹服“历史总是惊人的相似”。

股民老张的6124（5178）

那是1997年7月1日，香港回归前夕。当时我持有沪市“一哥”四川长虹（600839. SH）。获利有一些，卖不卖？主张卖出者说，香港回归是重大事件，对股市影响几何实在难以预测，不如获利了结、落袋为安。主张不卖的人说，在这样的全国人民关注的焦点时刻，管理当局不太可能让人趁机做空吧？所以看好四川长虹，建议继续持股过节。

谁知道呢？后来流行的股市新名词“黑天鹅”飞出来，在我的记忆中，四川长虹股价从高位跌落，从此一蹶不振，参见图1－8－3。韭菜被收割以后，我远离股市数年。所以，对我来说，1997年7月1日那天才是我自己的6124。

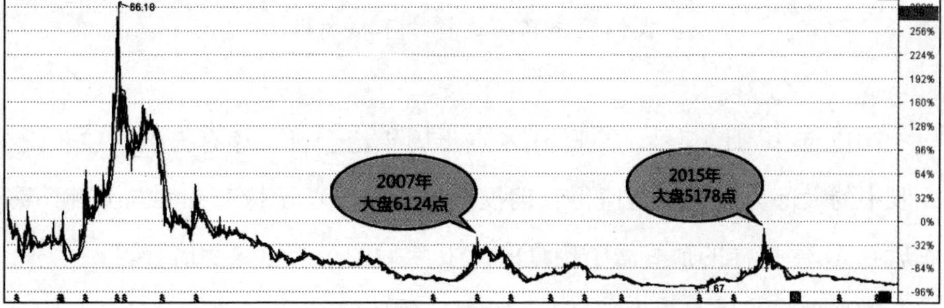

图1－8－3　四川长虹K线图（后复权）

09 死了也不卖

2007 年春夏之际，A 股市场一路飘红、股指屡创新高。"股坛歌神"凯哥（龚凯杰）套用流行歌曲《死了都要爱》的曲调，重新填词，翻唱出一首《死了也不卖》的股民歌，在互联网上迅速走红，至今被人记得。

把股票当成是投资才买来
一涨一跌都不会害怕掉下来
不理会大盘是看好或看坏
只有你翻倍我才卖
我不听别人安排
凭感觉就买入赚钱就会很愉快
享受现在别一套牢就怕受失败
许多奇迹中国股市永远存在
死了都不卖
不给我翻倍不痛快
我们散户只有这样才不被打败
……

2017 年 10 月 16 号，A 股 6124 点十周年纪念日，还有人引用歌名说，A 股中的大部分股票还是值得长期投资的，如果长期持有并参与分配，哪怕就在 6124 那样的顶峰做了接盘侠，10 年后的今天也赚翻倍了。

类似地，2015 年 6 月 12 日 A 股第二高峰 5178 点，就算在那个时候进场买了票，大部分股民也有翻身的机会。

魔力神侃

死了都不卖，留给子孙玩？基本上做不到。问题有两个，首先，不是每只股票都值得长期投资；其次，顶峰接盘、持股10年，这样的“死多头”有几个人做得到？用散户的口头禅来说：

庄家震仓加洗盘，如坐针毡是小散，

站不稳、拿不住，有谁能把底熬穿？

并且，所谓长期投资能赚钱的说法，并不代表我在鼓励你去追涨。这本书的用途之一就是让小散朋友们识别风险、尽量少交学费。

可惜，追涨杀跌是小散们最擅长的投机行为。死了都不卖，不过是一句唱词而已。

2007年可以被称为第一个“全民炒股”年，股票成为当年最热门的话题。因为股民们对行情高度甚至极度乐观，《死了都不卖》这支歌倡导了“捂股”的长期投资理念。但是当投资者“不怕套牢也不怕摘牌”的时候，也反映其盲目性与非理性的一面：什么股都值得长期投资？遇到“仙股”怎么办？遇到退市怎么应对？

无论熊市还是牛市，控制风险永远是第一位的。做多赚钱当然不错，但警惕之心不可无，而严格的止损更是投资之道的应有之义。牛市中“死了都不卖”的口号当然可以喊，但熊市来临时还一厢情愿地捂股不卖，就注定会亏损再亏损，加杠杆的投资者（也许叫投机者更准确）很容易被强行平仓，被市场淘汰。

牛市终有到头的日子。回首每一轮牛市，哪一次不是吊足了投资者的胃口？这山看着那山高，3000点时遥望4000点，4000点时仰望5000点，莫不如此。黄金十年？抑或长期牛市？到头了终将被证明，那只是一个诱饵。随着2007年六七月份的股价跳水，所有的坚持都成了无谓的牺牲。只留下这首翻唱歌曲似乎在回忆着 2007 年那拨行情。

10 成都红庙子、自发交易市场、街头股市

我国幅员辽阔，沿海内陆有差距，南方北方有区别，这不假，但有些差距其实很小，比如股票这事，早在 20 世纪 90 年代初期我就见证了，成都市紧随上海深圳的脚步，紧锣密鼓地搞起了股市。

没有交易所？那就办市场。交易所不过就是室内的市场嘛！

没人来组织？那就一边策划一边干，甩开膀子大力干。

1993 年，成都市中心的红庙子街逐渐火爆起来了。春熙路、青年路的吼货市场搬家到这里了吗？非也，你说的那是 20 世纪 80 年代的老故事，取而代之的是最新潮的股票。一张花花绿绿的纸，盖上一个章，就要用厚厚一大摞人民币去换，从街头拿到街尾，就有可能赚钱了。为什么？涨价了，买卖有差价了。

这样的故事至今还在“老成都”的嘴上流传，他们说从凭票供应时代的各种票票，到 1993 年时兴起来的股票，变样了，创新了。咱们工人有力量，瞧这创新劲儿：三电、锦华、川棉、联益……几十家，他们厂都有了自己的股票。

图 1－10－1 火爆的红庙子市场
（插画：Mitty 花花@新都）

话说 1992 年，四川金融市场证券交易中心选址成都红庙子街，进行国债和企业债券的交易。四川省

首家上市公司川盐化（四川盐业化工股份有限公司）的股票就曾经在这里摆摊发行。带头大哥在此，后来者岂能靠边？于是股票、股权证、企业债券等证券拥有者都来了。

当时，企业股份制试点开始铺开，股份制改造（简称“股改”）盛行，股权证大量发行，唤起了人们（后来有更专业的称谓，叫“投资者”）的证券投资意识，证券市场快速升温，以至于达到发烧的程度，后来更弄成了高烧不退、各方关注，更厉害的是这个市场实现了完美转型，“占道经营”一年多时间以后，在多个部门的配合下顺利迁址，实现了平稳过渡。

笔者当时在电子科大读研，多次目睹红庙子市场的热闹。由于市场建设刚刚起步，室内的柜台交易无法满足需要，很自然地随着排队的人们扩展到街上，于是干脆就在街面上交易，红庙子街变成了露天交易所，熙熙攘攘的投资者们自发形成了街头证券交易市场，其规模之大，一度引起国内外媒体的关注，“红庙子市场”也成为证券市场发展初期露天市场、自发市场、不规范证券交易市场的代表。

有人评价说，“红庙子”的历史价值包括但不限于：推动股改（企业股份制改革）、普及股票知识、推动柜台交易纳入立法，甚至说对以后的多层次资本市场建设都有积极意义。还有人说，红庙子市场曾经是中国最大的“一级半”市场、中国最早的“三板市场”。

11　三最模式

有没有一种方法，可以把 A 股变成 ATM（提款机）？有，那就是炒股的“三最模式”。

操作方法（敲黑板，画重点了!）：

①每年年初，从沪深两市中选择流通市值最小的股票，全仓买入。

②封盘一年，不闻不问，到年底全部卖掉。

③第二年初，重复以上操作。

最简单？最无脑？事实证明，这种操作方法最赚钱！可以升级为模式了。三最模式，由此得名。

但是，这一模式是否过于简单粗暴？比如，选中的那只股票突遭停牌，被关进黑屋子了，怎么办？只选一只股，必然有选不准的风险。于是，分散风险的升级版来了：把一只股变成十只股。具体操作是，每年年初打开炒股软件，在"流通市值"的菜单上点一下鼠标，从小到大排列，选择前 10 只股票，再把你的资金分成 10 份，全仓买入，然后封盘一年不闻不问，到年底全部卖掉，第二年初重复以上操作。

依旧最简单、最无脑，然而效果确是杠杠的：年赚 100% 以上，完胜各种股票操作系统，把各色专业团队、机构、牛散，统统甩开几条街。在重组概念横行的年代，"三最模式"被实践反复证明，十分管用。

魔力神侃

可惜，本书的各位读者跟魔力哥一样，只能欣赏，不能刻舟求剑了。2017 年以后，市场风格发生转换，"三最模式"成了纪念版。

12 庄家被套

庄家之所以被套牢，原因可能有多个，包括但不限于：

其一，遇到更大的庄，并且不愿意联合坐庄。于是大鱼吃小鱼，快鱼吃慢鱼。

其二，操盘手胆大妄为，不按规程操作，比如某私募的投资总监出面解释说，之所以刀口舔血买入3字头的某某电器，是因为怀揣最好的希望并做了最坏的测算，只要不被政策打死，就必定置之死地而后生，而且这是谦虚的说法，实际上远不止生还，而是猛赚一把。可惜事与愿违，他说的“只要不”变成了“偏偏要”，总监先生没有做好应急预案，于是悬顶的达摩克利斯之剑掉下来，无法躲开，只能引颈就戮。

图1－12－1　大鱼吃小鱼，还说比较公平
（插画：Mitty 花花@新都）

其三，运作股市“八阶律”的过程中，拉抬打压的手法把握欠佳，震仓洗盘的力度火候不够，遭遇游资袭击，被民间高手精准狙击，被他们成功“跟庄”甚至“杀庄”，身为庄家却为这些人抬了轿子做了嫁衣，还被人笑话。

魔力神侃

真的韭菜，免不了被割的命运；

差的庄家，日子也不一定好过。

13 沽空机构、浑水不叮无缝的蛋

浑水公司

2009 年，北美资本市场中出现了一家名叫浑水的研究公司（Muddy Waters Research）。这家公司发表研究报告，先后揭露了 4 家在北美上市的中国公司——东方纸业（ONP）、绿诺科技（RINO）、多元环球水务（DGW）和中国高速传媒（CCME），直接导致这 4 只中国概念股大跌，分别被交易所停牌或摘牌。

不仅如此，浑水公司还经常做空港股，近年来的案例有辉山乳业（06863. HK）、德普科技（03823. HK）、汉能薄膜发电（00566. HK）、丰盛控股（00607. HK）等。

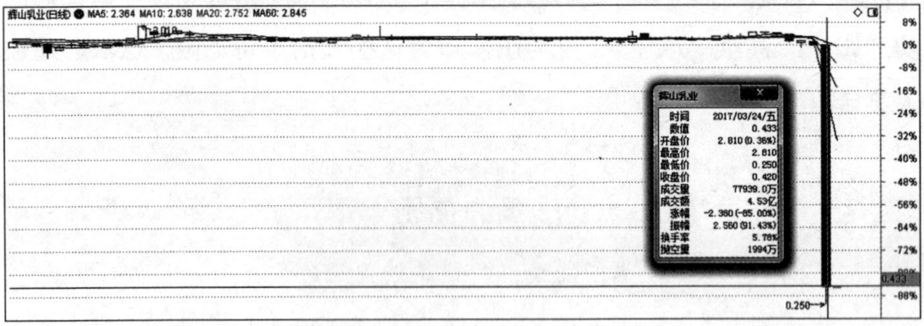

图 1－13－1　辉山乳业日 K 线图，"定海神针""跳楼机"出现在 2017 年 3 月 24 日

做空、沽空机构

"做空"在港股股民中常被称为"沽空"。沽，古汉语，卖也。人们把浑水研究公司这样的机构称为"沽空机构"。

所谓股市做空，简单地说就是利用股价下跌获利。在 A 股市场中，可以融券，可以做“倒 T”，但是操作难度相当大。而在美股和港股市场中，有较为成熟的做空机制。但有人做空并非因为存在做空机制，就像翻车事故的发生并不因为那辆车被预设有“翻车”这项功能，一个道理。

做空的方式有很多种，较为典型的有：

①像浑水公司那样发布看空报告，以大幅降低（打击）投资者的信心，降低对被沽空上市公司的预期。预期被降低了，股价就会应声下跌。

②在二级市场（就是股民们熟悉的股市，读者朋友们可对比一级市场、某些股民口头上说的一级半市场）抛售股票，打压股价。A 股民间传说的庄家手法有震仓、洗盘、打压、封单……说的就是这个。

如果投资者认为投资标的有下跌可能，在尊重市场的前提下通过做空手段获利，这是正常的做空；而“恶意做空”则是主动出击，投资者（通常是影响力巨大的家伙）看准某只股票的漏洞后，疯狂打压其股价，从做空行动中获取暴利。操作流程举例如图 1－13－2 所示。那些看空看跌的人，被统称为空头或空方、“空军”。

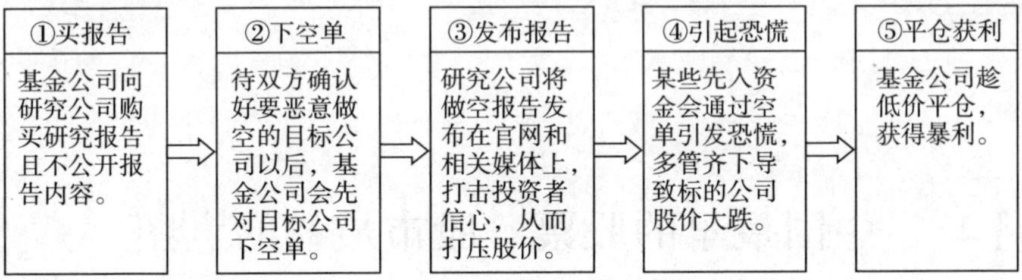

图 1－13－2　恶意做空流程

所谓利空，意思是有利于空头，而不是利益落空，当然对空头的“敌人”多头而言，利空当然就不利多，会导致多方的利益落空。

浑水不叮无缝的蛋

被沽空的股票常常大跌，持股人暂时亏得一塌糊涂。被沽空的公司通常都不怎么熟悉做空机制，被做空后急急慌慌地发布澄清公告。如果反击获胜，其股价俯冲拉起，K 线图出现深 V 造型，有人形象地称之为“游离浑水”；反击失败的，很可能股价一泻千里成为“仙股”，甚至被摘牌，黯然退市。

浑水之类沽空机构，下一个目标是谁？正如宋清辉先生所说，做空对象可不是随便找的。被盯上的企业往往存在漏洞，就像程序有 bug 被病毒或木马攻击那样。

如何避免雾里看花看不准，投资到那些倒霉蛋身上呢？

魔力观点

建议投资者关注上市公司的内生动力，看它的基本面和资金面，注重品质。比如蓝筹绩优股加大盘股，被恶意做空的可能性较小。大家耳熟能详的“牛市重（zhòng，看重）势、熊市重质”，说的也是重视企业的质地。

从 2017 年开始 A 股曾经流行的“三最模式”熄火，重组概念股不再风光，价值投资重新抬头，这些情况的出现看起来都是好事情。

14　中国最早的股票、股市最初的意图

中国股票的历史可以追溯到清朝，这里说的是 A 股沪深两市正式成立以前的故事，大致在 20 世纪 80—90 年代。但是“最早”这样的限定词，可能引发争议，抚顺红砖、北京天桥、上海飞乐音响、深圳宝安、成都蜀都大厦，没有列出的某某股票，都有人说某个才是最早的，比其他几个都更早。笔者无意于研究股票地方史，但可以跟你一起去感受当年那些吃螃

蟹的前辈们是多么英豪。

抚顺红砖

图 1－14－1　抚顺红砖股票
（插画：Mitty 花花@新都）

认为抚顺红砖是中国股票第一张的代表人物是李幛喆，据他本人介绍，他在国家发展和改革委员会工作，兼任中央财经大学证券史研究员，对股票市场一直非常关注。

1980 年 1 月 1 日红砖股票正式发行。1 月 28 日有 200 多家企业认购，280 万元股票认购一空，大功告成。新中国改革开放后最早的股票问世了。

有几位老人家回忆说，当时冒了很大风险，因为有人指责他们在搞资本主义。当时也不懂什么是股票，反正有钱就行。虽然后来由于种种原因红砖厂的经济效益下滑了，其股票也未能上市。

蜀都

位于成都市春熙路口“金三角”的蜀都大厦，曾经是地标建筑。1980 年，为了建设这座大厦，新中国第一只股票“蜀都大厦”在成都诞生。

怎么又来个第一？因为抚顺红砖一厂虽然发行了第一张股票，但是它没有改名叫股份有限责任公司。中国第一家股份公司是谁？蜀都来认领了。

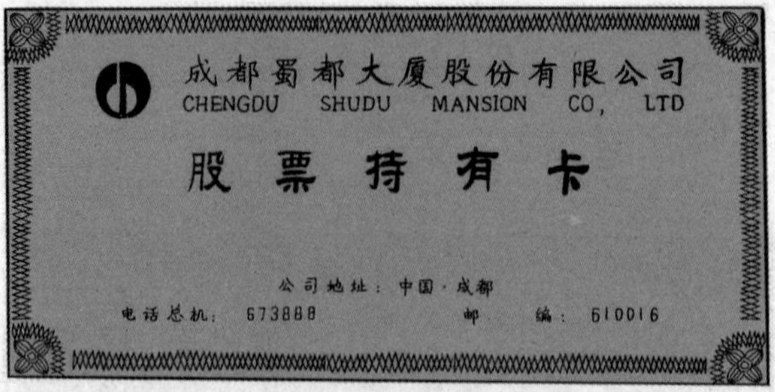

图 1－14－2　蜀都股票
（插画：Mitty 花花@新都）

股市最初的意图

意图不止一个，包括但不限于：①建立多层次资本市场；②解决企业贷款难问题，促进直接融资；③其他意图。

如何保护中小投资者利益？这是管理者要考虑的问题，更是小散们自己要重视的问题。明白了股市最初的意图，知道“股市有风险、投资需谨慎”之后，还要继续做投资者的，你们才是 A 股的脊梁，至少是之一。看完本书决定只看热闹不动手的，也好，但请坚持这一条，不要晚节不保，在头部出现之前被街头“股神”怂恿而杀入股市，追高追涨，顺理成章成为高位接盘侠。

如果有看官不明白我在说什么，那请你仔细读完这本书，而不是 5 分钟翻过。快餐文化虽然很流行，但文化快餐常常误人子弟，为什么？断章取义，盲人摸象，知其然而不知其所以然，文字都认得，内容不清楚，追求短平快，吃了不消化。

第二章

历史不会重复，但会惊人的相似

01 贪婪与恐惧、侥幸与健忘

人性有弱点，而且与生俱来；贪婪与恐惧就是最基本的两个。卡耐基的《人性的弱点》如是说，西方讲的“七宗罪”和佛教讲的“三毒贪嗔痴”或者“五毒贪嗔痴慢疑”也有类似说法。

贪婪与恐惧

对于投资人来说，贪婪和恐惧这两个弱点更是“神与形俱”，常常挥之不去，所以有人说投资就要反人性，像巴菲特名言说的那样，“别人贪婪我恐惧，别人恐惧我贪婪”，做到了高抛低吸，轻轻松松割别人的韭菜，鼓自己的钱包。

但我认为，从操作层面来看，投资者要控制贪婪，适时止盈、落袋为安，才能做到胜多于败、盈多于亏。但从溯源的角度来看，贪婪是投资者的原动力，这种动力把一个自然人变成投资人，把找不着北的菜鸟变成识途的老马，把“韭菜”小散变成跟庄、杀庄的力士。当然仔细研究的话，可以说此贪婪非彼贪婪，第二个贪婪是追求，无论是对财富的追求，还是对名誉、对地位的追求。

图2-1-1　巴先生，还有侥幸和健忘呢？（插画：Mitty 花花@新都）

恐惧呢？人有七情六欲，谁都害怕失去，哪怕失去的只是一种习惯性的拥有。投资失误甚至失败，不但要损失财富，损伤行业地位（对于有一定知名度的人士），还要损伤自己的心情。如果不能及时有效地调节，就有可能造成更大的损失、更糟糕的心情，甚至患上抑郁症。唉，恶性循环何时了，花谢花飞知多少。

侥幸与健忘

把侥幸与健忘列在第二位，仅次于贪婪与恐惧，这是笔者个人观点。

看上去这两个“毛病”要比恐惧与贪婪好一点，似乎更容易认知，也更容易克服，是吗?

认知要容易一些，这个我承认。很多股民在收到大跌预警后还要犹豫，在听说“严禁刀口舔血”之类的警告后，心里痒痒的还想去试试，除了逆反心理作祟之外，个人认为侥幸心理和盲目自信是更深层的原因。

至于健忘，那就更容易理解了，好了伤疤忘了疼，刚刚抹平账面亏损，就跃跃欲试要来一轮新的攻击；看见隔壁老王遭遇杠杆断裂，感觉自己运气比他好一点，相信不会遭殃，至少不会糟得比他更惨，这样的心理自慰，更是健忘与侥幸的合体。

所以有人要说这个更容易克服的话，我想问问他，你说容易，你试试看?你说更容易，怎么个“更”法?永久不变的人性啊，要修炼。克服、戒绝?那是基本不可能的事情，就像烟民戒烟之后再次吞云吐雾，朋友问，你不是戒了而且说戒烟很容易吗?答曰，就是容易嘛，你看，我都戒了好几次了。

02 投资反人性但不反人类、炒股就是在修炼

应该顺势而为，还是逆向思考？

很多人说“投资是反人性的”，对不对？

可以说对，那是从短期的视角去看，投资者既要控制贪欲又要克服恐惧，还要在恰当的时机作出正确的选择，究竟应该倾向于贪婪，向前向上更进一步呢，还是应该倾向于恐惧，退避三舍躲远一点？一个合格的投资者经常需要逆向思维，要跟人性弱点作斗争。

但投资绝不是反人类的，或者说投资是顺人性的，又对不对呢？

也是对的，甚至更加正确——那是从长期角度看，如果欲望都没了，还投资干什么。再说了，一个合格的投资者必须能够判断大势，然后顺势而为。

魔力观点

顺势而为与逆向思维并不矛盾，波浪理论就是个很好的解释：上涨大趋势中有下调，下跌大趋势中有反弹。K 线图有直线吗？似乎没有。

波浪的嵌套有吗？大浪套小浪，自然界中有，K 线图上也有。

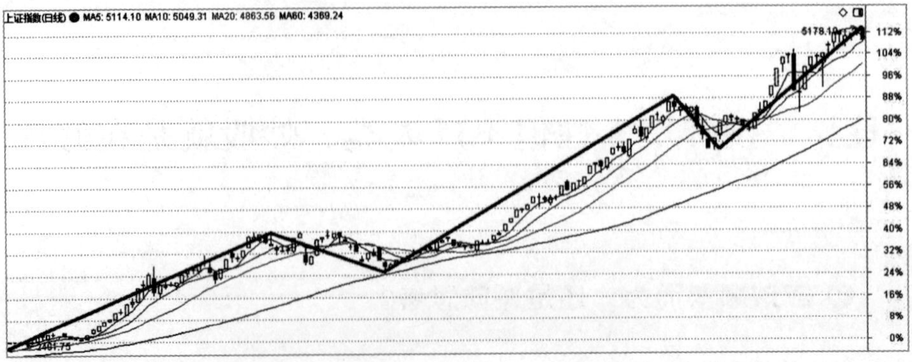

图 2－2－1 K 线波浪，大浪套小浪

对于具体的投资者股民老张来说，如果自己患得患失，就请远离股市，否则每天都有后悔，每天都要"剁手"。所以，从事后诸葛亮的视角去看，每一个投资者都是反人类的，要求他们逢赌必赢，每次买卖都必须赚钱，每天呕心沥血、朝七晚十一（seven－eleven），谁做得到？做到了有何益处？

简言之，这些要求都是反人类的，应该唾弃。

这算不算对"投资反人性但不反人类"这句话的另类解释？

炒股就是在修炼

站在这个角度来看，炒股值得我们学习研讨加实操，即使你不打算成为职业股民，不打算靠炒股赚钱，甚至尝试之后觉得自己不适合炒股。你说这不矛盾吗？

不矛盾。把炒股当成练习工具、模拟器，不就行了？但有两个注意事项：①一定要实操，不能只动口不动手，光说不练假把式，并不是什么君子。②务必要实盘，不能玩模拟盘。因为模拟盘号称"股神孵化器"，赚一个亿或者亏一个亿都没关系，不需要真金白银。

据说在模拟盘上感觉甚好的模拟"股神"，到了实盘就"凶相毕露"：

要么战战兢兢举棋不定，要么看着 K 线图出汗，要么大手笔操作之后垂头丧气，捶胸顿足。或者是另一个形象：战前马谡与事后诸葛双神附体。

所以我们说，实盘炒股就是在修炼人性。

魔力笑谈

股民遭遇账面亏损，家人不能指手画脚，不要给他（她）火上浇油。很多夫妻档合作炒股，炒着炒着就换品种了：没心思炒股，专心吵架去了。

脑补一下“关灯吃面”泪水滴落在碗里的场景，如果他（她）在旁边喋喋不休地数落你，有什么感受，该如何应对？魔力哥说，不要生气也不要着急，轻轻地放下碗筷，看着对方，温和地说：“亲爱的，炒股就是在修炼，修炼的人是你和我。”

03　721 定律

也称股市 721 规则，基本意思是股民中 7 成亏损、2 成持平、1 成赚钱。当然 721 定律不只在股票市场中起作用，在整个投资界都有这个说法：70% 的人赔钱亏损，20% 的人保本，10% 的人盈利。

我们不必拘泥 721 这 3 个数字是否精确，更不必要求一个定性描述能否被称为“定律”。至于这 10% 的幸运儿是如何获得老天眷顾的，却有各种总结，因为有句话叫作“成功者说什么都是对的”。

魔力观点

有人总结了8个字我觉得不错：见好就收，绝不恋战。听起来像是短线客？也许。但是，“不吃全鱼”和“不吃独食”的思路和做法，值得你好好玩味。

04 吃饭行情、喝汤行情

所谓吃饭行情，一说是在“牛皮市”甚至熊市中的阶段性上涨，俗称“反弹”。弱市中大盘行情整体上都不怎么好，交易清淡，不少机构都赚不到钱，自嘲说快要没饭吃，所以一旦有阶段性上涨，就能够吃上饭，于是被戏称为“吃饭行情”。

另一种说法是指行情较好的时间段，增量资金进场，股市量价齐升，实现了不错的赚钱效应，不但券商们的佣金收入随之提高，同时普通股民（小散）也小有收成，钱包不空可以买鱼买肉，这样的行情被称作“吃饭行情”。

相反，在股市行情不好、市场反复多变的情况下，行情略有起色但持续反弹的希望不大，比不上吃饭行情，于是被称为“喝汤行情”。此时，股民不再等待观望而是积极入市交易，但目标较低，期望值不高，只求把握好进出场点位，能够“喝点汤”就行。实操中多采取四分之一仓至半仓，股价下跌就加码买入，股价上涨就减仓套现，落袋为安。

05 5 · 19 行情

1999 年，网络科技热潮席卷全国。沉寂了多年的 A 股，在网络科技股的带领下昂头向上。从 5 月 19 日开始，A 股启动了一拨凌厉的飙升走势，在不到两个月的时间，上证综指从 1100 点之下开始爬升，摸高 1725 点，涨幅超过 50%。

当时，网络股整个板块都风头正劲，无可争议地成为 A 股的领涨牛头。银行股、绩优股等多个热点板块轮番动作，超过 95% 的个股都跟上了大盘上涨的幅度，股民们在这轮普涨的牛市行情中，无须用脑就赚钱，赚得喜笑颜开。

这期间，涌现了很多的网络新贵，而其中的细分龙头股亿安科技（000008. SZ，现名“神州高铁”）、海虹控股（000503. SZ，现名“国新健康”）、四川湖山（000801. SZ，现名“四川九洲”）等个股股价更被抬升到了非理性的高度，可以用云端的堰塞湖来形容。

过程中，大盘稍作调整、消化初期行情带来的获利筹码之后，A 股在 2000 年春节之后再次昂头向上，指数屡创新高，并于 2001 年 6 月 14 日达到阶段性顶点 2245. 44 点，持续长达两年的大牛市才宣告结束。

由于此轮行情于 1999 年 5 月 19 日启动，因此被股民称为“5 · 19 行情”。以后每年的 5 月 19 日前后，A 股都要纪念一下：若当时正值牛市，则涨势更猛；若恰逢猴市，则有一波还算不错的反弹；若是熊市，则可能是吃饭行情或者喝汤行情。

魔力神侃

历史真的会高度相似地重演 5·19 行情吗？没有人反其道而行之吗？这一轮牛市持续了两年，后来的牛市为什么常常坚持不了一年？

行情难以预测，逆向思维的人很多。比如要问今年的 5·19 有没有一拨像样的行情，就要看全体参与者怎么看怎么想，还要看当时的政治经济环境，大到国际风云，小到某个具体事件。散户在期待吃肉，庄家在预谋震仓，游资想干什么？要权衡各方力量。

06 五元股、百元股、千元股

A 股第一只百元股：亿安科技

2000 年 2 月 15 日，高科技概念股、网络概念股亿安科技股价上破百元，摸高 105. 74 元，报收 104. 88 元，成为中国股市的第一只百元股。随后两日继续上冲，17 日冲顶 126. 31 元。

魔力神侃

贵州茅台当时多少钱？复盘发现，贵州茅台股价上破百元的时间是2007 年 1 月 15 日，比亿安科技晚了 7 年。但是茅台股价逐步上涨，发展成 A 股股价一哥，甚至形成了茅台魔咒：谁的股价超过了贵州茅台，很快就会下跌。

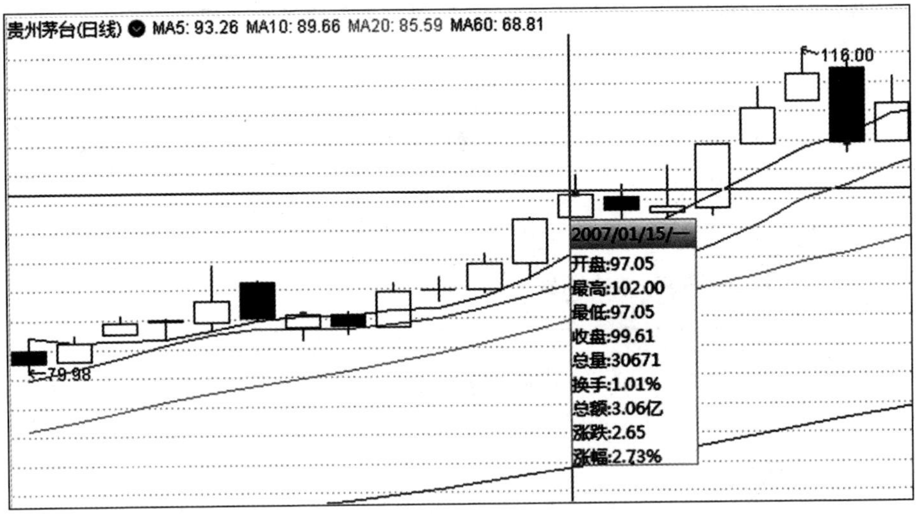

图 2－6－1　贵州茅台股价首次上破 100 元纪念日

消灭“五元股”

五元股，是低价股的统称、诨名，不精确也无须精确的 5 元。

在 2015 年春季的大牛市行情中，市场上一度出现过“消灭五元股”的呼声。当时股价低于 5 元的股票大多数属于银行业，而火热的牛市哪能缺少“银证保”（银行、证券、保险）三兄弟中的任何一个？股民们对银行股价格普遍看高一线，估计它们很快都会超过 5 元大关。

到了本小节完稿之日 2018 年 1 月 19 日收盘时，股价低于 5 元的仍有 200 多只，其中 3 只银行股：中国银行、光大银行、农业银行。值得股市新朋友关注的是，市盈率 PE 较高通常代表泡沫较大，那么 PE 较低、很低，好不好呢？银行股的 PE 就低，但是股性不活跃，预期涨幅不大，因此这 3 只 5 元股在牛市中可以破五上行，牛劲消失之后，股价随之下跌，不久之后就返回老家去了。

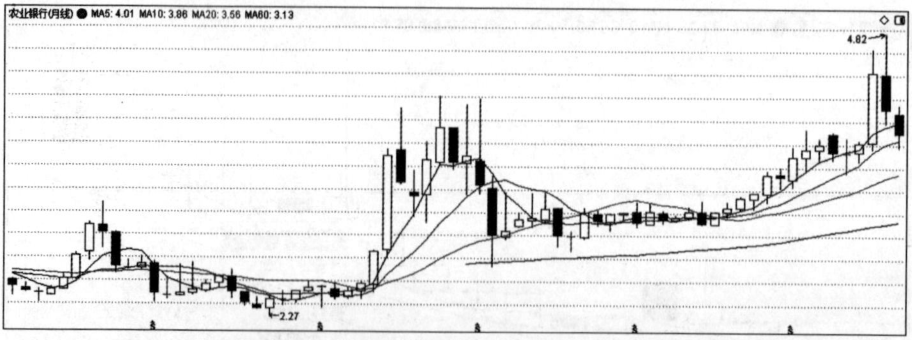

图2-6-2　农业银行月K线图，5元股≠绩差股

千元股

到目前为止，A股尚未出现千元股。呼声最高的贵州茅台（600519.SH）还在600元到800元之间起伏跌宕，而800元关口战是一场艰苦的攻坚战、拉锯战。虽然已经有机构预测茅台股价将很快超千元，但市场先生畏首畏尾，不知道A股一哥的股价何时能够上千。

换个角度看，如果我们选用"后复权"方式看贵州茅台的K线图，则股价早已过千。这是为什么？因为后复权与前复权的主要区别就是，后复权包含了这只股票上市以来的历次分红，包括送股转增派现，是价值投资者关注的重点。

魔力点评

类似地，云南白药（000538.SZ）、万科A（000002.SZ）等多只股票，后复权以后你会发现它们都非常值得长期投资，因此股民常把这些股作为价值投资的典范。

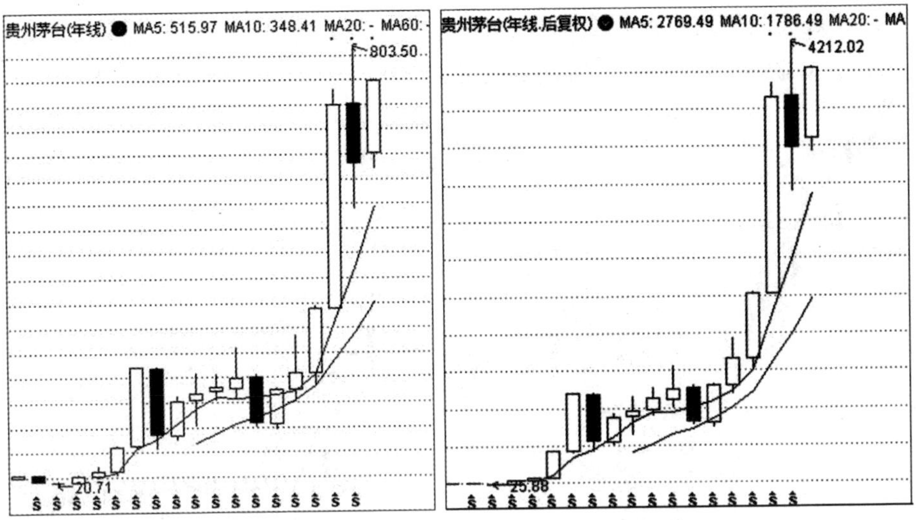

图 2-6-3　贵州茅台股价，年 K 线图（左前复权、右后复权）

07　股灾、腰斩、配资

2015 年 6 月 12 日，A 股历史上第二高峰 5178 点诞生。

当天，上证指数摸高 5178.19 点之后，随即掉头向下，从 6 月 13 日到 7 月 9 日共 18 个交易日，坊间称为股灾 1.0 期间，大盘从 5176.79 点一路下跌直到 3373.54 点，跌去了三分之一。

对大多数小散股民来说，那一段时间每天都是煎熬，有人说第一次深刻理解了什么是度日如年。因为他们手上持有的股票很多已经跌去了 50%，股价被腰斩，自己被深套。

更糟糕的是“千股跌停”的惨烈场面连续好几天，有些股票更是从 9 点 15 分集合竞价一开始就跌停！还没完，按照现行的排队撮合机制，可怜的散户们即使头一天晚上就挂跌停价（夜市委托）委卖也卖不掉，换言之，就是连割肉逃生的机会都没有！

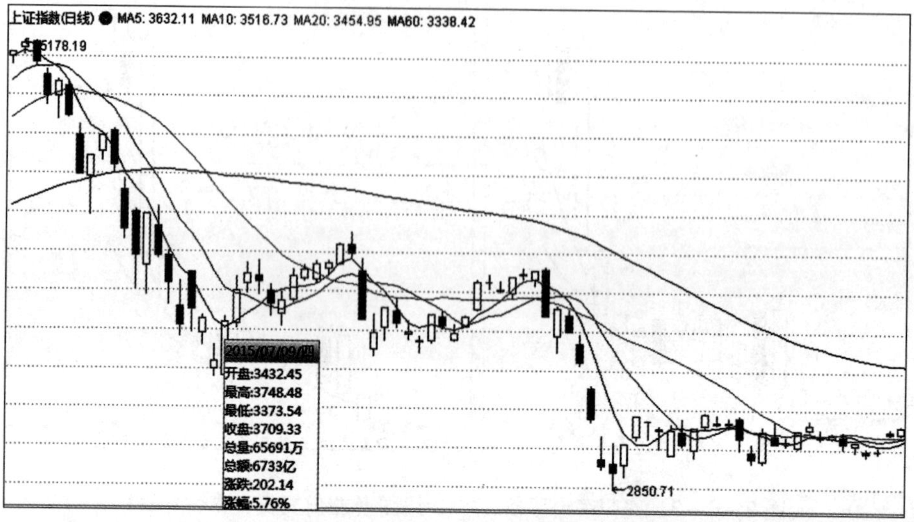

图2-7-1 大盘指数日K线图（2015年6月13日—7月9日）

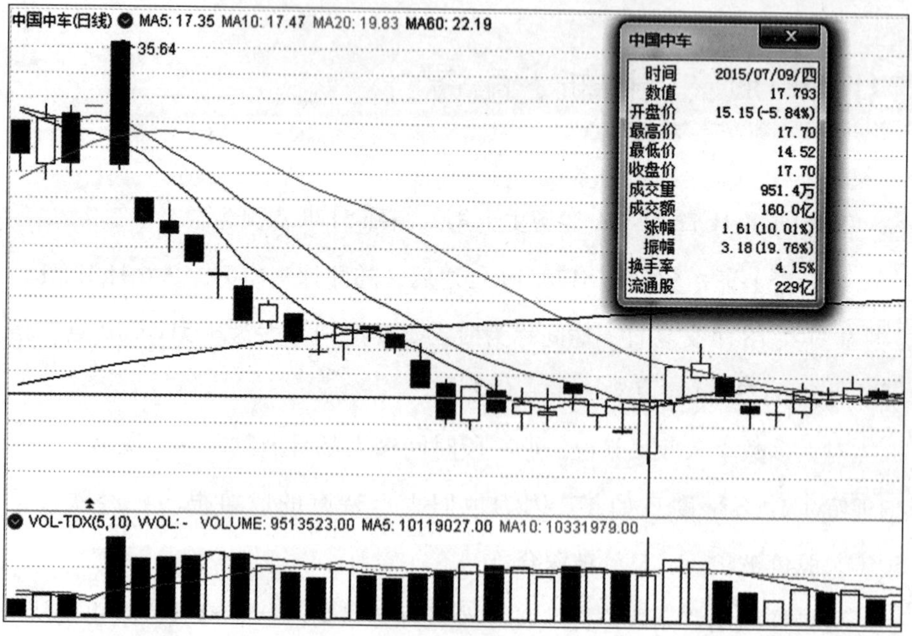

图2-7-2 中国中车日K线图（2015年7月8日）

再以后，伴随着人民币汇率的逐渐贬值，大盘一度跌至2850点，跟历史第二高峰5178点相比，大盘指数也被腰斩。许多个股更是跌得血流成河，跌去百分之六七十的比比皆是。

中产“绞肉机”

投资风格比较激进的人，经常赚了钱还嫌少，于是他们很容易成为“融资融券”和“配资炒股”的用户。融资融券是A股券商提供的正式的、规范的业务，客户希望的是“双向盈利，股价下跌我也赚钱”。而配资炒股则未必规范，有场内配资和场外配资，但核心都是借钱炒股，于是加长了杠杆、放大了盈亏倍数。

因此，不管场内场外配资，只要是配资炒股的，他们的损失就不止50%了，而是被强制平仓，曾经拥有的股市资产被清洗。这时候，他们才知道金融杠杆的放大效果有多显著，杠杆断裂的危害有多大。

有人大胆地评价说，“这是一场对中产阶层的大屠杀”，“就连一比一配资的朋友都被平仓了，多年积累的财富就这么灰飞烟灭，我估计全国至少有50万到60万中产在这场暴跌中被消灭！”

为什么受伤的是中产阶层？

因为他们有钱、有一些钱，却不够多。如果足够有钱，股价下跌时增加抵押物，继续下跌就继续增补，他们就不会被平仓，熬到大盘止泻之日，就是他的翻身之日，行情回暖，股价回升，他们可以笑看云卷云舒而不被洪流卷走，切身体验到实力最终战胜一切。然而这么美丽的一段文字前面有两个字“如果”，对于中产来说，没有这么美好的如果，假设并不成立。

他们不能跟富豪相比，他们身处中游，需要奋力前行，但想赚得更多就要投入更多的本钱，而这恰恰是配资炒股的动力、冒险加杠杆的动力；但是跟市井小民比起来，他们自以为有一定的承受能力，对于杠杆断裂之类的警告，他们以为“不至于”——股市有风险没错，杠杆加长确实会同步放大风险，但不至于让自己覆灭吧？

是的，谁也不会主动消灭自己，可惜，行情不以他们的意志为转移，接到证券公司通知“拿钱来，否则就要被平仓”的时候，他们发现“靠山山倒、靠水水流”这句话应验了。因此，这里要友情提醒各位：“有钱也不能任性”，谨慎对待财务杠杆，小心控制杠杆长度，谨防杠杆断裂，非死即伤。

08 外围股市影响、跟跌、算法股灾

美股大跌，A股跟跌

2018年1月，A股迎来开门红，红得发紫。11连阳之后，仅仅调整一天，又喜迎7连阳，岂止罕见，明明就是史上第一次。

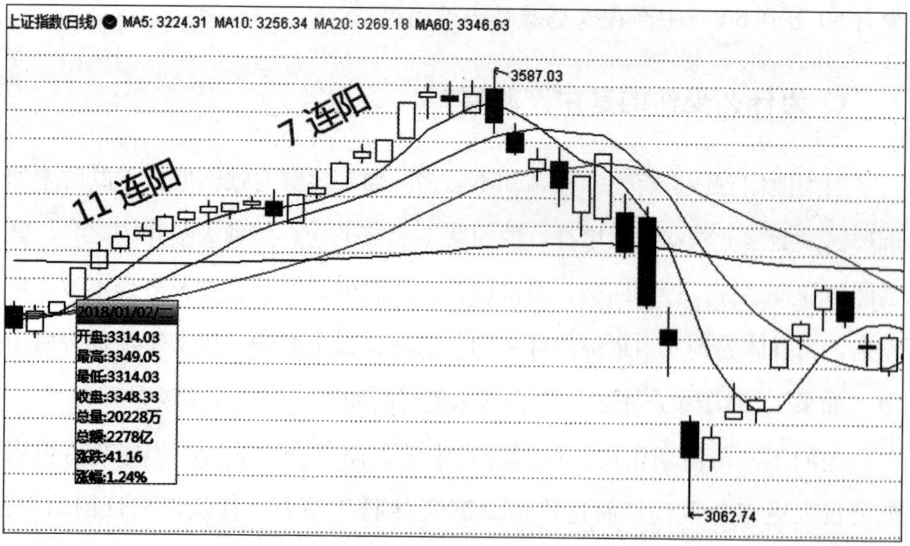

图2-8-1 A股11连阳 + 7连阳 + 新股灾

然而天有不测风云，新一轮股灾悄悄开启，如图 2－8－1 所示，沪指在 10 个交易日内跌幅超过 13%，上证 50 指数（漂亮五零）的表现更抢眼，短短 4 个交易日的跌幅高达 14%。到了 2 月 9 日星期五这一天，沪指盘中一度下跌 200 点，跌幅超过 6%！如果不紧急止泻，眼看就要追上股灾 1.0 期间曾经出现过的大盘狂泻 8%，当时千股跌停，差点全盘跌停，怎一个惨字了得。

据分析，这次“流年不利”是因为：①多家上市公司公布 2017 年业绩快报，业绩地雷集中释放；②外围股市特别是美国股市连续大跌，市场恐慌情绪放大、蔓延，导致踩踏。

算法股灾

根据瑞信的说法，道琼斯指数狂泻 1000 点以上，止跌，然后再泻 1000 多点，美股股民震惊，管理部门震怒，追根溯源发现：罪魁祸首原来是程序交易、在美股市场中可执行的高频交易。

因为交易程序的设计者不太关心标的股票的基本面，而主要根据技术指标和历史走势等大数据来作出判断，并设定一个买/卖操作的触发条件，一旦卖出条件达到，机器就根据算法产生的指令操作卖出。

这种情况下，程序 A 的第一个卖单产生了，程序 B 会认为该买入吗？通常不会，除非它有逆势操作算法。事实上它们的算法类似，因此不需要签订攻守同盟协议，它们就自发或者自觉行动了，第一个卖单成为第一张被推倒的多米诺骨牌，伴随着骨牌倒下的哗哗声，“恐慌性的”抛盘如开闸的洪水一般奔涌而出，那阵势远超 A 股散户们的追涨杀跌。

你想想，一众大佬夺路狂奔，怎么可能避免踩踏？于是灾难瞬间发生，这就是他们说的算法导致的股灾，简称“算法股灾”。

且慢，就算法股灾而言，“恐慌性的抛盘”这个说法必须纠正，因为程序交易、机器操作，它们只会执行程序，不会恐惧。它们只会买卖，没有情绪，不知贪婪恐惧为何物。

程序交易专家也发现，算法程序在升市和跌市中都有矫枉过正之嫌，已经引起监管部门的注意，也让投资界持续思考：人工智能（AI）投资，还有很长一段路要走。

【魔力神侃】算法股灾是什么？

美国在数年之前就开始搞程序交易、高频交易，买卖股票由电脑完成，用程序控制，达到预设的条件就操作，不会犹豫，不带侥幸心理，因为机器没有神经元，也没有植入神经算法。它们更不可能像人类操作员那样，存在人性弱点，有可能感情用事，情绪爆发。

有趣的是，正因为机器不会这些，所以就与人类达成了某种分工协议：我们负责执行程序，你们负责喜怒哀乐。

看官请看图 2－8－3，美国股市上的"人工智能驱动股票 ETF"，代码 AIEQ。产生于 2017 年 11 月 10 日的这只 ETF，完整版的人工智能概念，连基金经理都是个机器人。

图 2－8－2　我们负责执行程序，你们负责喜怒哀乐
（插画：Mitty 花花@新都）

类似于阿尔法狗完胜人类棋手，这个新生儿只在襁褓中待了 4 天就学会走路，并且一开始走路就爬坡向上，直到 2018 年 1 月 29 日，算法股灾爆发。"算法"让机器经理的业绩总是很好吗？错，连续两周较大幅度的下跌，比人类的追涨杀跌更厉害，因为算法有脑无心，不受情绪影响，只会按既定程序执行，不会犹豫。

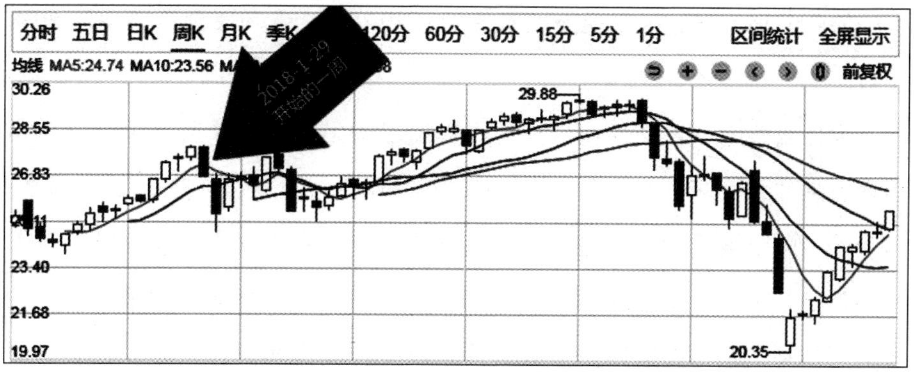

图2－8－3　人工智能驱动股票ETF，AIEQ的周K线图

09　千股涨停（跌停）、千股停牌

千股停牌、限制股指期货做空A股

2015年7月9日星期四，大盘指数暴涨202点，涨幅5.76%，一根巨阳顶天立地。据统计，当天沪深两市共有1319只股在交易，其中1278只股涨停，涨停比例高达97%。同时，当天共有1647股停牌，失去了一个涨停板，不知道这些停牌的股票哭晕了没有？

7月7日，两市共计787只个股停牌，约占两市上市公司总量的28%，多数为创业板和中小板股票。

7月7日晚间，两市新增660只个股申请停牌，其中上证所151只，深交所509只。

7月8日午间，两市新增21只个股宣布停牌。

7月8日晚间，两市新增321只个股申请第二天（7月9日）停牌，28只个股申请复牌。

如此一来，导致了 7 月 9 日股票大面积停牌，停牌股数占总数的 59% 左右。

为什么停牌不让交易？少数公司提出了明确的停牌原因，大部分公司的理由是"重大事项"。后来有人说，就是避免股价持续下跌，触发强平。因为很多股票被质押给了银行，一旦股价下跌到某个数值就会触发"资不抵债"的警戒线，如果不拿钱到银行去"顶住"，就会被强制平仓。真的发生了强制平仓这样的惨烈事故的话，没有什么侥幸，肯定是跌停板，可能是好几个跌停板在等着它。因此停牌的好处就非常显著："躲进小楼成一统，管他冬夏与春秋。"

但是停牌害苦了持有这些股票的公募基金。行情不好，自然就有比较多的人要求赎回，面对潮水一般的赎回压力，公募基金只能卖出未停牌的股票，这就有可能让这些股票下跌，在风声鹤唳的雪崩行情中，大概率会引发更大面积的停牌。都躲进小楼去了，市场缺乏流动性，遭遇这样的恶性循环，没有最差只有更差，差到接近于零。

为什么 MSCI 接纳 A 股的过程一波三折？原因之一就是停牌。个股停牌确实起到了临时避风港的作用，但由于流动性戛然而止，风险得不到释放，很可能在复牌后套牢盘集中出逃，股价补跌，导致风险再度爆发；大面积的停牌复牌，其影响力汇聚成洪流，对 A 股的冲击实在太大。

魔力观点

读者朋友们有福，千股停牌那一段时间过后，管理层作出调整，对停牌的审批要求更高更严，对股指期货的操作限制了数量。

现在坊间有了"A 股港股化"一说，我想，跟提高个股的停牌条件不无关系。

至于限制股指期货操作这个决定，我点赞并建议大家点赞，因为行业资深人士指出，股指期货中证500指数存在巨大的做空漏洞，股价暴跌、大面积暴跌、股灾、千股跌停这些糟糕事情都跟“做空A股”有直接关系，而学习欧美成熟市场的做法，有做空机制但有严格的限制，就可以在危急关头挽救A股。

千股跌停、千股涨停

从2015年6月19日到9月16日，“股灾”的前三个月，A股共出现16次千股跌停，最多的时候3000只股票中有2500只左右跌停——整个大盘都差点就跌停了。这样的惨烈场景，A股历史上真的是从未出现过，不敢说绝后，起码是空前。

表2-9-1　3个月内20次千股涨/跌停

2015年	涨跌家数	涨/跌停
6月19日	1096	↓跌停
6月26日	2049	↓跌停
6月29日	1578	↓跌停
7月1日	941	↓跌停
7月2日	1525	↓跌停
7月3日	1475	↓跌停
7月6日	964	↓跌停
7月7日	1765	↓跌停
7月8日	915	↓跌停
7月9日	1288	↑涨停
7月10日	1323	↑涨停
7月11日	1552	↑涨停
7月15日	1287	↓跌停
7月27日	1861	↓跌停
8月18日	1647	↓跌停

续表

2015 年	涨跌家数	涨/跌停
8 月 24 日	2179	↓跌停
8 月 25 日	2018	↓跌停
9 月 1 日	1159	↓跌停
9 月 14 日	1446	↓跌停
9 月 16 日	1087	↑涨停

大千世界，矛盾是普遍存在的，再惨烈的大跌，其中也夹杂着上涨。千股跌停期间，也夹杂着 N 次千股涨停的壮观场面，比如 9 月 16 日沪深两市报复性大涨，其中创业板指数豪涨 7.16%，除了停牌的，差点就全线涨停了。满盘飘红的盛况，同样不敢说绝后，但起码是空前！

到了 2016 年 1 月 4 日，新年开盘第一天，发生了熔断 1.0。千股跌停的故事再次上演。当日早盘沪指快速跌破 3500 和 3400 点两道关口，沪指午后加速下跌，沪深 300 指数跌逾 5% 触发熔断机制，跌停个股 334 只。熔断暂停 15 分钟后，再次触发 7% 熔断，跌停个股猛增至 1292 只，近 2000 只股票跌逾 9%。盘面上，电子发票、国产软件、互联网彩票、氟化工、创投等题材股全线跌停。权重股也全线崩溃。

大起大落，大盘也上演过山车行情。坐在过山车上的股民老张，刺激吗？小心脏还好吧？

百股跌停与价值投资

相比于千股跌停，这百股跌停也值得一讲？嗯，值得。2018 年 1 月 31 日，百股跌停的局面再次出现，此前已有数次。但是这一次的百股跌停跟价值投资联系起来了，其意义就有些不同。

当天下跌的主要原因是上市公司集中公布年报，业绩差的股票应声下跌，主要表现为：业绩预计巨亏、大亏、亏损、下滑，股价对应狂跌、大跌、下跌、调整。有人统计发现，PE 在 40 倍以上的股票普遍下跌。

股民惊呼，莫非价值投资的时代真的来了？

10　过山车、俯冲拉起、V 形反转、深 V

几个词汇都非常形象，所以很容易顾名思义，这里就不再展开。可爱的股民把娱乐界的过山车、航空界的俯冲拉起、服饰界或者人体美学领域的深 V 与股市来一个混搭，这创意似乎很不错。

我认为颇有创意，只是我们平时神不守舍心不在焉熟视无睹罢了。

至于指数或者股价下跌多少个百分点再反弹到多少个百分点算是深 V，达不到就算浅 V，目前的股票界还没有来得及给出一个量化标准。据说搞量化的人都忙着做模型去了，编公式去了。

V 形反转，就是个技术名词，各位看官请看图说话即可。分时线出现深 V，日 K 线必然出现长下影线。V 得越深，下影线越长。K 线组合也有 V 形反转，与岛形反转等几种技术图形组合在一起构成了反转形态家族。

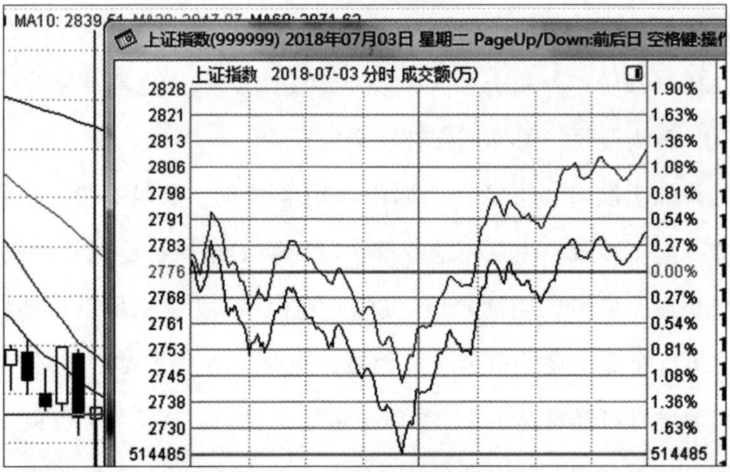

图 2－10－1　V 形反转

11 金融杠杆、加杠杆、去杠杆、放水、杠杆牛

"给我一根杠杆，我可以撬动地球。"阿基米德先生振聋发聩的千年名句，让我们对杠杆二字都不陌生。事实上，物理杠杆在我们的日常生活中得到了广泛运用，身体上也到处都有，比如上臂、前臂、大腿、小腿都是杠杆，你抓握东西、你走路跑步都是在运用杠杆。但这里要讨论的是金融杠杆、财务杠杆、加杠杆、去杠杆、杠杆风险等"衍生品"，听起来既熟悉又陌生，分别是些什么玩意？又有哪些内涵外延呢？

其实，财务杠杆跟物理杠杆一样被我们广泛应用，只是这个名词你未必熟悉罢了。

经济杠杆，简单说就是债务

金融界流行词汇"杠杆"的意思就是债务，"加杠杆"就是举债、增加债务，"去杠杆"就是还债、减少债务、降低资产负债率，或者说提高资产净总比（净资产÷总资产×100%＝净总比，一点也不神秘的词汇）。

那么，身为股民，怎样加杠杆、去杠杆？

加杠杆的手段多了去了，比如刷信用卡炒股、借钱炒股、贷款炒股；融资融券，配资炒股。注意，这些都是高风险的事情，建议悬崖勒马而不应该刀口舔血。虽然在期货领域，这一点杠杆长度还不足以让他们担心，在千分之五保证金交易的黄金外汇领域，更是处于胆小鄙视链的末端。因为配资炒股的杠杆通常是1:1，牛市中可达3:1，很少有5:1也就是放大6倍的情况；而百分之五的保证金交易的杠杆有多长呢？1÷5%＝20倍，没错，20倍！

杠杆长了有什么效果？

盈利或亏损都要被放大相同的倍数。假设某人的心理承受能力是一天内最多损失5%，3:1配资后，如果他全仓操作，损失可达5%×（3+1）=20%。

加杠杆效果如此显著，那么影响也很大了？那是必然的。最重要的变化是，加杠杆之前，盈亏自知无人过问，加杠杆以后，你用了别人的钱，借款合同中通常有约定，如果损失达到某个数值（通常是30%），就要增加保证金。钱包瘪瘪拿不出钱？那就强行卖掉你的股票去还账，这就是传说中的强制平仓，强平。

图2－11－1　撑竿跳高，杠杆断裂
（插画：Mitty花花@新都）

遭遇强平的后果如何？可以上网搜一下金融漫画《阿基米德净亏两个地球》来看看。

这样说来，去杠杆的手段就是降低配资比例，不配资，不融券，卖出还钱，不再借钱炒股，绝不刷信用卡炒股。

开闸放水、MLF

股民加减杠杆，直接的作用就是增加或减少投入股市的资金。而我们都知道股价涨跌的根本原因就是资金流入流出。牛市的每一步台阶都是用增量资金筑起来的。所以，一个股民增减杠杆，影响的只是他自己；很多个股民特别是大资金的一致行动，就会充分影响股市的走势。于是有人秒懂什么是“开闸放水”：就是管理部门实施宽松政策，通常是证监会实行促进政策，央行实行宽松货币政策，增加市场流动性，例如“双降”（降息加降准，包括定向降准）、MLF操作等。

央行开展MLF操作，向市场投放流动性

所谓MLF，是中央银行提供中期基础货币的货币政策工具，对象为符合宏观审慎管理要求的商业银行、政策性银行，可通过招标方式开展，采取质押方式发放，金融机构提供国债、央行票据、政策性金融债、高等级信用债等优质债券作为合格质押品。从期限上看，一般在6个月。

段子手股民给MLF取了个诨名：没了放。意思是流动性快要没了，就放水。

魔力神侃

放水养鱼，鱼儿的活动场地大了，活性氧浓度增加了，食物也增加了，自然长得更好。2014年冬2015年春，每次降息降准，都是对牛市的又一次推动。

与"放水"相反的是"抽水"。股民十分在乎人民币兑美元的数字变动，以及美联储加息的靴子能否落地、何时落地，因为人民币走弱美元走强，或者美联储有个什么动作，通常会有连锁反应，比较直接地影响A股走势。

杠杆牛VS慢牛

反过来看，如果处于牛市行情特别是单边行情之中，股民持有的股票持续上涨或者跌得少涨得多，比如2014年冬季到2015年春季的行情，会出现怎样的赚钱效应？

那还用说，加杠杆的人就赚欢了，盈利被放大N倍。

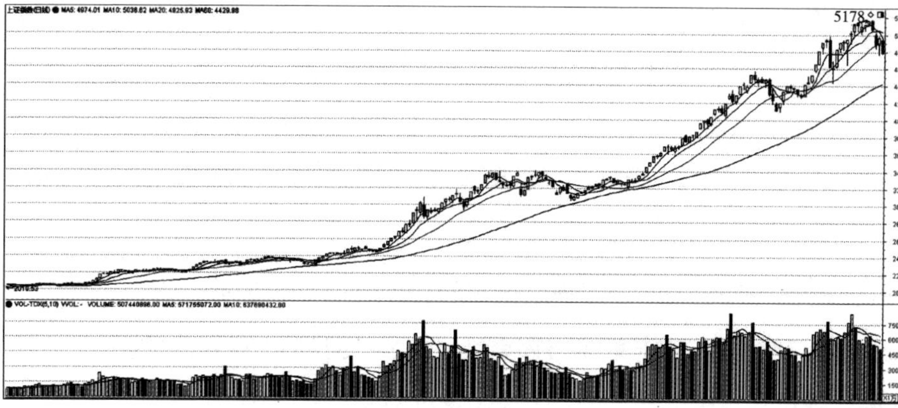

图 2－11－2　大盘日 K 线图（2014 年 8 月 11 日—2015 年 6 月 16 日）

换个主角，从股民换成国家，如果央行降息又降准（双降），经常给大家过放水节呢？如果隔三岔五来个 MLF 操作呢？这就是大手笔的加杠杆，给金融界注入流动性，给股市“打鸡血”。如果牛市是这样启动并持续发力的，这样的牛市就被称为“杠杆牛”。但是杠杆牛不是管理部门的最爱，他们期望的是慢牛。脾气温和的牛。

12　牛市回忆录、牛回头

A 股的牛市

从 2017 年底到 2018 年 1 月，地产股全板块上涨，万科 A（000002. SZ）股价高企，荣升全球市值最高的房地产企业。到了 1 月中旬，大盘创造了 11 连阳，只在第 12 天调整了一下，随后继续上涨。股民从小散到机构都希望它调整，因为据说“洗洗更健康”，同时因为“机会是跌出来的”，下跌就是给自己创造一个再次上车的机会。

但是，上证指数昂头向上，到了 1 月 18 日这天，银行股大涨，张家港行（002839. SZ）高开涨停，A 股市值一哥"宇宙行"（工商银行 601398. SH）涨了 6. 10%。

A 股实现 11 + 8 连阳，股民惊呼：牛市来了？牛市回来（牛回头）了？

尽管那一段时间牛市呼声此伏彼起，但时间终于证明，那段时间的上涨后继无力，不能算作牛市。从 A 股诞生之日到 2017 年底，据统计，A 股一共出现过 6 次牛市——被广大股民认可的牛市。

第一次牛市：1990 年 12 月 19 日—1992 年 5 月 25 日

沪深股票市场的规模都较小，且沪市占有明显的优势，股民的投资热情随着股票投资观念的启蒙和股市财富效应的广泛传播而不断高涨，导致规模较小的股票市场出现了严重的供求失衡，个股股价和指数都快速上涨，申华控股和 ST 方源在不到一年半的时间里股票累计涨幅达到了 10 倍以上。

第二次牛市：1996 年 1 月 18 日—1997 年 5 月 12 日

持续了不到一年半的时间，不过这次是绩优股带头的牛市，跑赢大盘的牛股比比皆是，涨幅达 5 倍以上的股票超过百只。

第三次牛市：1999 年 5 月 19 日—2001 年 6 月 13 日

以中兴通讯、长城电脑等为首的绩优科技股带动的"5·19"行情为标志，炒作热点不断地由绩优科技股转向经重组而变的科技股、以网络股为主的科技股，以及重组股和次新股。

第四次牛市：2005 年 6 月 6 日—2007 年 10 月 16 日

股指达到了历史最高点 6124，经济的高速增长为股市的强势走牛形成了坚实的宏观基础，一系列的股市政策也形成了股市的一大利好，催生了股市的快速上涨，股权分置改革、人民币升值、公司治理的加强、新公司法及新会计准则等的实行，使上市公司的业绩发生了根本性的变化，这些有业绩支撑的股票引领了行情的急剧上涨。

第五次牛市：2008 年 10 月 28 日—2009 年 8 月 4 日

持续时间最短。2008 年央行连续降息了 5 次采取了特别宽松的货币政策，2008 年 11 月 5 日国务院召开会议出台十项扩大国内需求措施（4 万亿的投资计划项目建设）。诸如这些宏观经济政策大大地刺激了我国经济的回暖和复苏，为股市的强烈反弹提供了经济基础。经济复苏的预期和各种政策的相继出台，使得这波牛市行情更多是政策牛市。

第六次牛市：2014 年 6 月 20 日—2015 年 6 月 12 日

利率市场化不断加速，银行的存款竞争催生了对高收益资产的强烈需求；各类政府平台和地产项目融资需求的不断萎缩，银行理财资金需要寻找新的出路，多重因素催生此轮牛市。金融股领涨，创业板摇身成为神创板。2015 年 6 月 12 日沪指站上 7 年最高点 5178，此后股灾连连。

第七次牛市：从 2019 年 1 月 4 日开始，是吗？

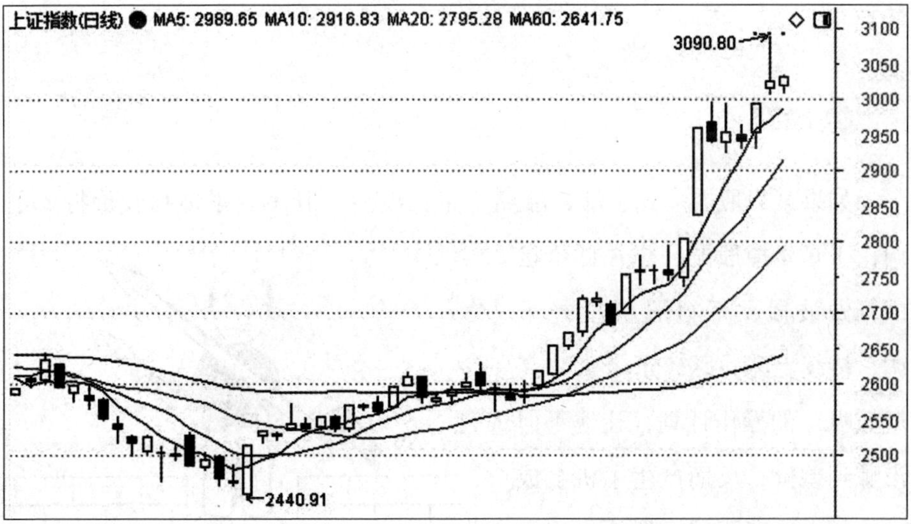

图 2－12－1　大盘指数日 K 线图，2019 年 1 月 4 日摸底 2440 点

"牛回头"的另一个版本

李大霄先生解释指数回调，说，这是牛回头。

魔力神侃

此说成立有个前提，那就是牛市。牛市不等于单边上涨，而是在波浪中上升。上升主旋律中出现的回调，不过就是牛儿回头而已。蹲下是为了跳得更高，所以股民老张，不必惊慌。平常心，平常心啊！

13 踏空、满仓踏空、赚了指数不赚钱

踏空

如果某只股票一路上涨，涨到一定程度后，股民老张预判股价将要下调，于是卖掉股票，想在低价接回，做波段，不料股价拒绝下调，持续上涨，踩碎了老张"高抛低吸"的操作计划，让他不但没赚到差价，反而产生了机会成本，如果追高买回该股票，不但需要更多的钱，还有可能追涨失败被套牢。种种感觉，非常类似于一脚踏空、差点跌倒。

图 2－13－1　踏空
（插画：Mitty 花花@新都）

有人打了个比方，坐上一辆开行在景区的无人售票公交车，一路风光旖旎让人陶醉，觉得差不多了该下车了，没想到下一程更美，于是赶快招了一辆出租车去追。公交车追上了，但错过了这一站的风景，还付出了额外的高昂代价。

踏空还有另一种说法。

满仓踏空

大盘指数一涨再涨，一拨胜过一拨；自己虽然满仓持股，但上涨的不是它们，而是隔壁老王手中的股票！于是股民老张感叹没有踩准节奏，用尽全力接盘，持股待涨，事实上却踏空了。

语出 2014 年 12 月 2 日，当日沪指盘中一度上涨 97 点，但沪深两市只有 313 只个股跑赢大盘，部分题材概念股不涨反跌，逆市下行，因此许多散户感叹，风水轮流转却不到我家，满仓踏空，白白错失了一轮行情。

当时，平安证券首席分析师罗晓鸣接受记者采访时认为，此前两年是小盘股牛市，2014 年主板市场牛市才刚刚开始。大蓝筹上涨小盘股歇息，市场热点轮动，今天的踏空就是没有轮到你的板块。英大证券研究所所长李大霄表示，投资者赚了指数不赚钱，两极分化严重。他说，小盘股、题材股估值高高在上，场外资金不会去抬轿；未来只有非常好的股票，才能给投资者带来高回报。

14　赢了指数输了钱、跑输大盘

比起赚了指数不赚钱，更惨的是赢了指数输了钱。

看官问，你说的是沽空股指期货，却遭遇指数上涨吗？或者说，打赌指数会下跌，可是指数不跌反涨，于是愿赌服输，给钱！

嗯，你说的那种情况当然是"赢"（涨）了指数输了钱。不仅如此，还有这种情况，看图说话，如图 2－14－1 所示。

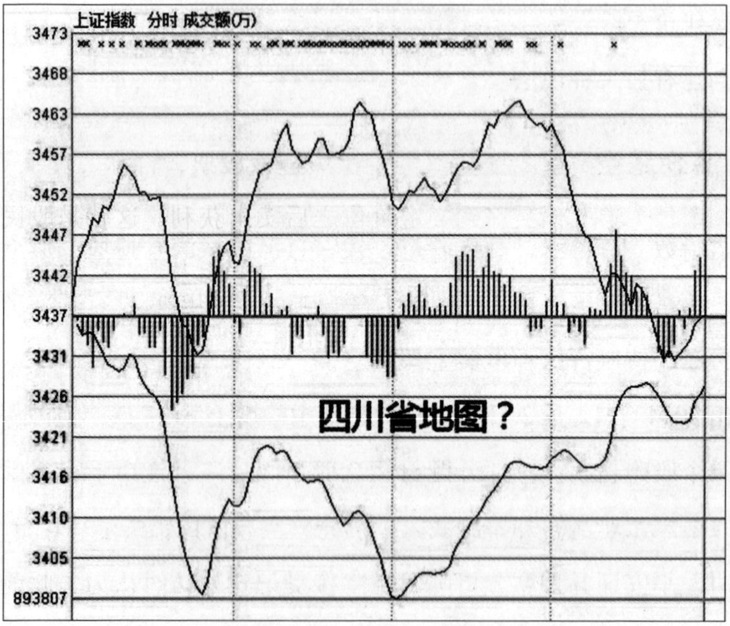

图 2－14－1 上证指数分时图（2018 年 1 月 17 日上午）

当时银证保（银行股、券商股、保险股）大涨，中小板大跌，以至于成分股大涨、非成分股大跌，走出两极分化的行情，从分时图走势来看，很像四川省地图。

参与其中的股民，第一眼看见日 K 线图上一根红艳艳的大蜡烛，心中窃喜；翻开自家的股票池，却是一汪绿水迎面泼来，感觉凉凉的。跑赢了指数、跑赢了大盘，实际上却亏了钱。毕竟，自己投资的是具体的股票，而不是股指期货。

"跑输大盘"的情形还有很多种，上述只是其中之一。

15 抬轿子、坐轿子、跟庄

股民老张反复研究某只个股，认为将会大涨，或者通过某种渠道了解到庄家即将开始吸货，于是在当前价位买进该股票，自称“埋伏”，让别人去抬高股价，等股价上涨到一定价位之后卖出获利。这就是股民所谓的“坐轿子”，好比有人抬举，自己不费多大力气就能大赚一笔。

如果这一拨行情的发动者是庄家，那么坐轿子的人就感到很满足，实现了小散股民梦寐以求的“跟庄”。

相反，自认为或者听说某只个股即将启动一拨行情，当前股价处于较低位置、上升空间不错，如果现价买进就有坐轿子的机会，然而事与愿违，事后发现买入的价位不低，赚不到钱甚至赔钱，那就是在替别人抬轿子。

股市实操中，坐轿子还分为多头轿子和空头轿子，特别是股民成功预计到即将有利多消息出现或者黑天鹅飞出（就是重大利空消息），个股股价会随之大起大落，于是股民当机立断买进或卖出股票，等到信息坐实，个股股价真的大涨或者大跌，这时候再趁机高位卖出或者低价买进，获取丰厚的差价。先买后卖、低买高卖，顺着多头的力量坐轿子，就叫“坐多头轿子”；反之，先卖后买、高卖低买降低持仓成本，就称为“坐空头轿子”。

魔力神侃

人人都想坐轿子而不想抬轿子。然而跟庄哪有那么容易？我的经验是，只要股市行情略有上涨的迹象，股市黑嘴就开始蠢蠢欲动，说什么年内最后一次散户抱团取暖，明天盘中拉升一只股票，跟上某某名师想不盈利都不行，如此等等。结果怎么样？那些经不起诱惑的人，迅速发现自己成了抬轿子的其中一员，然后想下车还没那么容易，人家举着镰刀准备要"割韭菜"。

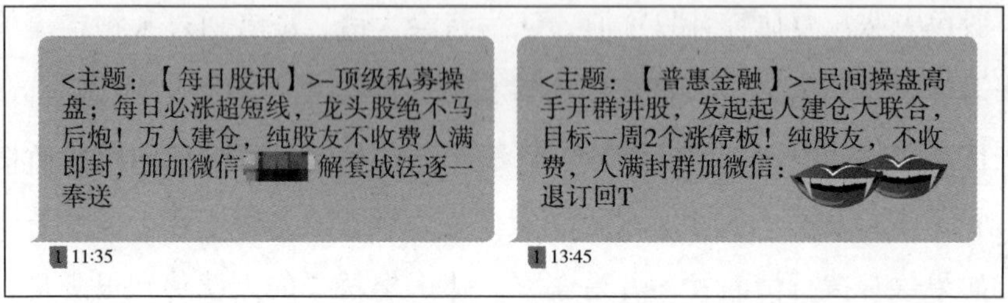

图 2－15－1　诈骗信息截图

16　欺诈上市

欺诈上市泛指上市公司在 IPO 之前财务造假，采取欺诈的方式混进上市公司行列，先欺诈证监会发审委，然后欺诈股民，欺诈全社会。典型例子是欣泰电气（300372. SZ，已退市），因为它是 A 股历史上因欺诈退市的第一股。

欣泰电气退市前后，"欺诈上市"与"欣泰电气"几乎成了可以互相替换的同义词。实际上，疑似欺诈上市的情况不止这一家，股民老张老李老王都请注意，股市"五碗面"都要吃才能避免营养不良，只吃消息面或者技术面都是不可取的，偏食的孩子得不到老师的奖励只是小事，自己营养不良成长不足才是大事。

17 借壳上市、后门上市、快递小哥跑步上市

借壳上市、后门上市

正式推行注册制之前，A 股实行的是 IPO 核准制。因此中国证监会有个重要机构叫发审委，IPO 要排队要“过会”，发审委位高权重，因此具有养虎的条件并且养出过“大老虎”。于是正纲肃纪，2017 年冬季新上任的发审委估计因为十分谨慎，踩着刹车前进，让股民们明显感觉到“过会率”降低了，股民信心颇受鼓舞。

既然 IPO 要排队要“过会”，自然导致排队者分成两三个派别，有人削尖了脑袋去钻营，有人耐心地继续等待，还有人另辟蹊径，采用英国人说的“Back Door Listing”，即后门上市，也就是 A 股股民们都熟悉的“借壳上市”。

什么是借壳上市？壳是什么？且看一条书面语解释：一家非上市公司通过把资产注入一家市值较低的上市公司，得到该公司一定程度的控股权，利用其上市公司地位，使母公司的资产得以上市。

借壳上市的三种模式

①直接收购，腾笼换鸟。

简单粗暴，节省时间，虽然多花点钱，但这样的壳不是借的而是买下了，要请原主人搬家，相当于二手房买卖。

②资产置换或股权置换，也许灵感来自“狸猫换太子”。

已上市公司 A 和未上市公司 B 协商达成一致，各自剥离一部分或全部

资产，成立一家新公司；或者，两公司分别拿一部分资产或股权来交换，以物易物，实现壳公司（就是已上市公司 A）的资产清理、资产重组。当然，公司治理结构也会随之调整，说白了管理层必须发生重大变化，随后公司的个性和特点也会发生变化，股民可以期待改组后的公司业绩表现会更好。

③组合式，上述方式组合运用。

有关规定

当然，壳资源不能想借就借，除了交易双方要反复磋商达成一致，还要符合有关规定，比如 2016 年修订的《上市公司重大资产重组管理办法》规定，上市公司的并购对象应该符合《首次公开发行股票并上市管理办法》的规定。

由于资产重组经常是改善上市公司质量的一条有效途径，监管部门一直对此持开放态度。君不见前些年的"股改"工作搞得如火如荼吗？厉以宁先生因为股改绩效显著被友情赠送了个雅号"厉股改"。

三通一达：快递行业集中借壳上市

中国的快递行业在过去两年内完成了 4 次借壳，有人戏称为快递小哥跑步上市、扎堆上市。

表 2－17－1　快递行业借壳上市

壳资源	上市公司	借壳时间
艾迪西	申通快递 002468	2015－12－14
大杨创世	圆通速递 600233	2016－03－23
泰鼎新材	顺丰控股 002352	2016－05－31
新海股份	韵达股份 002120	2016－07－01

集中行动、跑步前进，快递行业在着急什么？

据国家邮政局预测，快递业增速放缓（过去10年快递业每年增长速度都高于50%）、竞争加剧，平均快递单价下降、利润率下滑至5%左右，与海外市场基本持平。业内人士表示，民营快递企业之所以集中上市，主要是为了突破行业发展的瓶颈。明白了，快递战国，群雄争霸，每一家都面临着行业升级和重新洗牌，都想抢时间、抢先机。

18 闪崩、断崖式下跌

闪崩，就是突然崩溃，快如闪电。语出2016年10月7日英镑兑美元极速崩盘。当天7点04分，英镑兑美元汇率突然大幅跳水，短短数十秒内跌幅一度超过6.1%，盘中触及过去31年以来的最低值1.1841。有机构表示，当日英镑兑美元汇率日内最低点曾经触及1.1378。按此计算的话，英镑兑美元汇率闪崩的跌幅其实超过1200个基点，跌幅高达10%左右。

在A股市场，“闪崩”指的是股票走势看起来正常，突然跳水，几分钟内就跌停，让持股的投资者无所适从。如图2－18－1所示，贝因美（002570.SZ，现名*ST贝因，已经披星戴帽）2017年7月11日，股价闪崩，吓傻投资者。

个股闪崩的直接原因很多，可能有：

①宏观经济基本面严重恶化，上市公司经营困难。

②低成本直接融资导致“非效率”金融以及“非效率”的经济发展，吹大了泡沫，导致股价虚高（也就是被严重高估）。

③股票市场本身的上市制度和交易制度存在较大缺陷，造成投机盛行，股票市场丧失投资价值和资源配置功能。

④政治、军事、自然灾害等危机使证券市场的信心受到严重打击，证

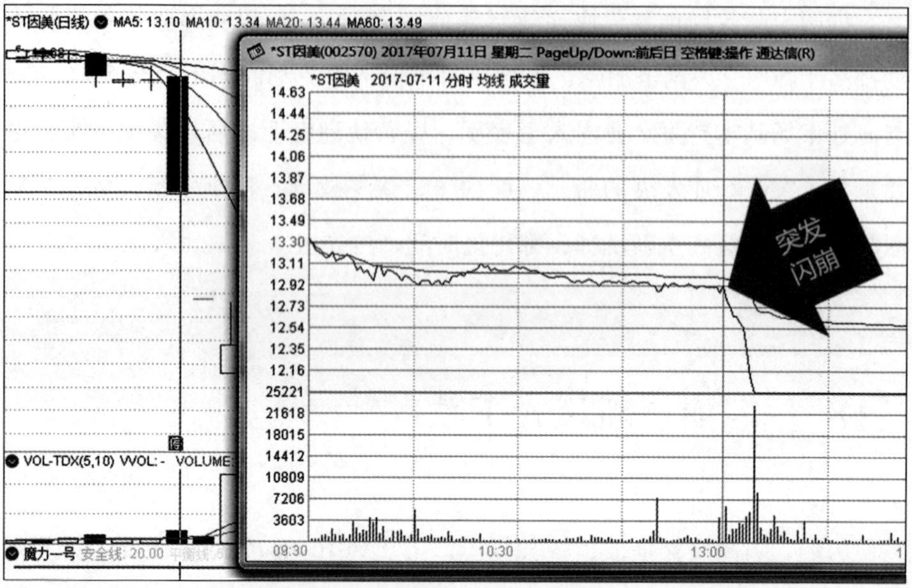

图 2-18-1 贝因美股价日 K 线图 + 分时图，清晰可见闪崩、断崖式下跌

券市场出现心理恐慌而无法继续正常运转。

再举例：毅昌股份（002420. SZ），2017 年 7 月 10 日还在涨停，11 日大幅调整，12 日跳空低开，然后持续走低，一个小时后开始跳水。同一天早盘闪崩的还有通化金马（000766. SZ）等。走势高度近似的还有正虹科技（000702. SZ），发生在 2018 年 8 月 7 日。

闪崩表现在 K 线图上，常常是一根巨阴线；表现在分时图上，则是令人猝不及防的断崖或下跌，直奔跌停。

有人认为这些闪崩是"无厘头"的怪事，但也有些闪崩有迹可循，比如华兰生物（002007. SZ），主要原因是业绩不及预期；雪浪环境（300385. SZ），遭某经济学家连番点名抨击。相对而言，业绩不佳是部分个股闪崩的重要原因。

如此说来，闪崩是股市在教育那些投机者。

魔力神侃

股市版《声律启蒙》：云对雨，雪对风，熔断对闪崩。配资对融券，做多对轧空。

谁说文艺范儿就不能投资理财？很多财经类院校和专业文理兼收，A股开户申请书上也没过问咱们的思维模式是文艺范还是理工科。只觉得“熔断对闪崩”非常工整，值得玩味。

19　主力、操盘手法、恶庄、联合坐庄

资金实力较大，其买卖操作足以影响股价走势，因为有这样的“势力”和“能量”，他们常常掌握了股价涨跌的话语权。至于性质算不算操纵股市，这样的问题请不要问了，我不知道。但我知道他们必然有战斗团队，其中必须有操盘手。操盘手的买卖动作简称“手法”，手法凶悍的被称为“恶庄”。几个团队联合作战，就叫“联合坐庄”。你方唱罢我登场，就叫“换庄”。

操盘手法有哪些？股民熟悉的常用语言有这些：吸筹（吸货）、拉抬、震仓、洗盘、派发（出货）。结合大盘或者个股的表现，有更多品种的组合拳，足以让人眼花缭乱，让“新韭菜”交了学费还不够，要继续交。我听说过的组合拳有：跌停洗盘、横盘整理、一字板出货、阴线洗盘法、拉升出货、巨量封单、尾盘急拉、涨停突破、涨停板出货……写不完，不胜枚举啊。

跟庄家比起来，小散即使联合操作，也实力不济，无法与之抗衡，赤膊上阵无异于螳臂当车。所以曾经流行一种骗钱方式：明天盘中拉升一只股

票，你来我也来，有老师坐镇指挥，请你按计划行事，我们一起来拉抬。

当然，长江后浪推前浪的故事总会有的，高手在民间，“宁波敢死队”之类的超人确实存在，他们能够识别主力意图，跟庄，与庄共舞，从而让庄家“抬轿子”，甚至杀庄。

20 牛熊转换、牛短熊长、两轮牛熊

经济发展有周期性，金融业的发展也有周期性；在股市和股民的口中，“周期”更是常用词，有周期股、周期行业、牛熊交替、两轮牛熊等说法。所谓一轮牛熊，就是大盘一涨一跌，用数年时间走出一轮牛市和一轮熊市。

就 A 股来说，虽然我国第一只公开发行的股票飞乐音响的上市时间是 1984 年 11 月，但多数人同意 A 股的历史应该从 1990 年 12 月上海证券交易所正式成立开始，到现在已有 28 年，经历了 11 轮牛熊转换，那么“一轮牛熊”平均时长 2.55 年吗？我不知道这个数字有多少价值，在我的记忆中，个股普涨的大牛市只有 3 次（1999 年的 5・19 行情、2007 年 6124 点、2015 年 5178 点），牛 1 年熊 5 年的记录似乎比较多，至少牛短熊长这个特征是确定的。

由于“历史不会重复但会惊人的相似”，因此如果说谁经历了至少两轮牛熊，包括但不限于股市，就是在敬佩他是这个市场的资深人士，不是浅尝辄止，也没有被大浪淘沙，至少还活着。而这个“还活着”常常意味着资历更老、经历更富足、经验教训更多，值得新来的司机们好好学习讨教。

至于人生的两轮牛熊，篇幅就更宏大，包含的信息量更多，如果翻译

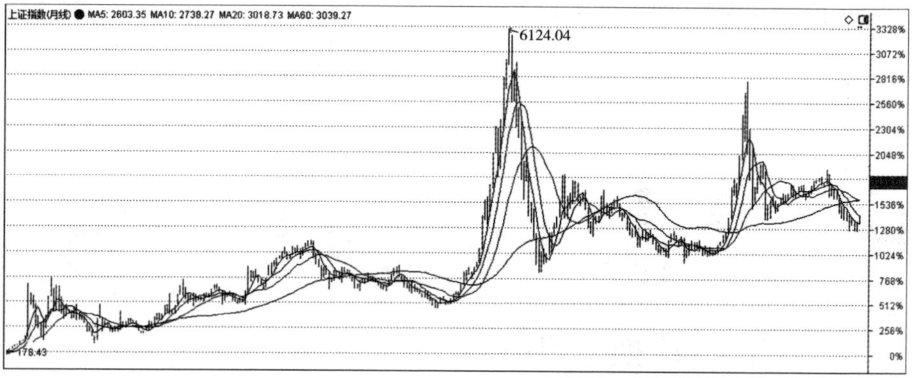

图 2－20－1　上证指数月 K 线图（1990 年底—2019 年 2 月 18 日）

成民间语言，我想可以是“三穷三富不到老”了。

魔力神侃

从 1996 年到现在，笔者沉浮 A 股，经历了数轮牛熊。2018 年 1 月中旬，股民感觉春江水暖，好像牛市又来了，但很快就被否定。年底前流行一个段子，说“逢八魔咒”再次显灵，今年你亏了多少？全年亏损 20% 以内的话，可以考虑终身炒股了。

2019 年春节前后，A 股大涨，有人说是大破（触底 2440.91 点）之后的大立，有人说因为科技创新板即将落地，春风和煦，吹红了这家，吹红了那家，会不会吹得你心醉？

因为去年大跌，跌得让人恍惚。突如其来一拨行情，叫我如何抓得住？于是踏空、遗憾。接下来怎么做，追涨吗？小心被套、被套牢。看着别人吃肉自己连汤都没喝上，眼馋可以理解，但是“踏空—愤懑—追涨—被套”这样的四部曲小悲剧，就不要再次上演了吧。

希望本书能助您一臂之力，让您在娱乐中被感染，以乐呵的心态参与股市，多赚利润少亏钱！

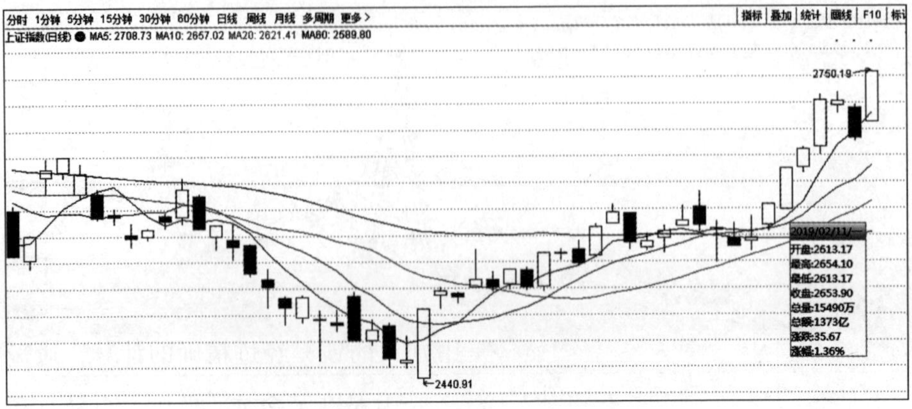

图 2 -20 -2　上证指数日 K 线图：2019 年初，大破大立

21　门口的野蛮人、杠杆收购、恶意收购

2015—2017 年的"宝万之争"发展到胶着状态，形势如火如荼之时，宝能集团的姚老板被多数人认为是万科门口的野蛮人。当然，也有少数派认为时任万科董事长的王石才是野蛮人。孰是孰非？谅我不能做判官，还请各位自行决断，或者，事不关己，热闹而已。

《门口的野蛮人》

作者布赖恩·伯勒，这本书后来被改编成了同名电影，并作为财商电影被一再推荐。主要讲了企业并购的故事并展示了前因后果，再现了 20 世纪 80 年代末，华尔街历史上最著名的公司争夺战——美国纳贝斯克烟草和食品公司的股权争夺战。4 个机构参与了竞争，KKR 公司最终胜出，获得控制权。

书中有不少关于金融操作的细节描绘，全面展示了企业管理者如何取得并掌握公司的控制权，不啻为精彩的华尔街商战实录。该书于1990年出版，被评为20本最具影响力的商业书籍之一。后来被改编成电影。再后来，书和电影都成为企业管理高层和金融界人士的必读必看之作，以及广普适用的“财商书籍”和“财商电影”。

我们可以看到学到什么？

故事的主角和配角们，一个个都头脑灵活，非常熟悉他们身处的市场，特别善于“钱生钱”。当然，是用别人的钱，经过精确的计算，通过杠杆收购，使己方的商业利益最大化。其中充满了贪婪、欺骗、自私自利和“心怀鬼胎的合作”。

所谓的“野蛮人”就是金融玩家，他们不考虑公司的死活，当然更不考虑股东利益和员工生计，只关注自己在这次买卖中能赚多少钱，把企业变成了金融产品甚至玩物。这些我们能看到或者感觉到，但能否学到什么，有一千个观众就有一千个哈姆雷特，看你自己了。

杠杆收购，吸睛并且吸金

收购者以自有资金为基础，向投资银行或其他金融机构大额集资，完成收购。通常来说，财务杠杆就是负债。杠杆收购就是借钱买下别人的企业或项目。负债率越高，杠杆就越长，危险程度就相应地增加。2017年冬季沸沸扬扬的万家文化（600576. SH，现名“祥源文化”）被龙薇传媒收购事件，就曾传言杠杆倍数高达51倍。龙薇传媒在资金准备不足且相关金融机构融资尚待审批、存在极大不确定性的情况下，以空壳公司收购上市公司，且贸然予以公告，对市场和投资者产生严重误导，因此受到了证监会的行政处罚。根据11月9日晚祥源文化（600576. SH）发布的公告，祥源文化和龙薇传媒等涉嫌信披违法违规，并拟对黄有龙、赵薇夫妇及赵政、孔德永等人作出“市场禁入”的处罚。

收购者为什么要玩“撑竿跳”？返回本义，撑竿跳的目的就是要发扬奥运精神，做到更高、更快、更强。杠杆收购者的目的当然就是小投入大回报，四两拨千斤。而过程则经常很复杂，要完成集资、购入、拆卖或重组、上市等几个必要的过程，费时费力。多数情况下会有跌宕起伏的故事，情节反转、东风压倒西风的戏剧性环节则成为胜利者的谈资、茶余饭后的回味和数年后写自传的精彩内容。他们玩的就是柳暗花明，玩的就是心跳，玩的就是吸睛并且吸金。

补充一下，KKR 可以说是杠杆收购的一代宗师，迄今仍然是美国前三名的私募基金。KKR 首创高杠杆收购——大量举债收购目标公司的并购模式：自己只需出资很少一部分，其他的并购资金都是各种类型的债务。收购雷诺兹·纳贝斯克是其巅峰之作，也是世界金融史上最大的收购案之一。在当时，雷诺兹·纳贝斯克是美国最大的公司之一，以烟草和食品为主业，骆驼牌香烟和奥利奥饼干都是旗下产品。

恶意收购

涉及主观评价的东西，难以定量描述，因此请读者朋友们移步网络搜索。关键词可参考"华尔街孤狼""卡尔·伊坎""企业掠夺者"。

据说此人善于虎口夺食，30 多年来曾经染指米高梅、摩托罗拉、德士古、戴尔、环球航空等公司。环球航空一战，据说是卡尔·伊坎的得意杰作。总结起来，他善于突袭，悄悄进村、大量买入，然后以股东或董事的身份进入该公司，参与（更准确的说法是干涉）公司经营，迫使公司管理层在短期内把经营数字做得漂亮，部分或全部更换管理层，从而在短期内抬高公司股票价格，获利出局，再寻找下一个狙击目标。

在这个过程中，卡尔·伊坎的言行常有两个特点：

①悄无声息，我行我素。

②严重批评，可以说是恶语相向。当然这是他的策略。

那么企业收购与反收购的双方，有没有合作办事的？也许有，比如要约收购，产业投资者的进场是为了长期投资获得发展、获取回报，他们的利益诉求要求他们与被收购方愉快合作。但是金融投机者呢？多数情况下双方是敌对的，至少利益上是敌对的，是你死我活的商业战争。

在这种情况下，谁是善意的谁是恶意的，一言难以蔽之。被认为恶意收购的一方，常常被称为“门口的野蛮人”。

魔力建议

看官还可以看看更轻松一点的电影《华尔街》和《华尔街2》。

22　举牌之战、“害人精”

举牌

无论是运动会的队员入场，还是某实体店开张请人敲锣打鼓举牌发传单，或是拍卖场中的举牌报价，本意都是要公示信息。在股市中，为了保护中小投资者利益，防止机构大户操纵股价，我国《证券法》明确规定，投资者持有某个上市公司已发行股份的5%时，应在该事实发生之日起3日内，向国务院证券监督管理机构、证券交易所作出书面报告，通知该上市公司并予以公告，并且履行有关法律规定的义务。这样的公开声明，业内称之为“举牌”。

举牌会发展到战争吗？争取上市公司的股权和控制权，争夺到一定程度，当然可以说是商业战争。举例说明：廊坊发展VS许家印的恒大。当然，这只是众多举牌大战故事中的一个。

2016年10月30日晚间，廊坊发展（600149. SH，现名“＊ST坊展”）

发布公告，恒大于10月28日在二级市场增持公司股票1900万股，占公司总股本的5%，增持均价为29.35元/股。本次增持完成后，恒大共计持有公司7603万股，占公司总股本的20%。这已经是恒大对廊坊发展的四度举牌。结果呢？看看廊坊发展的K线图就知道了，如图2-22-1所示。

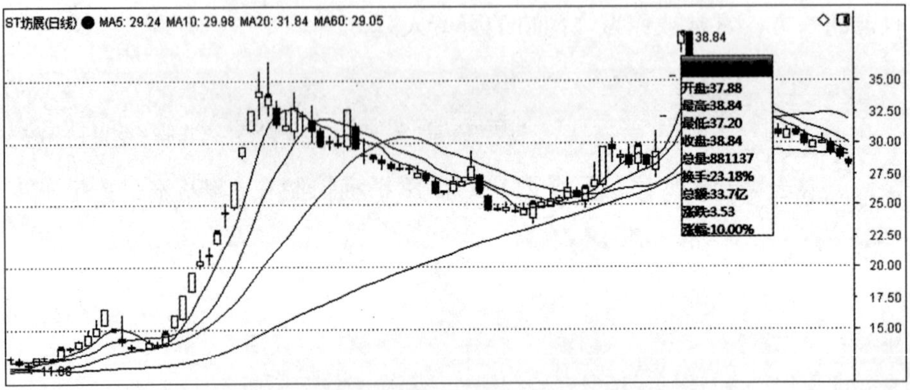

图2-22-1 ＊ST坊展K线图（2016年11月3日前）

举牌是战争吗，何出此言？且看看恒大4次举牌的实操记录：

2016年4月12日首次举牌。当时恒大连续两个交易日斥资2.91亿元买入廊坊发展。

7月27日至29日，第二次举牌。连续3天增持廊坊发展4.995%的股份，构成第二次举牌。有趣的是4.995这个数字，值得玩味。

8月4日，第三次举牌。恒大以15%的持股比例跻身第一大股东。随后廊坊发展原大股东廊坊控股反击恒大，怎么反击？买入，买买买呀，廊坊控股在二级市场增持股份至15.30%，夺回第一大股东位置。

此后，廊坊控股还打算以修改《公司章程》等方式来防范"许老板"，但没有成功。这不，第四次举牌，"许老板"把15.30%踩在脚下了。随之而来的是，廊坊发展的股权争夺战火再度被点燃。

这场战争跟投资者有关系吗？当然有。随着恒大的连续举牌，廊坊发展的股价一路飙升，期间更是多次涨停，成为A股市场的一道风景线。不仅如此，恒大还举牌了好几家上市公司。

我想，如果把众多小散看廊坊发展 K 线图时候的表情定格的话，将会产生一个巨大的表情包。

险资举牌、“害人精”

要说举牌之战，就要提到险资举牌。2016 年 12 月前两三年，险资举牌 A 股上市公司被人描述成“根本停不下来”，压着 5% 举牌线增持减持股票的就更多，比如，把买卖股票的比例精确控制在 4.995%，数量不少但又避开了举牌。

数据显示，恒大人寿增持万科 A、阳光保险增持伊利股份(600887. SH)、安邦保险增持中国建筑（601668. SH)，险资的每一次介入都影响了股价走势，甚至影响到公司治理结构（有时候这就是目的之一，有时候不是，看具体的案例)，使万科这样的股权分散的上市公司管理层背心发凉，不知道举牌者葫芦里卖的是什么药。

证监会新任主席刘士余在 12 月 3 日的演讲中，呼吁资产管理人不要当奢靡无度的土豪、不要做兴风作浪的妖精、不要做坑民害民的害人精。何出此言？业内人士表示，如果举牌者的资金要真正流入股市，就能促进上市公司发展，也有利于资本市场的发展，但是近几年的举牌案例中常常出现杠杆资金，甚至高杠杆资金，弊大于利。激进者可以说杠杆资金带来的多是负面影响，甚至就是炒作股价的游资，把一些优秀的上市公司玩弄于股掌之间。因此这些“野蛮人”的野蛮行径需要遏制，需要打击。

23 君万之争、宝万之争

君万之争

1994 年 3 月 29 日,以君安证券为首的股东代表,突然阻击万科管理层,引发了对于股东会与经理层的关系、公司治理结构和治理机制、多元化经营与专业化经营等多个话题的激励辩论。这场纷争差点让万科管理层卷铺盖走人,因此当时的君安证券曾经被称为“门口的野蛮人”。

大致过程:当时万科的股权相当分散,国有股的态度成了最关键的一票。王石向国有股求援。3 月 31 日在公司总部举行了情况说明会,决定向深交所申请停牌并获得批准,由此产生了中国股市的第一次停牌,万科开了一个先河。停牌可以赢得时间。4 月 4 日,万科股票复牌。深交所约见“君万之争”的两位主角张国庆和王石。双方握手之后,渐行渐远。

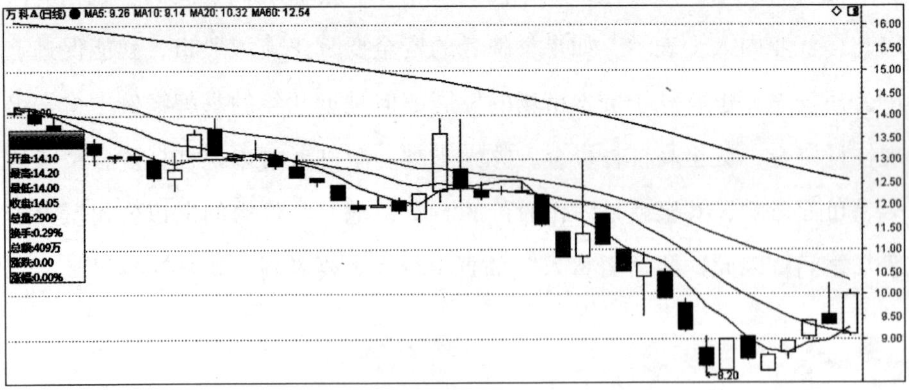

图 2-23-1 1994 年 3—4 月的万科 K 线图

宝万之争

即，万科和宝能的股权之争。

笔者这里要引用2015年12月24日出现的网评，可以说很好地概括了这一事件：以姚氏兄弟为代表的宝能集团想要买下以王石为代表的由经理层管理的万科，而万科经理层不愿意把公司卖给宝能集团，但宝能集团偏要买下万科公司。

这中间除了有口水战，还有个重要操作：杠杆收购。不少人把宝能当家人姚振华（媒体称“姚老板”）的收购解读为不怀好意的恶意收购，所以称之为“万科门口的野蛮人”。

大致过程（以口水战之前的内容为主）

2015年1月，“宝能系”旗下的“前海人寿”及其一致行动人“钜盛华”开始买入万科股票，到7月10日，宝能系持有万科的股票比例达到5%，开始举牌。

7月24日，宝能系再度举牌，持（万科）股比例达到10%。

8月26日，宝能系三度举牌，持股比例达到15.04%，已然成为万科第一大股东。

8月31日和9月1日，万科股东华润两度增持万科股票，持股比例达到15.23%，夺回第一大股东的位置。举牌战争越来越激烈。

11月27日，宝能系再次成为万科第一大股东，12月4日又一次增持，持股比例升至20.008%。

半路上杀出个程咬金，12月7日，安邦系举牌，持有万科股份5%。举牌战争升级。

12月10日，宝能系耗资37亿元买入万科A大约1.91亿股。同日深交所向钜盛华公司发出关注函。

12月11日，宝能系持股比例升至22.45%，夺回第一大股东宝座。争夺陷入白热化。

12 月 15 日，钜盛华回复深交所说，资金来源合法，信息披露合规。

12 月 17 日晚 8 点左右，万科时任董事长王石就宝能系举牌的内部讲话措辞强硬，直言"不欢迎"。18 日凌晨 4 点，宝能集团回应，强调"恪守法律，尊重规则，相信市场的力量"。当天万科 A 向深交所申请停牌并获准。晚间，时任万科总裁郁亮与媒体见面，力挺王石。

19 日早晨，王石在微博转发文章《万科被野蛮人入侵前后的真相，一场大规模洗钱的犯罪》，并配文说，下星期一见。

……

2016 年，宝万之争继续。

2017 年，宝万之争逐渐淡出公众视野。

这中间有个关键词"毒丸计划"。

后来，姚老板偃旗息鼓。

再后来，万科 A 股价下跌，市场普遍担心姚老板要被强制平仓。到了 2018 年 1 月，万科股价创新高，网络媒体报道姚老板净赚超过 600 亿元。又一个传奇故事。

关于这一场"战争"

有人说这是一场"人性的"资本攻坚战。

万科不接受宝能，用王石的说法，因为宝能的信用不够，会毁掉万科最值钱的东西。因为宝能买股票的钱来自短期债务，短债长投，风险很大。

对宝能系而言，也许因为它需要一个上市的地产公司，而万科是一个非常优质的选择：实力强大口碑好、经营稳健成楷模、土地储备较多、股权分散（好下手）。

宝万之争为什么如此吸引眼球？因为好戏连台，冲突不断，人物个性鲜明，还夹杂着剧情反转，最后，万科股价的涨跌与很多人直接或者间接相关，因此从宝能第一次举牌开始，一场跨界大戏开演，让我们股民们也开眼。有人研究了宝万之争，仅供各位读者朋友参考：

①宝万之争的本质是所有权和经营权之争。万科分散的股权结构埋下了隐患。经营管理层和股东之间缺乏有效沟通导致矛盾激化。宝能系提案罢免王石等优秀的管理团队，引发社会各界关注。

②涉及几个法律问题：回避表决和弃权表决、关联关系、内部人控制、一致行动人、要约收购、事业合伙人计划。

魔力神侃

之所以提及这一点，因为笔者亲眼见过一个公司的董事会与管理层因为经营方向意见相左而大战三百回合，触碰到当时《公司法》的两个漏洞，并引起法学界关注，给《公司法》打了补丁。这个公司虽然付出了沉重的代价，但毕竟对社会有所贡献。所以我期待并相信“宝万之争”也将引发深度思考和某些有益的改变。

第三章

A股传奇

从诞生那一天起，A股一直就是经济界人士的关注焦点之一，涉及形形色色的人物和故事，其中不乏传奇色彩。有没有新晋股民对这些传奇完全不感兴趣的？即便有也是凤毛麟角，因为“好奇心”也是最基本的人性，既非弱点又不是优点，就看你怎么用它。在我看来，带着些许激动看看A股这个万花筒，对股市门口的“小白们”好处多多，其中一条可以是：看人家的故事，长自己的见识。

01 符号消费、股王、A股一哥、抗跌神器、茅台飞天

要问我国的国酒是什么，无疑是贵州茅台。要问笔者在股市最喜欢“喝”什么，毫无疑问也是茅台。不是一时冲动，而是研究茅台股性数年，买进卖出多次，吃着他家的五碗面而且坚持不懈地吃，期间有过“多么痛的领悟”，于是“恨已往之不见、知来者之可追”，现在，恐怕已经与它结下不解之缘了。

当然，必须有言在先：我喜欢茅台，但绝不劝酒。我买茅台，但绝不荐股。既是遵章守纪，又是尊重各位看官的独立人格和投资个性。如若不懂，务必只看不动，以免被割“韭菜”，遭受无妄之灾。

符号消费

到了2017年，茅台酒被爱好者赋予了多个标签，多种属性，是公认的高端白酒，国酒；是奢侈品，跟房子一样具有金融属性；还是符号消费品：物以类聚人以酒分。喝茅台，喝的是一种身份、一种符号。被邀请喝茅台酒就相当于在某个方面被赋能。

当然，这里说的“茅台”特指飞天茅台，不是茅台系列酒，更不是产地为茅台镇的其他酒品。为了跟代码为600519的贵州茅台股票区别开来，人们把可以喝的飞天茅台称为“实体酒”。

实体茅台酒有多受欢迎？看看身边有多少人在排队购买，算算成功买到酒的“中签率”有多高，就能感觉到了。各位看官想想，现在什么年月了，物质条件极大丰富，产能过剩，被要求“去产能”的年月，有几个产品能做到如此地步，排队付款还拥堵不堪！六零后的老股民笑曰，以后怕

是要凭票供应了。

股王、A 股一哥、抗跌神器

实体茅台酒这么难买，"非实体"的茅台股票走势如何？

品牌价值高企，产品供不应求，公司盈利能力强劲，财报亮眼，分红派现颇具吸引力，茅台股票的表现自然很抢眼。到了 2017 年，贵州茅台（600519. SH）成了公认的股王、超级品牌概念股、A 股一哥，不仅因为在 A 股 3000 多只股票中股价最高，坊间流传着"茅台魔咒"的传说，更因为茅台的股价走势如虹，兑现了一个又一个看似疯狂的目标价格预测，破除了"A 股没有价值投资"的迷信，成为价投典范。因此有人说，茅台改变了他的价值观。

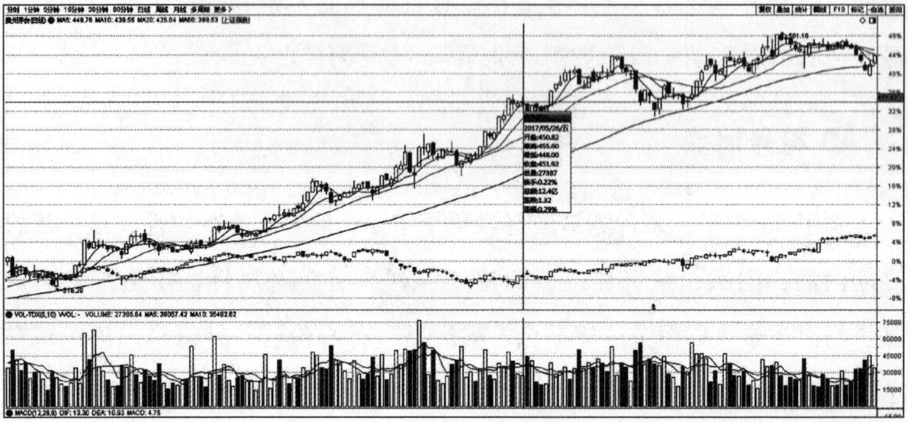

图 3－1－1　茅台日 K 线图＋量能，叠加大盘日 K 线图

图中茅台与上证指数（大盘）的日 K 线图叠加，稳健向上的走势与大盘背道而驰，似乎要告诉股民，咱可以不看大盘的脸色。还请注意一点：量能没走，就是对股价的铁杆支持。

当大盘从 3300 点下跌到 3100 点，再到 3016 点的惊险一探，茅台老兄保持步调不变，一路高歌向前。再看上图，堆量减少了吗？没有。堆量很漂亮，说明资金没有净流出。

即使在熔断期间（2016 年 1 月 4 日及以后几天）、股灾期间（2015 年 6 月 12 日以后数月），茅台股价虽不免随波逐流，跟盘下跌，但跌幅相对较小，而且很快就走出了一拨反弹行情。简言之就是，茅台是抗跌神器。

茅台飞天

2017 年，贵州茅台股价翻倍，其中一段“步步高”表演尤为精彩，从 600 元到 700 元只用了半个月时间。11 月 16 日茅台创新高收于 719. 11 元。当天收市后，新华社发文批评茅台涨得太快，强调要理性对待。茅台公司随后发文附和，第二天以 696 元低开，随后创造了罕见的七连跌，探底 613 元，然后逐渐回升再上 700 元，摸高 799 元。

2018 年来有过一次类似的行情，如图 3 -1 -2 所示。6 月 13 日摸高上破 803. 50 元，随后趋势反转，随着大盘下跌的脚步逐步下探到 616. 86 元（8 月 20 日），至 9 月 13 日走完五浪，浪形完整清晰。9 月 14 日，来了一个漂亮的底分型，随后确认趋势反转，起涨。

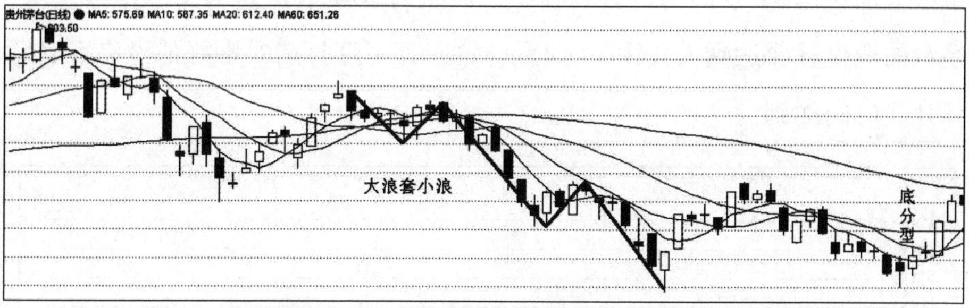

图 3 -1 -2　贵州茅台日 K 线图 + 大浪套小浪

02 万亿市值、打赌茅台、别人赚钱自己踏空

众多机构预测茅台股价

贵州茅台的总股本和流通股都是 12.56 亿股，如果股价上破 796 元，其流通市值就达到万亿元。因此每一次"800 元攻坚战"都是艰苦的拉锯战，多空双方竞争激烈。

在茅台股价上涨的过程中，众多机构一再给予"强烈推荐"和"买入"评级，并大胆预测其目标价位，比较有名的预测是：400 元的时候预测 600 元，600 元的时候预测 712 到 845 元，其中 845 元是中金公司的分析师邢庭志给出的，相比于上次目标价格大幅上调了 22.11%。

安信证券不直接预测股价而是预测市值，曾经"放卫星"预测茅台的市值会高达 1.85 万亿元，引起轩然大波。大致算来，如果安信预测兑现，茅台的股价就要达到人民币 1473 元。这，算不算打赌？幸好他没有准确预计什么时间达到。

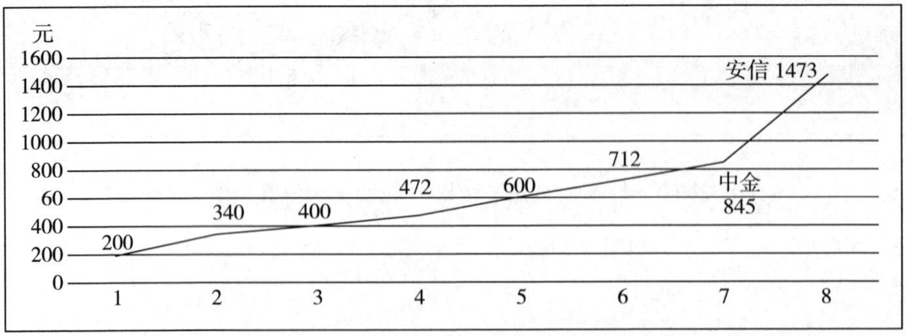

图 3-2-1　机构对茅台股价走势的预测

中金公司预测 845 元的时候，有人怀疑他有某种隐含目的。是真是假，不敢妄加揣测。曾经的一年时间里，茅台股价从 2016 年初的 200 元一路高涨至年底的 340 元，就在股界不少人怀疑其持续上涨动能不足的时候，邢庭志就发研报预测“贵州茅台明年 6000 亿市值、目标价 472 元”，当时也被外界质疑或为其出货“洗地”。但事实胜于雄辩，472 元是什么时候被踩在脚下的？半年后的 2017 年 6 月。

但是，股价超 800 元、市值超万亿元，却是个难啃的硬骨头。笔者注意到，每次上攻 800 元的时候，评论区就传来一片粗鲁的谩骂声，在我看来，主要因为自己踏空了茅台，看着人家赚钱，自己相当不爽。

但斌的赌约

2017 年 4 月 25 日，茅台股价还在 400 元关口拉锯的时候，但斌在他的微博上说，茅台年底能上 600 元，并愿意为此赌一个亿。结果，哪里用得了那么久？6 个月后的 10 月 26 日当天以 605 元跳空高开并稳住，虽然当天收盘后日 K 线图上出现一个十字架造型，但茅台的股价稳稳站上 600 元，让但斌的预言提前兑现。事后有人喊他赢了钱要请客，但斌回复说，可惜打赌的时候没人应约。

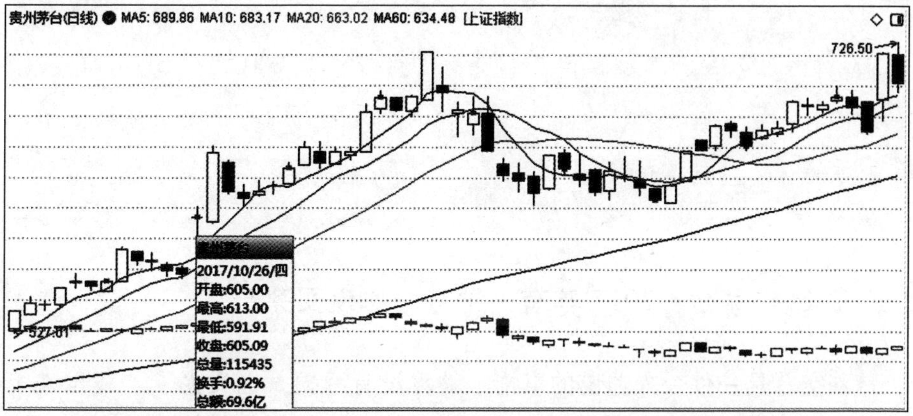

图 3-2-2 贵州茅台日 K 线图，2017 年 10 月 26 日股价上破 600 元

看别人赚钱

语出茅台股价站稳 600 元后的第三天，2017 年 10 月 29 日，东方财富网上有一句俏皮话："前两天，整个 A 股市场都在做一件事。这件事就是看别人赚钱。"

股价继 10 月 26 日站上 600 元每股之后，10 月 27 日再度上攻，报收 649.63 元，涨幅为 7.36%，成交 52.84 亿元，换手率为 0.67%，总市值超 8000 亿达到 8161 亿元。难得的有三点：

第一，市值超过 8000 亿元关口；

第二，单日涨幅超过 7%，这在茅台历史上是稀缺的记录，小概率事件；

第三，如图 3-2-2 所示，连跌三天后跳空高开但不低走，收十字星之后，第二天跳得更高。

魔力神侃

是谁授意了绝大多数股民面对茅台"只看不动"的？谁告诉他们要以不变应万变？没有人说茅台只是机构的菜，小散只能当观众啊。看着别人赚钱自己却踏空，很容易引起小散们追涨。然而假如有人在 800 元左右入手了茅台，他的噩梦就开始了：从 800 元到 617 元的持续下行阶段，怎么熬得过？大概率会杀跌，割肉，而不太可能做到捂股不看盘、封闭一年再说。

踏空茅台：2017 年有一种穷叫作没买茅台

踏空总是一件令人遗憾的事情，就算没有亏损，也失去了"我本来可以赚多少多少钱"的机会。就 2017 年的茅台来说，"踏空"不仅仅是股民的遗憾，也包括不炒股的人看到实体酒零售价从 1299 元涨到 1499 元还要抢购而且抢不到的时候，痛恨自己为什么没有提前买它几箱囤在地窖里。

就股民来说，小散们手里钱少买不起，小散们心理恐高不敢买，但令我不解的是，大户和机构们干什么去了呢？买了一丁点，眼睁睁看着老外把钱赚走了……

数据显示，国内共有 57 家基金公司 386 只基金产品持有茅台，可惜数量不多，只有 3689.56 万股，仅占茅台流通 A 股的 2.94%，市值仅为 221 亿元。其中，易方达基金、华夏基金、南方基金是持有数量最多的前三甲。更可惜的是中国证券金融股份有限公司（证金公司）2017 年第三季度减持茅台 515 万股，持股比例由二季度末的 1.97% 下降至 1.56%。

数据还显示，外资通过沪股通等多种通道大量买入贵州茅台。

于是有段子手苦笑着说，2017 年有一种穷叫作没买茅台。于是李大霄先生说，不要让钱老被外国人赚走了。还有人说，对于价值投资者而言，茅台这辆战车，“任何时候上车都是正确的，任何时候下车都是错误的”；即便你不是铁粉不是死多头，如果你“已经在车上了，那就不要下车了”。

魔力神侃

2018 年及以后，这些论断还可用吗？友情提醒，跟面包一样，信息也有保质期，如果投资有那么简单的话，人人都能变身股市专家了。各位看官请勿刻舟求剑，更不可简单模仿。笔者引用多层次股民的评论，仅供复盘，可以娱乐，但不可认为是荐股，只有你自己才能对你的投资结果负责。

董宝珍赌裸奔

因为茅台跟人打赌的人除了但斌还有董宝珍。不过那是 2012 年 9 月的事情了。打赌的标的不是股价而是市值，打赌的对象也不是泛泛的博客，而是跟扬韬打赌，更有趣的是筹码，他们赌的不是钱，而是谁输了谁出彩：如果茅台市值跌破 1500 亿元，董总（就要）裸奔。

结果很搞笑，董总输了。2013 年 9 月 17 日贵州茅台大跌，盘中最低跌至 140.51 元，创近三年以来新低，到收市的时候，茅台市值也跌至 1466.95 亿元。即便考虑到分红的除权因素，其市值依然跌破了 1500 亿元，大破"裸奔底"！

其实董宝珍也是一位坚定的茅台投资者，据悉从 2008 年 11 月到 2010 年 7 月陆续建仓，持有成本约为每股 160 元。2012 年中央反腐、整治"三公消费"，A 股白酒板块走熊，茅台股价阴跌，到 2013 年 9 月、10 月间，股价腰斩，董总愿赌服输。

魔力神侃

有人点评说，董总的投资有三点瑕疵：第一，跟股票谈恋爱；第二，把鸡蛋放在一个篮子里；第三，加杠杆投资。不知道董总对这三条有何意见，魔力哥倒觉得这三条适合绝大部分小散股民，我们要从批评中听出点评者的善意，就像这本书的出发点一样，要从段子手的字里行间读出收获。

03 茅台泡沫、看大盘脸色

茅台泡沫

2017 年 10 月 27 日，茅台股价再度爆发，涨幅超 8%，摸高 650 元，市值超 8200 亿元。股民老张说，亮丽的三季报一公布，怕是谁也阻止不了茅台了。刚刚打赌获胜的但斌先生发布朋友圈表示，“茅台到了这个价格，一些朋友让我站在专业的角度分析一下茅台有没有泡沫？今天在此统一答复：茅台属于酱香型白酒，白酒没有泡沫。有泡沫的那是啤酒！”

再问一遍：A 股股价之王，到底有没有泡沫？不必臆想，我们用数据说话。

第一类数据：各种机构对茅台股价的预测。千元股最有期望的就是茅台，谁与争锋。机构预测茅台股价目标值能够达到那么高，现在这个价格，即使有泡沫，又能有多大？

图 3－3－1　但斌说，茅台不是啤酒没有泡沫
（插画：Mitty 花花＠新都）

第二类数据：茅台酒厂的经营数据，关于经销商囤货的马路消息，以及看得见摸得着的零售价数据，还有京东的抢购排队人数和秒杀速度，参与一下，你瞬间就能明白茅台为什么已经不是白酒而是液体黄金、奢侈品、符号消费品了。

第三类数据：财务数据。贵州茅台的市盈率（PE）从 17 涨到 36，远超银行股，远超格力电器（000651. SZ）和美的集团（000333. SZ）等股票，还说没有泡沫？且慢下结论，资深股民老司机常说既要看 PE 又不能被它蒙住了眼睛，不能一味追求低 PE，因为 PE 低的股票常常股性呆板不活跃。更重要的数据是每股收益（EPS），直接体现公司的盈利能力。伴随着 PE 的上涨，茅台的每股收益也显著增长。有业绩支撑的 PE，算不算泡沫？

后来的数据我们都看到了，茅台迅速突破了 700 元关口，摸高 719 元后，受到新华社发文的影响，下跌到 613 元，很快再次摸高 799 元，2018 年 1 月下旬，股价在 780 元上下，然后才是后面的表演：上破 800 元，下破620元，跌宕起伏。

罕见七连跌

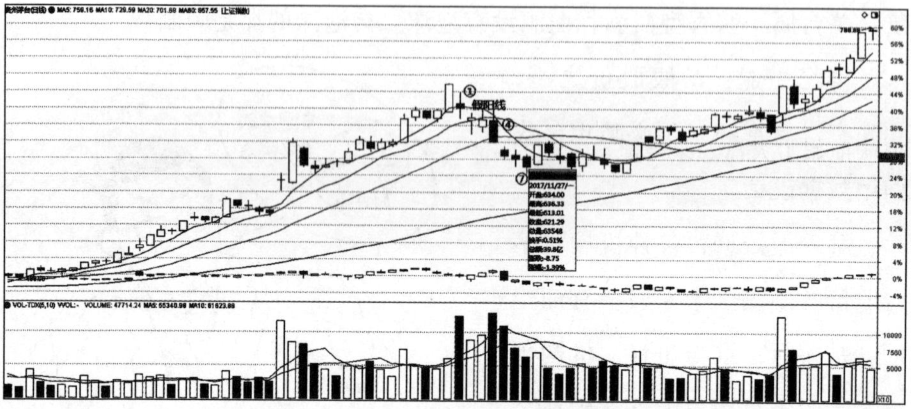

图3-3-2　贵州茅台遭遇七连跌

如图3-3-2所示，2017年11月16日摸高719.96元之后，从17日开始，茅台股价遭遇了七连跌，请注意第二三天的K线是假阳线。7只白乌鸦站成一排、连续的打压，在茅台的历史上真是罕见。

不过，7个交易日的累计跌幅并不多。即便从摸高之日16日算起，股价总跌幅：（621.29 - 719.11）÷719.11 = -13.60%，相当于1.36个跌停。即便成为"众矢之的"，遭遇各方轮番轰炸，连跌7天，损失也不过13.6%，能有多凶？

不过笔者注意到，此前茅台的走势似乎与大盘无关，大盘涨它涨，大盘整理它仍然涨，涨幅温和但是单边上行，难得的、抢眼的单边上行，不看大盘脸色，不跟风。这次七连跌之后，似乎被教训了，学乖了，要看大盘脸色了。

七连跌的最后一天探底613.01元后开始回升，再次站稳700元以后，又有人预测茅台股价上800元。算一算就知道，从700到800不过就1.14个涨停，一个涨停的事情！贵州燃气（600903.SH）那么"妖精"，为什么不被特停？凭什么对贵州茅台那么刻薄，涨上5个点就有人骂（且看同花顺App里面的评论），涨上7%以上就有人惊诧莫名，股价一站上800元就稳不住，就有人在背后指指戳戳？

比如2017年11月23日，茅台下跌2.58%，跑输大盘（那是七连跌的第五天），当天白马股全线回调，有的深跌5%以上，于是有人怪罪茅台说，就是这家伙拖累了大盘。茅台拖累大盘？我只能说，我没什么好说的。

04　戴维斯双击

EPS和PE同时上升，导致股价翻倍，这就是可遇不可求的“戴维斯双击”。投资天才戴维斯先生发现了这个指标组合，或者说投资法则。

数据显示，2015年贵州茅台的EPS值为12.34，到了2017年，中报显示EPS值为8.96。按往年规律，估计年度EPS是17.92。而券商预测2018年的EPS高达23.6，相比2015年几乎翻了一倍。

再来看PE值。根据东方财富Choice数据，2016年1月茅台股价处于阶段性底部时，动态PE为17倍；2018年1月PE约36倍，也实现翻倍。

最后看茅台的股价，2016年初210元，2017年11月650元左右，2018年1月780元左右，是210元的3.7倍。

贵州茅台实现戴维斯双击：股价P≈每股收益EPS×市盈率PE

顺便说一句：2018年1月，有人撰文称地产行业将迎来戴维斯双击；9月底，有人认为某医药股有望迎来戴维斯双击。

根据戴维斯的公式，股价P≈每股收益EPS×市盈率PE，EPS代表公司的盈利能力，PE从某种意义上说也代表市场对公司未来盈利能力的预估。我们常说“炒股就是炒预期”，对某个股的预期向好，它的PE自然就要上涨；加上公司经营的实际情况也不错，每股收益也上涨，股价不涨反跌的可能性有吗？有，遭遇打压的时候，小有调整，但那是阶段性的下调，如果遇到了，假以时日，报复性上涨很快就会到来。

05 价值投资典范、珍稀品种、价投三宝

价值投资

简单粗暴的解释就是，不抱投机心理，不做“啄一嘴就走”的短线操作，而是在较长时间内持续投资，跟随被投资对象一同成长，享受长期回报。

就股民来说，买卖操作在形式上表现为：在股票的成长初期或价值洼地时间段买入，中长期持有，到股价高涨并且认为即将走下坡路的时候卖出，获利出局。然后再择机买回，择机卖出。

魔力神侃

实操中，持有一只股票多长时间才能算作中长期投资？

卖出以后它又涨价了，要不要追涨把它买回来？

虽然彼得·林奇和沃伦·巴菲特都不赞成做波段，但是波浪理论似乎告诉我们，投资的要领就是认识趋势并踩准节奏。

还有，要不要设置止盈点和止损点？如何设置？固定还是浮动？有思维模型和计算模型吗？

这些都是实际问题，小散股民难以把握的问题。如果解决了这些问题，股市操作系统就基本成型了。

比如，2013 年 9 月 17 日茅台股价大跌，触发“裸奔底”之后，持续下行，创造了最低价 118 元！就在之前不久的 4 月，还曾经有一拨从 154 元反弹至 200 元的走势，当时曾被认为抄底成功，是“价值投资的胜利”。但跌到 118 元的时候，如果你还没卖，会怎么想？会不会哀叹价值投资者的日子难熬？会不会质问“价值投资，是不是把投资弄到没有价值为止”？还是像董宝珍那样，打赌输了，裸奔也是乐呵呵的？

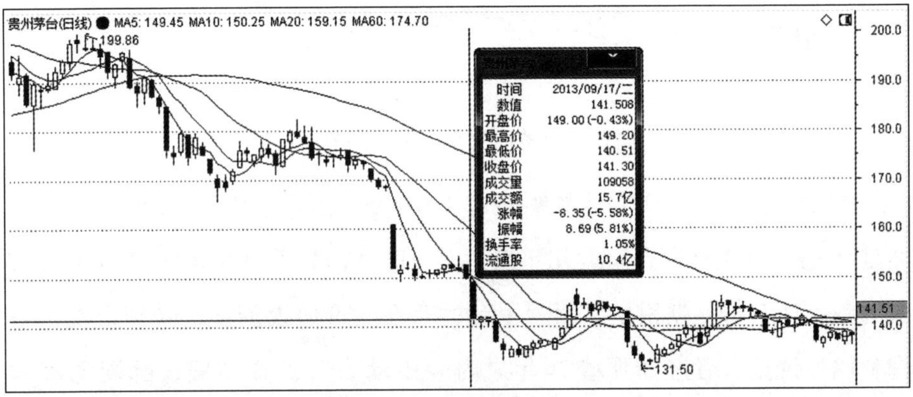

图 3-5-1　2013 年 9 月 17 日茅台跌破“裸奔底”

如果被问及“你是价值投资者吗”？大部分 A 股股民不敢承认，似乎“价投”是一种标榜，是高人一等的存在，甚至，除了为数不多的“厚脸皮”直接承认自己就是投机者外，多数人对自己的股票买卖行为是投资还是投机漠不关心。对他们来说，广东话打破了这个尴尬局面，因为投资和投机的发音完全相同。

“价投三宝”之贵州茅台

但是到了 2017 年，这种局势似乎有了变化，是的，事物正在起变化。贵州茅台成了价值投资的典范，在新华社的文章中被称为“珍稀品种”，要保护而不要滥用。建议你去复盘贵州茅台，设置为“后复权”，看看它的股价是多少？几千元？没错，贵州茅台、万科 A、云南白药，是老股民心中的“价投三宝”。后来还有更多的股票，比如格力电器等，也加入价投标的股这个大家庭中来了。

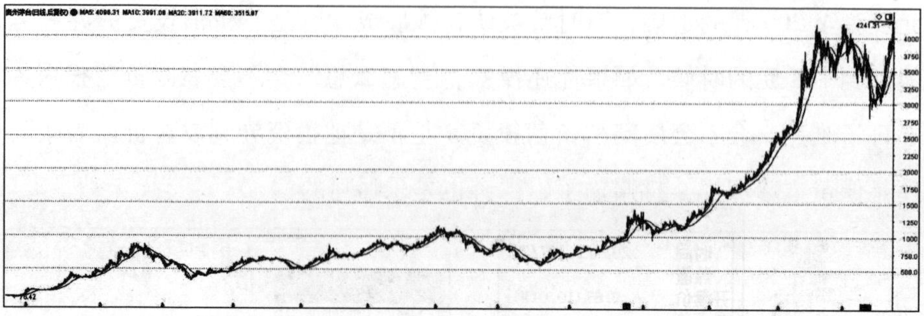

图 3－5－2　贵州茅台的后复权 K 线图（2019 年 3 月 5 日）

虽然 2017 年前 10 个月涨幅超过 100% 的股票不少，但影响力中心仍然是 A 股一哥贵州茅台。近几年来，其 EPS 和 PE 都在增加，这就是现实版的戴维斯双击。据说主要因为茅台的存在，价值投资再次受到重视，咨询师们建议投资者选择那些具有“内生驱动力”的成长股，鄙视那些靠“外延”靠“运作”的股，远离那些靠吆喝来圈钱的垃圾股。

06　360 概念股、向小田、江南嘉捷

360 概念股

2017 年 11 月 3 日凌晨，江南嘉捷（601313. SH）电梯股份有限公司发布重大资产重组报告书，本次交易完成后，上市公司实际控制人变更为奇虎 360 的掌门人周鸿祎。按照《重组管理办法》第十三条的规定，本次交易构成重组上市，经中国证监会上市公司并购重组审核委员会审核并经中国证监会核准后实施。至此，奇虎 360 成功回归 A 股，成功借壳上市。

如图3-6-1所示，接近20级的天梯，让持有江南嘉捷的股民笑得合不拢嘴，让踏空者愤愤不已。后来股票简称改为“三六零”，代码也改成601360了。

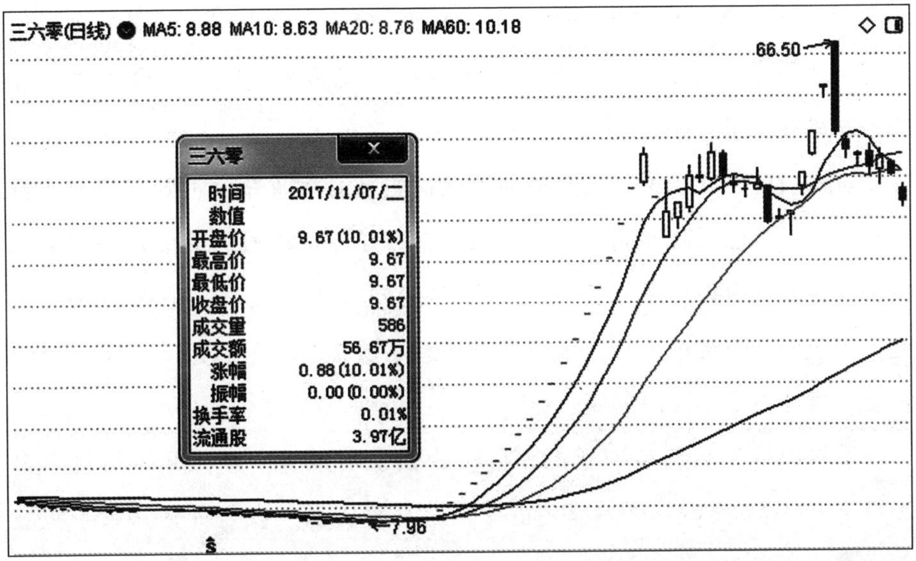

图3-6-1　借壳上市前后的江南嘉捷（三六零）K线图

从2016年7月宣布完成私有化交易，从美国纽约证券交易所摘牌，到成功借壳江南嘉捷登陆A股，360只用了不到一年半的时间。这段时间内，习惯于炒作重组题材的股民们掀起了一拨又一拨的猜测与炒作“360概念股”的热潮。

什么是概念股？沾边的都可以说是。这时你会惊奇地发现股民的脑洞有多大。当然，那些对360有实际投资的上市公司，算是正宗的360概念股，例如，中信国安、天业股份、中南文化、三七互娱、电广传媒、雅克科技、浙江永强、爱尔眼科、北京君正、掌趣科技等。

向小田提前挖出江南嘉捷

重组题材历来是A股炒作热点，虽然到了2017年冬季发生了变化。

在那个时期，提前埋伏有重组概念的股票，成功重组的，常有新股上市一样的暴利，收获十多个一字涨停板是手到擒来的事情。不信？除了看江南嘉捷的 K 线图，你再复盘看看 2015 年 12 月申通快递（002468. SZ）借壳艾迪西以后，13 个一字板涨停，累积涨幅 245%，诱人吗？不必等到重组消息正式公布，有重组预期的股票停牌的消息传来，就足以令人欢欣鼓舞，充满期待了。

资深股民可能会说，只有提前埋伏进去才有大收获，否则就只有看着人家吃肉，自己只有闻闻的份儿。因此常有炒作概念股的热潮，一拨又一拨。在这中间有狙击手，比如一个署名为向小田的高手。他通过深入研究，用缜密的思维把千头万绪的各种信息层层扒皮，最后，吹尽黄沙得到黄金，成功狙击到江南嘉捷。

看看他是怎么剥茧抽丝的，也许我们也可以学一学？原始信息来自 2017 年 11 月 6 日晚上开始盛传的微信公众号文章《我是如何从数千只股票中准确找到 360 借壳江南嘉捷的?》。

◆第一步，找出投行是哪家。

网传是华泰联合证券在做 360 项目。证据：天津市证监局曾经挂出一个辅导公告，指出华泰联合证券是 360 项目 IPO 的辅导券商。

无论是 IPO 还是借壳重组，财务顾问都是华泰联合，这个是确定的。

◆第二步，找出可能的壳公司。

如果 360 要借壳，肯定要请投行推荐壳公司。那么华泰联合最熟悉的上市公司是哪家呢？大概率是它保荐过 IPO 的，知根知底，跟这家上市公司的老板关系很好。这一整理，出来了 88 家。

A 股 3000 多家上市公司，一下子就剔除了绝大部分，还不满意吗？

◆第三步，找出最适合的壳公司前几名。

什么样的公司适合借壳？继续用排除法。

首先，创业板不能借壳，剔除。接着考虑壳公司的市值，越小越好。

因为壳公司市值大，将大大摊薄被借壳公司股东的权益。现阶段常见的壳公司市值都在20亿~30亿元。又剔除了一部分。

其次，国有企业不便借壳，剔除。曾经卖过壳，有重组历史的，不久前做了增发的，都剔除。当然了，刚上市也不可能把壳借给你。上市不满3年，大股东限售股都还没解禁呢。再说了，人家还踌躇满志要发展得更好，哪里会考虑卖壳。

这样过了五遍筛子以后，标的公司就只剩下4家了，分别是乔治白、双象股份、江南嘉捷、奥特迅。这4个小家伙，从IPO以来还从来没有在市场上融过资，干干净净。

◆第四步，深度分析做精选。

上市公司或其控股股东被处罚，也会让壳失去吸引力。2016年双象股份被无锡市法院罚款500万元。奥特迅2015年因董事长接受司法强制措施，没披露，被证监会立案调查，后被深圳证监局给予警告，并处以30万元罚款。按照重组新规，这种公司也不适合被借壳。这样就只剩下了乔治白和江南嘉捷两家公司，一家在温州，一家在苏州。

◆第五步，二选一，最难的环节。

这两家都可能卖壳，问题是怎么选？选错了岂不功亏一篑，浪费表情？

魔力神侃

笔者想起一件事儿，传统文化告诉我们，很多事情是符合逻辑的，可以经过逻辑推演捋一捋，来个顺藤摸瓜；但是有一些事情是“非逻辑”的，属于“神授”的层面，要靠某种机缘才能开花结果。

现在都捋到二选一这个地步了，临门一脚，向小田先生是怎样做到的？据他说（网上流传的段子）是雇人跟着周鸿祎，看老周出差到哪里比较多。周老板脚印最多的地方，就是壳公司的存身之所。

原来如此。佩服！膜拜！该他赚钱！

邯郸学步：向小田能挖出江南嘉捷，我就能扒出龙津药业

2017 年 11 月 8 日，龙津药业（002750. SZ）股价止跌上涨 2. 48%，9 日股价异动，跳空高开，稍作振荡之后封死涨停，且成交量突然显著放大；10 日开盘后快速拉高，差点触及涨停，当日收涨 5. 91%，并创出年度单日最大成交额。

复盘发现，该股在过去一年以内从来没有涨停也没有跌停，然而 8 日到 10 日 3 天却收获涨幅 19. 43%，令人眼馋！

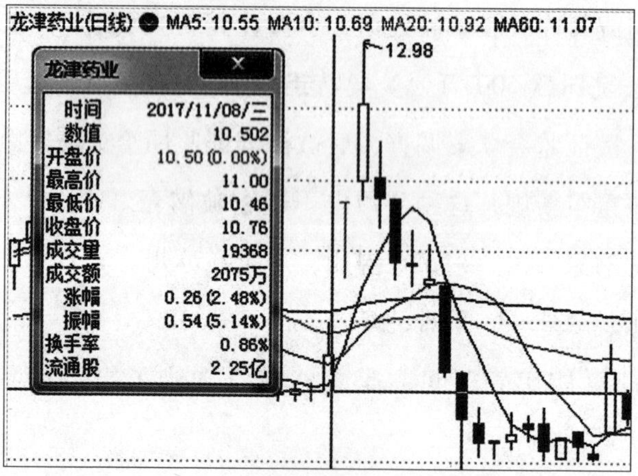

图 3-6-2　2017 年 11 月 8—10 日，龙津药业大涨

为什么突然异动？财报黑马吗？查看了该股的三季报，截至 9 月 30 日，公司实现营业收入 2. 15 亿元，净利润 3071 万元，每股收益 0. 08 元，市盈率 144. 12，不算漂亮，何况 PE 这么高！显然不是因为业绩爆表，而是因为市场盛传一条消息：万达商业回归 A 股的壳资源就是它，理由是 11 月 8 日有人号称使用向小田挖掘江南嘉捷的"算法"扒出万达的借壳对象，三选一，最有可能的就是龙津药业。

他说，操作流程是这样的：

①从保荐人开始，按图索骥。

据悉大连万达商业地产的IPO保荐方是中国银河证券股份有限公司和中国国际金融股份有限公司。由此找出120个初步目标，就是由这两家保荐上市的公司。

②剔除市值50亿元以上的个股。

市值较小，则借壳方需要付出的成本较低，利益较高。从120个目标上市公司中剔除市值50亿元以上的，就只剩下15家了。

③剔除上市不满两年的公司和创业板公司。

3只个股浮出水面：金河生物、众兴菌业和龙津药业。

④剔除国企、有“不良历史”的、有过融资历史的公司。

这三家都不是国企，但公开资料显示，金河生物在2016年2月有过一次定向增发，众兴菌业在2016年8月也有过一次定向增发。龙津药业从上市以后就没有融资以及重组行为。

那，就是它了。

魔力笑谈

找到目标，向小田用了5步，我只用了4步。估计他用了很长时间，我只用了一两个小时。谁的优势更明显？投资要是有这么简单，我早就亿万富翁了！还不止，全体股民都可以脱贫致富奔小康了！

07 姚振华

宝能集团董事长姚振华先生，"宝万之争"的主角之一，常被网民昵称"姚老板"。

宝能与万科的股权之争如火如荼之时，姚老板被批为"门口的野蛮人"，虽然力求进入万科董事会，但直接被拒。凭什么法条不让进入？不知道。也许因为姚老板的杠杆收购被质疑为恶意收购，因为宝能系的言行基本符合恶意收购的两大特征：

第一，不采取要约收购的方式，而是"悄悄进村"。

第二，咄咄逼人，要求罢免王石，摆出一副你死我活的样子，口水战不断升级。

但坊间有传闻说姚老板持股态度坚决，一股也没卖，咬牙熬过了被强平的风险期，到了 2018 年 1 月中旬地产股板块创新高的时候，姚老板持有的万科 A 已经净赚 600 多亿元了。所以网上有人说，姚老板其实是爱万科的。不让进入董事会？没关系，不开会就不开会嘛，反正赚了那么多，咱高兴。再后来，有人评价说盈利退出是很好的结局。

08 厉股份、赌场论、韩志国

经济学家厉以宁先生被称为"中国股份制改革第一人"，早在 20 世纪 80 年代就积极呼吁进行所有制改革，倡导推行股份制，并因此被尊称为"厉股份"。

经济学家吴敬琏则以“敢说”著称，被誉为“中国经济学界的良心”。他曾经提出中国股市“赌场论”，包含三层意思：①中国股市是个“赌场”；②全民炒股是个不正常的现象；③市盈率过高。一言以蔽之：中国股市不规范。

股市“赌场论”一出，引发轩然大波。厉以宁、董辅礽、萧灼基、吴晓求和韩志国一起反对这个提法。但在股民群体中，只要不是真正的价值投资者，似乎都不怎么反对赌场论。

“赌场轮”出台多年以后，A 股不断爆出大消息，有的上市公司业绩在 IPO 之前最好，IPO 之后就不断下滑；有的公司被查出欺诈上市；有些公司的大股东到国外买豪宅、买游艇，出手相当阔绰；更有一大批“铁公鸡”公司，从不分红或者玩玩只送股不派息的高送转游戏。于是，股民老张无语问苍天，这些人拼了老命也要 IPO，其出发点究竟能否见天？

韩志国先生及其团队曾经在 2017 年上半年多次发文揭露 A 股市场的不规范或者不高明之处，言辞较为激烈。有一次在文末发声，说他们团队找了一个安全的地方整理资料，将于某月某日再次爆料。后来逐渐偃旗息鼓归于沉寂，几乎见不到署名为韩志国的文章了。直到 2019 年春节前后，再次听到他的名字。

09　传奇人物、杨百万

资深股民耳熟能详的“杨百万”，就是上海市的杨怀定，据他说曾是上海某冶金厂的员工。20 世纪 80 年代就辞职下海专业炒股，来了个华丽转身，号称“中国第一股民”，有人说他算得上是 A 股第一位职业投资人。

据网络报道，1988 年他“倒腾”国库券就赚了 100 多万元。1989 年踏入股市，买入第一只股票“真空电子”，半年后随着深圳投机客蜂拥而至上海争抢股票，行情大涨，杨百万在 800 元以上的价位抛掉手中筹码，净赚 150 多万元，从一位普通工人蜕变为众人眼中的“股神”。

从此以后很多年里，杨百万的故事在股民中口口相传，加上其他 A 股名人的各种造富神话，使得数以亿计的散户投资者对股市趋之若鹜，欲罢不能。

图 3 –9 –1　杨百万
（插画：Mitty 花花@新都）

A 股名人还有很多，比如以下这几位：

吕梁，传说中的庄家，种“庄家”的鼻祖级人物，“中科系”概念炮制大师。东窗事发后失踪，以至于 2003 年就流行的歌曲《股民老张》歌词中都写道“没见着吕梁”。

唐万新，传说中“德隆系”的掌舵人。

易大胆，已退市股票猴王 A 的董事长易继纯的雅号，曾有著名对联“债债还清”。

徐翔，估计是近年来知名度最高的股市大佬了，别名“白大褂”“阿玛尼”。传说中“宁波敢死队”队长。各种“涨停板敢死队”的祖师爷。

马永威，传说中“温州帮”帮主，游资领袖。

王建中、吴定昌，早期和近期的股市黑嘴。

李奥，传说中的“佛山无影脚”，“佛山帮”游资大佬，姓廖，李奥是“艺名”。

鲜言，匹凸匹（600696. SH，现名“ST 岩石”）公司原董事长，因操纵股价被证监会罚款 34. 7 亿元，并处以“终身禁入”。

……

股民对这些名人的态度是怎样的？笔者没有展开全国性的调查，没有大数据支持，无法给出准确的判断，但从接触过的众多股友嘴里得知，小散对他们又敬又恨。

这样不明不白的态度，也证明了“赌场论”有广大的群众基础，参与者莫不知道炒股要交学费，深度参与者都必须接受愿赌服输这条基本规则，否则没法玩。民间投教机构呼吁把学费交给他们而不是交给市场；正式投教活动的组织者往往有合规合理也不错的内容，可惜形式略显呆板不怎么受欢迎，以至于投教效果还有提升空间。

10　四川长虹、深发展

两轮牛熊之前的 1997 年左右，小散们见面打招呼常用语之一就是，买长虹了没？买了买了，你买发展没？他们说的“长虹”就是现在的四川长虹（600839. SH），名字没变；“发展”就是当年的深发展，现在的平安银行（000001. SZ）。

那个年代的长虹是当之无愧的沪市一哥，历史峰值 66 元，出现在 1997 年 5 月 30 日。后来长虹股价逐步走向没落，2018 年 1 月的股价是 3. 5 元左右，好在后复权月 K 线图显示，价格还在 80 元以上。

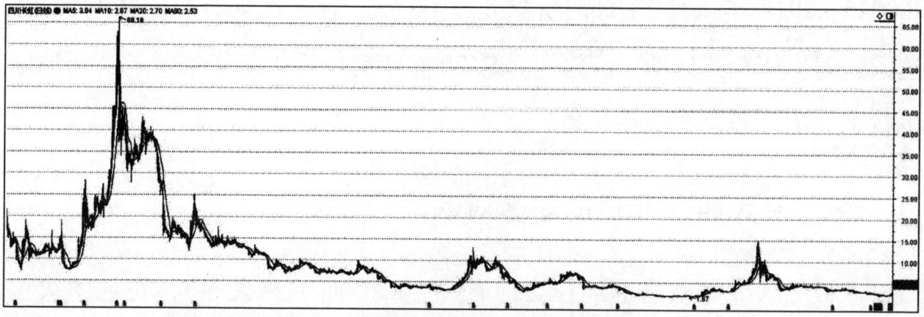

图 3 – 10 – 1　四川长虹 K 线图

对应地，当年的“发展”毫无疑问是深市一哥。后来深圳发展银行被平安银行并购，现在发展得还算可以，起码经常被机构提起甚至推荐。后复权月 K 线图显示，价格超过 1200 元。

长虹和发展两位曾经的“一哥”留给笔者的印象很深刻，尤其是长虹，那是相当深刻。1997 年 6 月底，香港回归前夕，手上有且只有数百股长虹。卖不卖？持股过节还是持币过节？跟朋友商量后认为，香港回归这么重大的事件、历史时刻，股市下跌的可能性应该很小，沪市一哥被砍的可能性更小。于是持股过七一。后来的事情大家都知道了，不知道的朋友看看上面的 K 线图也就知道了。那是我人生中，不，“股生”中的第一个失败，记忆至今鲜活，恍如昨日。

11 猴王 A、易大胆、拆东墙补西墙

股市怪象

猴王 A（曾用代码 000535 ）股票于 2005 年 5 月 18 日起暂停上市，2005 年 9 月 21 日起终止上市，11 月 28 日回到三板市场交易，代码 400045。2014 年 4 月 30 日的价格是 0.66 元。有人发现一个奇怪的现象，这家公司生产经营活动已经停止，从 2006 年起就不披露年报了，公司地址也找不到了，股票却还在交易！

“易大胆”和他的著名对联

原猴王 A 董事长易继纯在当地有一个绰号叫“易大胆”，在他的决策下，公司业务多元化，四处扩张，债务高企。截至 2000 年底，资产总额才

3.7 亿元的猴王集团，贷款本息和已高达 14.18 亿元！算一算，几倍杠杆？假设是在 2018 年，金融“去杠杆”的政策也许会让他更加难过。

债务危机爆发以前，易总有一副对联很出名，可谓倒腾界的实操经典。

上联：拆东墙补西墙墙墙不倒

下联：举新债换旧债债债还清

如果企业盈利能力不错，在必要的时候加杠杆，在 CRO（Chief Risk Officer，首席风控官）的统筹规划之下，控制杠杆长度，管理好债务结构，制订并落实还款计划，那么企业能够放大总资产，放大体量，历练队伍，接下更多的业务，赚取更多的利润，形成良性循环，那么这副对联可以变成成功者的经典。因为金融杠杆并非坏家伙而是必需品，就看企业主及其核心团队怎么看待它、怎么运用它。

可惜，易总带领的猴王没有练好七十二般变化，他的倒腾术最终失手，造成企业资金链断裂，也让这副对联成为反面教育的代表，成为股民乃至全民茶余饭后的笑柄。

对我们小散而言，看故事有什么用处？当然有了，股市“五碗面”不能偏食，基本面不能忽略。选股票选企业要看重品质，但品质如何体现？应收账款和应付账款、ROE、每股净利润等财务指标都是要考虑的。

12　扇贝去哪儿了

獐子岛事件

指的是獐子岛（002069.SZ）“扇贝绝收”事件，又称“獐子岛扇贝劫”或“獐子岛黑天鹅事件”。

2014 年 10 月 30 日晚间，獐子岛公司发布公告称，遭到数十年一遇的冷水团，此前撒播的一百多万亩价值 8 亿多元的扇贝突然面临绝收（颗粒无收，全损）。受此影响，獐子岛前三季业绩"大变脸"，由预喜变成预亏 8 亿元，并且直接导致全年业绩预计巨亏。深交所责令獐子岛自查。

当时该股票处于停牌期间，一个多月后的 12 月 8 日才复牌交易。复牌后股价下跌，但只有两个一字板跌停，10 日从跌停极速拉升至微跌 1.43%。为什么急拉？估计跟 12 月 7 日证监会发布核查结果，认为不存在虚假和违规行为有关系。

有趣的是，半年过后的 2015 年 6 月 1 日晚间，该公司发布公告称"公司底播虾夷扇贝生长正常，符合预期，尚不存在减值的风险"。网友笑问，"莫非失踪的扇贝又游回来了？"

阶段性结果

2014 年 12 月 7 日，证监会经核查后认为獐子岛没有违规违法行为。也许是为了"平民愤"，董事长自掏 1 亿元补偿上市公司，总裁办成员集体降薪并增持股票，公司员工持股计划等系列措施相继出台。

但是一年后，2016 年 1 月初，一则《2000 人实名举报称獐子岛"冷水团事件"系"弥天大谎"》的新闻引发了关注。1 月 15 日，证监会新闻发言人在例行发布会上表示已启动核查程序，对媒体报道獐子岛绝收事件进行核查。结果如何，没有考证。

挥之即去，招之即来

有人分析认为，扇贝绝收的消息可能是有意为之，股价大幅下跌后，高管成功"抄底"，公司推行了股权激励。牛市见顶之前再发消息让扇贝们游回来，有利于增发，有利于高位套现。扇贝们游去游回，黑天鹅飞来飞走，经历了这次劫难的投资者们亏损累累，必然有人从中大获其利。

扇贝去哪儿第三季

2018 年 1 月底，獐子岛业绩预亏、巨亏。统计数据表明，獐子岛上市 12 年来，多数年份都是盈利的，但 2018 年这一巨亏，把过去的盈利全部吃掉，还填不满坑。持股的投资者惊呼，“扇贝又跑了？”没有持股的网友调侃说，这是《扇贝去哪儿》第三季了。

13 私募失联

2017 年 11 月 29 日，国民技术（300077. SZ）股价涨停。然而该公司在当天晚上发布公告，称旗下的全资子公司“国民投资”于 2015 年与深圳一家私募公司“前海旗隆”旗下的子公司“北京旗隆”合作设立产业投资基金“深圳国泰”，累计投入 5 亿元后，前海旗隆的相关人员突然失联，因此申请停牌。

网友调侃，前有獐子岛的扇贝跑路，今有国民技术的私募失联。股市黑天鹅怎么这么多？

这个前海旗隆什么来头，老骗子吗？国民技术对它一点也不了解吗？不，两年前的股灾期间，2015 年 7 月 6 日，前海旗隆发布了公告，称鉴于中国资本市场最近出现非理性下跌，前海旗隆作为私募基金的一员，基于对中国经济转型的信心并长期看好中国新经济发展，现以自身行动维护资本市场稳定、支持实体经济健康发展。这是“为国护盘”，正能量满满！讽刺的是，此一时彼一时，如今失联跑路的，正是这一家。

值得注意的是，前海旗隆当日仍在运行的私募产品、在基金业协会备案可查的，达到 14 只，远远超过一般的小私募基金公司，比它们规范多了；然而刚好就这一只，国民技术和前海旗隆合作设立的这只产业投资基金：深圳国泰旗兴产业投资基金管理中心（有限合伙），却没有在基金业协会备案。据业内人士说，可以不托管，但是不备案的产品十有八九不靠谱。

本次失联事件的主角，前海旗隆董事长，名叫代雪峰，据说毕业于名牌医科大学，目睹过成都"红庙子"的热闹，后来任职于券商和基金公司，涉足美股、港股和台股等不同市场。2006 年 4 月，他在深圳成立深圳市旗隆投资管理公司，2012 年到 2014 年主要做期货投资，2014 年私募阳光化后就成立了深圳前海旗隆基金管理有限公司，又把重心移回股市，主要投资医药类企业。

这一次，他失联了，或已卷款跑路。国民技术公司从上市以来到 2017 年前三季度，数年利润总和还不到 5 亿元，这一下 5 亿元没了，怎么给投资者交代？

魔力神侃

讽刺的是，国民技术这家公司专注打造安全芯片，却没管好自己的财务安全，没有安全，哪来发展？

股民朋友也一样，"韭菜"都被割好几茬了，如果没有深刻认识，还待在"赌场"干什么，不如只当旁观者，娱乐娱乐？或者把本书再读一遍，从字里行间找到魔力哥的建议：一手抓机会一手控风险，两手抓两手硬，不可偏废，否则你的"资产安全"就是放在嘴上、放在纸上的，不能落地，无法实操。

14 欣泰电气与创势翔

欺诈上市、欺诈发行退市第一股

原名欣泰电气（300372. SZ），后来改名“＊欣泰”，成为2016年夏天A股的一颗地雷。7月8日，中国证监会对外发布消息称，证监会已完成对欣泰电气涉嫌欺诈发行及信息披露违法违规案的调查审理工作，对其作出正式行政处罚，启动退市程序，暂停上市后不能恢复上市，并且创业板没有重新上市的制度安排。换言之，没有重新上市的可能性。

欺诈发行退市第一股、创业板退市第一股由此诞生。

什么是欺诈上市？简单说就是IPO之前财务造假。据了解，从2011年到2014年6期财务报告，每期虚构收回应收账款从7000多万元到近2亿元不等。证监会震怒，勒令欣泰“退学”，并对其保荐商兴业证券给予警告并罚没5738万元。

可能欣泰电气并非欺诈上市第一人，但由于种种原因，对于其他“坏学生”，证监会惩罚力度小，没有勒令“退学”，而是“喊家长来”，骂一顿了事。而涉案公司利用资产重组等手段，不但幸免于难，还有机会收获很多个一字板涨停。

2016年8月23日，欣泰电气股票终止上市，进入股份转让系统挂牌转让。

末日狂欢

退市之前有人预测＊欣泰将有30个一字板跌停，事后看来这个预测过于悲观，正式退市之前共有 30 个交易日，鉴于 A 股股民的行事风格，不可能 30 个一字板跌停了事，否则戏剧性从何体现？

确实，第 11 个一字板跌停后，出乎所有人的预料，2016 年 7 月 27 日 * 欣泰涨了、大涨了、涨停了。

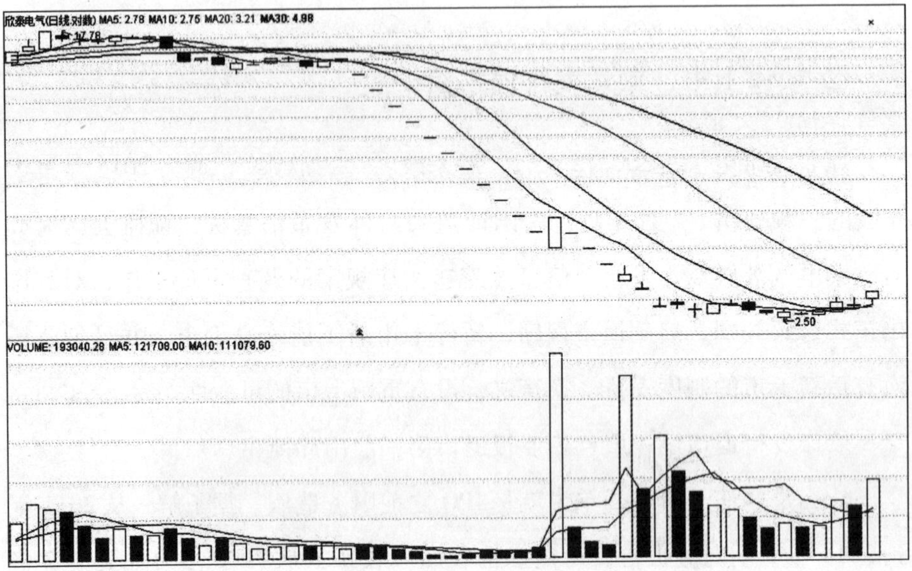

图 3 - 14 - 1　欣泰退市过程中放量涨停博傻

这是在干什么，末日狂欢吗？结论不能下早了，这个问题有点复杂。先看看每个小散都能收到的信息，打开交易软件就能看到，每个证券公司都要提醒他的客户：

关于欣泰电气（证券代码：300372）退市整理期股票交易的通知

尊敬的投资者：

欣泰电气（证券代码：300372）发布了《关于股票终止上市的公告》，公司股票将自 2017 年 7 月 17 日起进入退市整理期交易，交易期限为三十个交易日，公司证券简称将变更为"欣泰退"，股票价格的日涨跌幅限制为 10%。退市整理期届满的次一交易日，深圳证券交易所将对公司股票予以摘牌。详情请查阅公告：http://disclosure. szse. cn/m/drgg_search. htm?

secode = 300372。

根据《深圳证券交易所退市整理期业务特别规定（2017 年修订）》《深圳证券交易所会员客户高风险证券交易风险警示业务指引（2016 年修订）》等有关规定，为做好投资者买入风险提示工作，我司特提醒投资者只能通过我司指定的委托方式（如佣金宝客户端、全能行证券交易终端 PC 版、国金太阳网上交易系统 PC 至强版、电话委托等）买入退市整理期股票。详询 95 × × ×。

请投资者注意退市风险，审慎投资。

× × 证券股份有限公司

2017 年 7 月 12 日

这么清楚的警告，就算是新“韭菜”，也不可能当成耳边风。涨停这件事，要怎样的高手才能做到？要怎样的组合拳才能成功诱多？

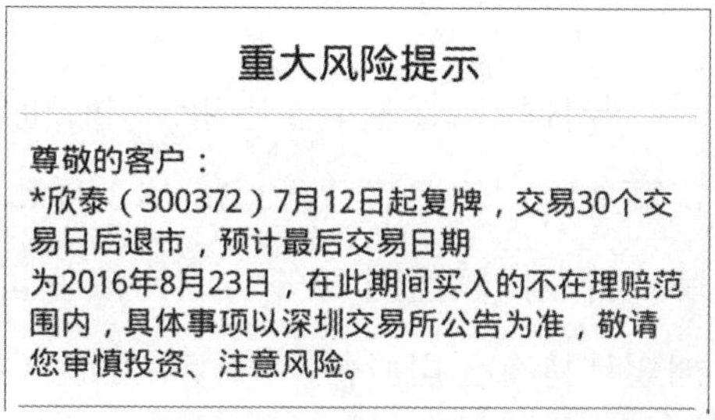
重大风险提示

尊敬的客户：

*欣泰（300372）7月12日起复牌，交易30个交易日后退市，预计最后交易日期为2016年8月23日，在此期间买入的不在理赔范围内，具体事项以深圳交易所公告为准，敬请您审慎投资、注意风险。

图 3 –14 –2　股民收到的重大风险提示

当时朋友圈风传，有人利用伪基站发送假信息说打新股，代码就是 300372，让很多“新韭菜”和散户没有看仔细就点进去购买，导致股价暴涨一飞冲天。也许这个解释不靠谱，请看另一条“看起来比较专业”的分析，它是这样说的：

一、从保荐商兴业证券的角度看

欣泰股本 1.72 亿股，其中第一、第二大股东合计拥有约 7000 万股，流通股不到 1 亿，按今天的开盘价，4 亿多元就能吸光全部筹码。按照规则，第一、第二大股东，＊欣泰 7 月 12 日复牌后卖出再买入的投资者，这三类人的损失不需赔偿，那么，兴业证券用 4 亿多元就能结案，与其此前设立 的 5.5 亿元赔付基金相比，节省了不低于 20% 的钱，而且简单快捷无纠纷。

二、从私有化的角度看

＊欣泰虽属欺诈上市，但这并不代表公司没有资产没有价值，用4亿多元就买到一家A股公司并且获得60%以上的控股权，超过第一、第二大股东持股比例之和；再说了，退市提到三板市场，仍然在资本市场中。这真是千载难逢的大好事。如果真是这样的话，这个案例也算是特色鲜明了。

这个解释够不够专业？不好说。如果真是这样的话，当天涨停后接着又几天下跌，怎么解释？为什么不在最后一天买进？

创势翔和他的"如果"

昔日的私募冠军创势翔，当时也跟众多的小散们一样，踩中了＊欣泰这颗地雷。数据显示，2016年3月和4月，创势翔对欣泰电气连续两次举牌，持股比例达到10%，成为该公司第二大股东。截至4月20日，创势翔累计持有公司股份1715.58万股，按照停牌前14.55元的价格计算，其持股市值接近2.5亿元。如今＊欣泰没有翻身的机会，创势翔的这笔投资可能亏损九成以上。

可惜的是，7月27日的一个涨停不能解决创势翔的问题。现在看K线图说话有点事后诸葛的味道，但是当时创势翔豪赌＊欣泰的的确确是错了，并为此付出了惨重代价。因为深交所在7月15日强调，＊欣泰将被"一退到底"，退市进程已经确定，创势翔却不相信。

看官可能会问，板上钉钉的事情，这创势翔何方神圣，偏要去刀口舔血，火中取栗？且听创势翔的投资经理钟某锋的解释，他说，只要＊欣泰不发生最坏的情况，他们就稳赚不赔。笔者当时发过一篇帖子回应他，"作为一个专业私募，你可以相信不死鸟的神话，但应该两手准备，做好应急预案，而不是只准备了假设和'如果'就光着膀子上阵，现在'如果’没了，有何面目面对那些百万元起购的客户们？”

魔力神侃

也许钟经理的想法是，咱们不是叫创势翔吗，没有条件创造条件也要上，没有势创造势也要飞翔啊。可惜，*欣泰没有成为第二只不死鸟，这次豪赌让他折戟沉沙。

类似的故事还有2011年冬天大成基金押宝重庆啤酒。它们都给投资者们上了一课，无论身为散户还是机构，教训都相当深刻。人性的弱点让我们很容易健忘，但是现实版的风险教育课不应当被忽略。如果在投资之前，审视一下我们的投机心有多重，考虑一下“万一”最坏的情况真的出现了如何应对，就不至于遭遇重创时无药可救。简言之，投资之前先问自己：亏得起吗？

形式上，倾向于价值投资而非赌运气。如果确认愿意去“搏一把”，务必控制仓位，设定资金上限，把可能的损失控制在能够承受的范围。

最后，“看起来比较专业的分析”也没有得到证实，因为事后*欣泰继续4个跌停，然后振荡前行，8月22日退市进程的倒数第二天又表演了一次涨停，最后一天以下跌收场。2017年11月6日登陆三板市场后，它的表现如图3-14-3所示。

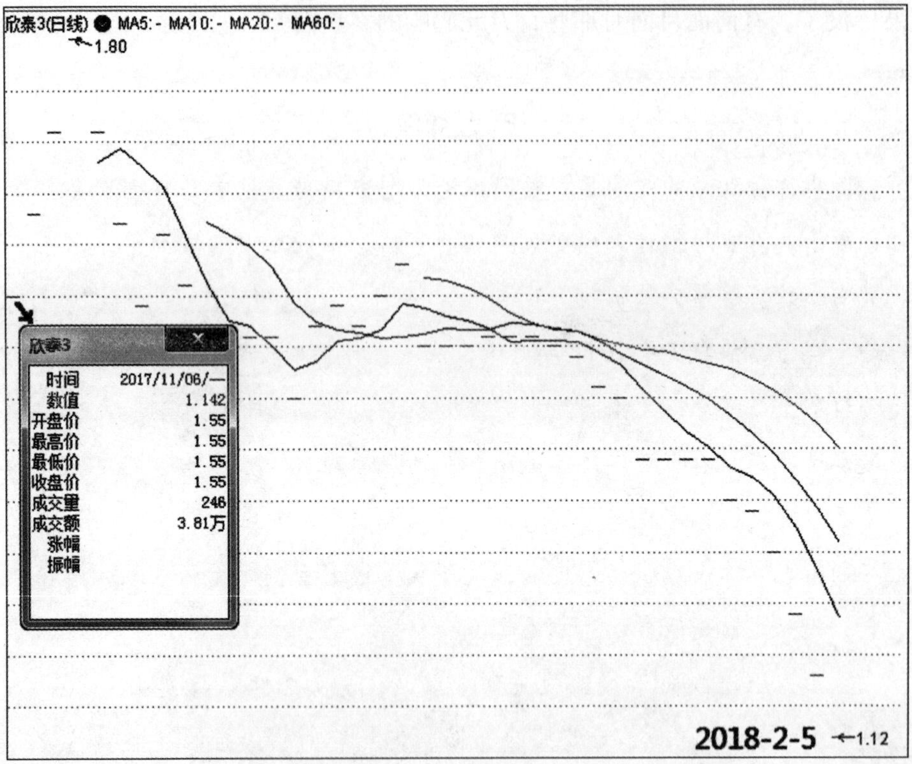

图 3－14－3　欣泰 3（代码：400067）走势图

15 肖老师

有名的"牛散"肖海东，江湖人称"肖老师"，因为操纵股价被证监会处罚。

证监会发布了对肖海东的行政处罚决定书，经查明，2015 年 1 月 29 日—7 月 14 日，肖海东控制使用"肖某昌"等 7 个证券账户及"肖某昌"等 7 个信用账户（账户组），交易"通光线缆"等 12 只股票，获利 13413747.87 元。

证监会认定肖海东操纵通光线缆等12只股票价格的行为构成操纵证券市场的行为，没收肖海东违法所得1341万元，并处以4024万元罚款。

据说肖老师的手法独特，善于诱多。你们小散不是想要跟庄吗，庄家吃肉自己跟着喝点汤？好，我让你喝点汤，然后我吃你的肉。常说“你想收别人的利息，人家想收你的本金”，果然如此。

16 徐翔、私募一哥、泽熙概念股

这是新老股民都熟悉的名字，就不必多言，捋一捋，大致有如下几点：

时间节点

20世纪90年代，17岁的中学生徐翔放弃高考，怀揣3万元踏入股市，在宁波解放南路蛰伏10年，其间凭借凌厉的操作手法逐渐成名并掌舵“宁波涨停板敢死队”。

2005年左右，徐翔离开宁波去上海发展。2006年盈利丰厚，开始求新求变。

2009年12月7日，上海泽熙投资管理有限公司（泽熙私募）在上海成立，注册资本3000万元人民币，徐翔出任总经理，是泽熙的实际控制人。泽熙一期募集的资金就达到20亿元。

2015年夏天，股灾期间，很多曾经的“股神”倒下了，徐翔却提前逃顶，泽熙旗下基金净值不减，轻松实现了全身而退。大盘回暖后，10月16日，泽熙1期到5期产品的当年（2015年1月以来）收益率分别达到了311.67%、152.76%、369.95%、204.78%、177.07%，爆赚数十亿元。

2015 年 9 月、10 月间，泽熙私募调研了大约 10 家上市公司。

2015 年 11 月 1 日中午，徐翔在杭州湾大桥上被带走，因为涉嫌内幕交易和操纵市场。晚上 11 点 52 分，新华社播发短讯"徐翔非法获取股市内幕、操纵股价被查"。曾经的"私募一哥"徐翔神话就此落幕。

后来，青岛市中级人民法院对徐翔等人操纵证券市场案进行一审宣判，依据《刑法》第 182 条，判决徐翔犯有操纵证券市场罪，判处有期徒刑五年六个月，并处巨额罚金，据说罚金高达 110 亿元，刷新纪录。

泽熙概念股

概念股本身是个中性的概念，不适合用好坏二分法。泽熙概念股的内涵比较简明，跟泽熙私募有深度业务关系的股票就是了。包括但不限于：新兴铸管（000778）、风神股份（600469）、东方航空（600115）、德豪润达（002005）、先锋新材（300163）、粤电力 A（000539）、江苏有线（600959）、大连热电（600719）、东方金钰（600086）、宁波中百（600857）、康强电子（002119）、华丽家族（600503），以其母郑素贞的名义持有的股票有南洋科技（002389）、大恒科技（600288）、文峰股份（601010）。如果把调研对象也算上的话，还有盾安环境、莱茵体育、东江环保、巨星科技、雅百特、兔宝宝、富春通信、荣信股份、科斯伍德、联化科技。

概念股具有时间属性，泽熙概念股的有效期很短。徐翔落幕以后，这些概念就随之销声匿迹了。到现在，估计泽熙概念股已沦为股市历史研究者偶尔提及的话题。

魔力神侃

既如此，我们为什么还要提起？——看别人的故事长自己的见识。

对于传感器数量不多、单个传感器也不太敏锐的小散们来说，对于泽熙这类“概念感”比较明显的概念股，魔力哥的建议是三十六计走为上策，不碰为好。

何时用得上这条建议？历史不会简单重复但会高度相似，徐翔之后就再也没人操纵股市了吗？泽熙之后就不会出现以某机构命名的概念股了吗？他们的现身之日，就是本条建议发挥作用之时。

17　庄家吕梁、朱大户、中科系概念

吕梁

20 世纪 90 年代，财经记者吕梁配合鼓吹操盘，与持有康达尔（000048. SZ）90% 股票的大户朱焕良合作，操纵股价，最后因内讧而崩盘。中科系丁福根被送上法庭，时年 37 岁却一夜白头。幕后老板吕梁在监视居住的情况下突然消失，玩起了人间蒸发。

这是一个很精彩的故事，当年吕梁写《庄家自述》讲“中科系”的坐庄内幕，就洋洋洒洒 18000 字，如果加上第三方描述和反思心得，就有点罄竹难书的味道了。这里只按时间顺序来个蜻蜓点水，请看官们展开你那想象力的翅膀，自由翱翔。

《1990—1991 年中国“股市狂潮”实录》和《百万股民“炒深圳”》

1992 年，那是一个春天，对于 A 股可以说是火热的夏天。当年 1 月“股票认购证”火爆异常，加上 5 月 21 日上交所取消了涨跌停限制，股市暴涨，越来越多的人不得不相信股市能让人一夜暴富。8 月，深交所宣布发行国内公众股 5 亿股，以 500 万张抽签表的方式发售，每张表可以买 1000 股股票，中签率为 10%。消息公布后，150 万人从全国各地奔赴深圳抢购抽签表，引发了“8·10 事件”。

吕梁也去了深圳并见证了那一次股市狂潮，他将所见所闻写成了《百万股民“炒深圳”》的特稿，被国内几十家报纸转载。吕梁火了。如果是现在，一定是顶级的财经网红，所到之处，满地膝盖。

试水股市，亏损千万

对吕梁来说，扬名立万事小，作出决定事大。近身体验这次投机狂潮之后，他毅然决定入市。跟一些大户学习炒股赚了钱，没想到很快就赔给了期货市场，损失大约 1000 万元，而且是借来的。这给他造成了巨大的压力。

K 先生

1996 年，吕梁成立了“K 先生工作室”，号称“K 先生战略投资基金”，并在报纸上以“K 先生”的名义发表股评。1998 年，炒股大户（其实可以叫作“庄家”）朱焕良慕名而来，两人一拍即合。

在吕梁看来，朱大户拥股 90% 的康达尔股票，有机会让自己成为“中国的巴菲特”。因为两个重要条件都具备：第一，当时的康达尔流通盘小，收购成本低（因其股价在 1997 年禽流感期间大跌）；第二，朱大户高度控盘（他手握 90% 的流通股）。因此吕梁决定与朱大户合作，虽然知道对方此前就已经有了信用不良的记录。或者说，他知道对方有一定的毒性，但认为自己抵抗力强可以不受感染，或者自身具备解毒能力。

控盘康达尔

这个过程中，丁福根出现，他是吕梁的助手。

吕梁在控盘康达尔时，出现了不少严重违法的行为。然而在巨额利益的诱惑之下，参与者众多，让吕梁实现了空手套白狼，完全控制了康达尔公司。然后开始拉抬股价。为了绕开持股超过5%必须举牌公告的规定，他们找到了散布全国的1500多个个人账户来操纵，玩对倒游戏，做出了漂亮的K线图。看官们，请注意“骗线”。

当然，K先生配合了舆论造势行动，从1999年3月开始，吕梁在《证券市场周刊》上连发4篇重磅文章，观念新颖，指导具体，在当时的熊市中无异于一股清流，引发轰动，康达尔的股价乘势而上。

天遂人愿，著名的“5·19行情”成为熊牛分水岭，大牛市把“K先生”推上了“中国第一股评家”的宝座。预言家的光环加持，让他推荐的股票康达尔备受追捧，1999年涨幅超过110%。

“中科系”

1999年7月，吕梁在北京成立了“中科创业”，声言要打造“中科系”上市公司。中字头听起来像是央企，有背景有能量。他还聘请了某科技公司的人做老总，对外宣称该公司“有科技部的背景”。经过一系列的资本运作，一系列公司组成了“中科系”。

神奇的是，没有真实投资的中科系股票也跟风大涨，甚至不需要拉抬都会涨！

当时的吕梁，完全成了一个神话人物。

内讧

2000年5月，丁福根告诉吕梁，朱大户正在抛盘，每天大约1500万元，吕梁决定接盘。但没想到朱大户要抛光全部筹码，“中科系”的股价因此开始动摇，“老鼠仓”问题随之出现，并让“中科系”的股价出现雪崩。

丁福根一夜白头

丁福根在2001年4月被警方抓获，在看守所里一夜白头。获罪“操纵证券交易价格罪"，获刑 4 年，并处罚金 50 万元。

反思

吕梁是个文人，却因目睹股市疯狂而走上了坐庄的道路，后来崩盘、自首、跑路。为什么？笔者认为是人性弱点之一：贪婪。

吕梁是如何实现顺利融资、控盘的？因为他了解人性，深知只要回报足够高（当时他支付 15% 的高息），人们就会疯狂。根据丁福根在法庭上的供述："送钱的人排成长队，以致 1000 万元以下的投资者被拒之门外。"

不仅如此，贪婪还可以被放大，变成人心不足蛇吞象，变成贪得无厌。因为贪婪又变得恐惧，股民们一个个都不怕股价雪崩，而怕失去一夜暴富的超级机会。

因为贪婪，人们失去了理智，所谓"利令智昏"，说的就是这个。有了"预言家""第一股评""著名企业家"等光环加持之后，不需要搞项目，不需要懂专业，甚至不需要成立公司，只要用"K 先生"和"中科系"的名头，就能一呼百应。"韭菜"都不用割，那是又费马达又费油的事情，"韭菜"自己送货上门，多好啊。

反观之，人性需要修炼。股民朋友，更需修炼。

18 佛山无影脚、宁波"敢死队"、游资

佛山无影脚

电影中的中国功夫十分了得，佛山黄飞鸿以及他的"无影脚"都声名远扬。你看那场面：飞起一脚，在空中连跳几十下，对方连看都没看清楚

就被打得满地找牙。真是出神入化、扣人心弦啊。

现实版的“股市无影脚”，其技术核心是声东击西，扰乱“敌人”的目标，然后瞬间发腿猛烈攻击对方，所以叫“无影脚”。

魔力神侃

股市的佛山无影脚，到底是怎么回事？

请注意几个类似点：①佛山、②声东击西、③融合创新、④攻击对手下盘。这些手法或者脚法，刚好也是传说中股市佛山帮的套路。其他的股市游资，如宁波“敢死队”，都有类似操作。

类比到现实生活中，割韭菜从哪里下手？根部。你见过谁割韭菜只要上半截的？

股市中的“佛山无影脚”，有人说是光大证券佛山绿景路证券营业部，其全年交易量曾经多次打榜。也有人说是受到证监会行政处罚的廖国沛，江湖人称“佛山帮”的带头大哥。据说他职业炒股 10 多年，把 18 万元变成了 10 多个亿。

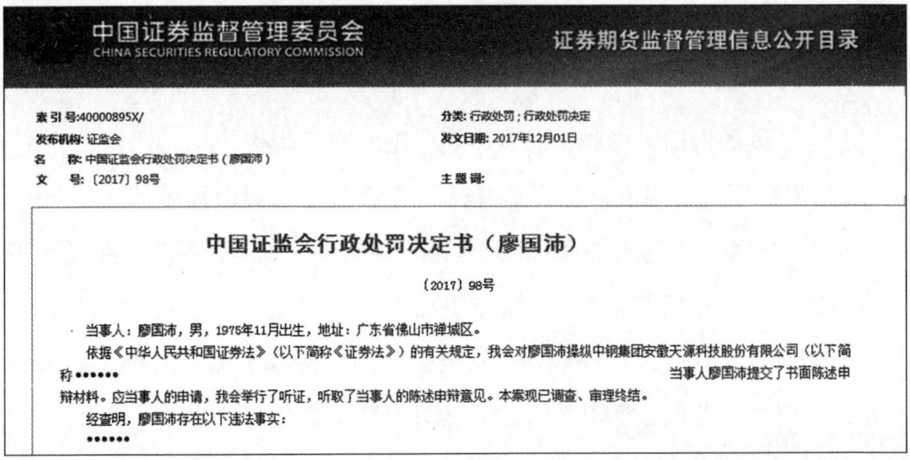

中国证券监督管理委员会
CHINA SECURITIES REGULATORY COMMISSION
证券期货监督管理信息公开目录

索引号:40000895X/
分类: 行政处罚；行政处罚决定
发布机构: 证监会
发文日期: 2017年12月01日
名　称: 中国证监会行政处罚决定书（廖国沛）
文　号: 〔2017〕98号
主题词:

中国证监会行政处罚决定书（廖国沛）

〔2017〕98号

当事人：廖国沛，男，1975年11月出生，地址：广东省佛山市禅城区。

依据《中华人民共和国证券法》（以下简称《证券法》）的有关规定，我会对廖国沛操纵中钢集团安徽天源科技股份有限公司（以下简称 ······ 当事人廖国沛提交了书面陈述申辩材料。应当事人的申请，我会举行了听证，听取了当事人的陈述申辩意见。本案现已调查、审理终结。

经查明，廖国沛存在以下违法事实：

······

图 3－18－1　中国证监会行政处罚决定书（廖国沛）

处罚决定书显示，42 岁广东佛山人廖国沛因为操纵"中钢天源"等 15 只股票，证监会决定没收其违法所得 2700 多万元，并处以高达 5432 万元的罚款，共计 8150 万元以上。

游资（热钱）的常用手法

手法一：大单拉停并封顶（封死涨停板），第二天卖出。

证监会的行政处罚决定书称，"廖国沛控制本人等 12 人名下 28 个证券账户，利用资金优势、持股优势，通过大额封涨停，以涨停价虚假申报、盘中拉抬并封涨停等方式，在涨停价位大量买入，影响股票收盘价格和交易量，于次日反向卖出获利，违法事实清楚。涉案 15 只股票封单量高、封单次数多、虚假申报比例高，具有欺诈性。"

技术表现有什么蛛丝马迹没有？有。分时图上可见直线拉升，一两分钟就涨停，然后用大单封板。

手法二：单兵作战，"不给他人喝汤的机会"。

据说他们的操作手法凶悍，盘中拉升往往是一笔超级大单封死涨停，在游资界被认为喜欢"吃独食"。

慢镜头下的"无影脚"

行走江湖的佛山无影脚，总有个名号吧？有。李奥。

《广州日报》曾经报道说，"李奥"介绍自己是佛山禅城人，1998 年从广东工大毕业，后来怀揣 18 万元入市，经历了"八年抗战"（在黑夜中摸索将近 8 年，亏损严重）。在操作手法上，李奥很少分散持股，有几亿元资金却只有几只股票。他说："我也曾经同时持有十几只股票，后来发现精力同时也会分散，还不如看准一两只股票全仓持有。"

宁波“敢死队”、涨停板“敢死队”

语出 2003 年 2 月 15 日的《中国证券报》。当天该报在头版刊发文章《涨停板敢死队》，首次披露了银河证券宁波解放南路营业部存在“涨停板敢死队”的情况。传说中，该营业部 4 楼的贵宾室有三大短线高手，一号人物徐翔（小徐），二号人物姓吴，三号人物徐海鸥（大徐），人称“三个火枪手”。

后来，同一条街上的天一证券和附近的银河证券义和路营业部也出现“敢死队”。至此，宁波涨停“敢死队”形成了三驾马车的阵势，持续了好多年。

传说中的宁波“敢死队”苦练“跟庄、杀庄”本领，观察庄家动向，快进快出，果断买卖，平均 3 天做一只股票。经 2003 年媒体曝光，宁波“敢死队”不但没死，反而成了股民的偶像，其向死而生的操作手法也被人效仿，以至于坊间有打油诗句“炒股不跟解放南，便是神仙也枉然”。

19　妖股

什么样的个股配称“妖股”？

反常、走势很反常，一涨再涨给人感觉天天猛涨的股票；以为要调整，结果却上涨，稍微调整然后绝地跳涨，而且连续跳空高开高走的股票；让看空者反复被打脸的股票；某些基本面并无实质性利好却连续涨停的股票。

当然还有个特点，让抓住了的人抓不稳，让没抓住的人牙痒痒，最后让曾经抓过或没抓过的人都抓狂，俨然一只诱人又无比滑头的“花妖”。

这样的股票，配称“妖股”。

每个时间段都有妖股，每年都有人选出年度十大妖股。2018 年的前三名是：贵州燃气（600903. SH）、万兴科技（300624. SZ）、恒立实业（000622. SZ）。

贵州燃气

从 2017 年 12 月 20 日启动，连续 8 个涨停，引发了次新股板块、供气供热板块的大幅上涨。

调整 4 个交易日后，再度走出 5 个连续涨停。截至 2018 年 1 月 22 日，一个月涨幅高达 217.79%。

还没完。2 月底 3 月初，10 个交易日走出 6 个涨停。这是空中加油以后的行情吗？

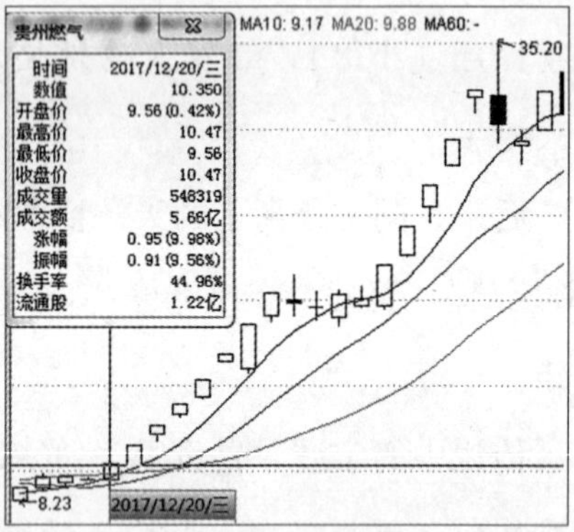

图 3 – 19 – 1　贵州燃气日 K 线图

万兴科技

从 2018 年 3 月 1 日开始，17 个交易日 14 个涨停，股价翻番。第一拨连续 9 个涨停。

恒立实业

从 10 月 22 日的一字板涨停开始，17 个交易日 14 个涨停，涨幅 306.20%，第一拨 11 个涨停。

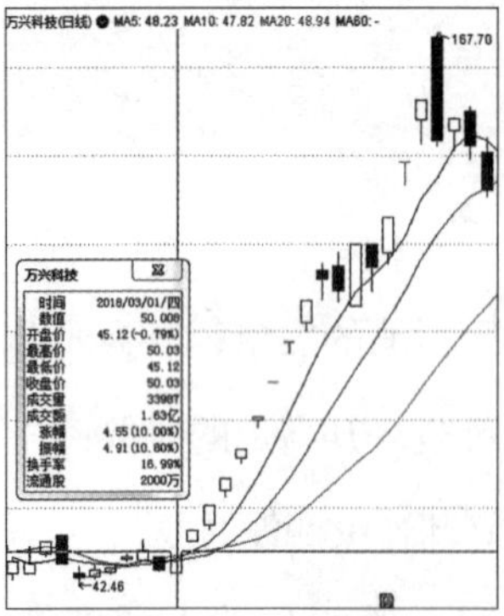

3 – 19 – 2　万兴科技日 K 线图

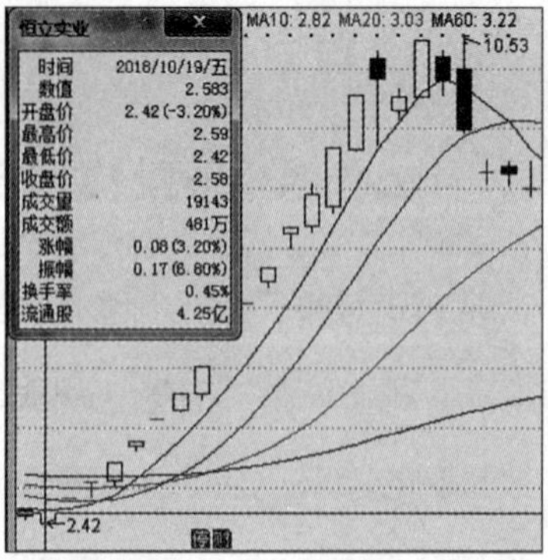

图 3 – 19 – 3　恒力实业日 K 线图

那些曾经的妖股，例如：特力A（000025.SZ）、暴风科技（300341.SZ，现名“暴风集团”）、安硕信息（300380.SZ）、兰石重装（603169.SH）、Y银之杰（300085.SZ）、梅雁吉祥（600868.SH）、世纪游轮（002558.SZ）、海欣食品（002702.SZ）、海天精工（601882.SH）、三江购物（601116.SH）、廊坊发展（600149.SH，现名“＊ST坊展”）……都榜上有名。

妖股有哪些特点，如何捉妖？

（1）市场关注度高。这是妖股形成的首要因素。活跃股、明星股，人气高、资金多，跟风盘巨大，这是基础。没有资金累积就不可能推高股价。

（2）大涨大跌。让炒家以为机会多多，参与热情高涨。

（3）消息多。类似的说法是，没有绯闻的明星不算大明星。

（4）小盘股甚至微盘股，流动市值小，容易撬动。炒作者们容易形成合力。

（5）换手率高。妖股腥味重人气旺，人人都想捉妖。所以妖股的换手率常常较高，而且“高位大量高换手”的红色警戒经常不起作用。为什么？魔力哥觉得有趣的解释是，让市场参与者利益均沾人人乐，免得打起来毁了场面。

（6）曾经，重组题材股大概率能成为妖股，至少是一段时间的妖股。

（7）题材股中的龙头股，如果股价不高，大股东持股较为集中（不分散），一旦站上风口，大概率修炼成妖。

第四章

股民老张的口头禅

A 股历史三十年，股民老张在修炼。

千言万语难解释，化作几句口头禅。

禅语禅意有何用？领悟之后是真传。

后来诸君多努力，少交学费多赚钱。

01 散户、大户、牛散

散户：通常指投资额较少，资金数量达不到证券交易所要求的“中户”标准，常被称为“散户”。

个人股民俗称“小散”。其实非机构的股民可以通称“小散”。小散们还有大小高下之分，于是新进场的散户叫“新散”。投入股市本金很少的散户（比如，可用资金少于10万元），连小散都不好意思叫，小得跟渣渣似的，所以他们自称为“渣散”。

更有趣的是，这些渣散还持有好几只股票，笔者就亲历过好几年这样的心理斗争：这只股涨得好，那个票也涨得乖，我也知道孩子多了顾不过来，可是手心手背都是肉，你让我灭掉哪一个，我都下不了手啊！后来被人笑问：“你想做基金经理呀？”于是“基金经理”就成了对那些持有很多只股票的小散或渣散的戏称。

“渣散”数量有多少？根据中证登公司的公开数据，截至2016年2月，个人投资者本期末上市A股流通市值在10万元以下的占个人投资者总数的76.73%，占比绝对多数。还有个数据可以参考：贵州茅台的投资者户数，跟其他股票比一比，“渣散”的概念就更加形象化了。转念一想，金字塔结构是常见的结构，不是吗？渣散就是金字塔的底部甚至地平面以下的底座。

虽然人数众多，渣散们能够抓住的机会却不多。2017年11月28日前几天，李大霄先生说不能让钱被外资赚跑了，听起来很鼓励、很有情怀！炙手可热的贵州茅台，无论可以喝的实体酒还是流通中的股票，都想入手，可惜渣散就望而却步了，买一手茅台需要6万多元，然后资金所剩无几，其他心爱的股票怎么办？

至于大户和牛散，顾名思义就可以，无须赘述。

02 冒牌基金经理、韭菜、韭菜收割机

"基金"是个庞大的队伍，分为公募私募，偏股偏债，各种主题。对应地，基金经理人数众多。但是他们的操作有一个共同点：持有十来只甚至数十只标的投资品，如果是股票基金或者偏股基金，则标的物就是十来只甚至数十只股票。

上文提及，可用资金在10万元以内的"渣散"是A股现阶段的主流参与者，数量超过股民总数的七成。要问他们买卖股票的姿势是怎样的？应该说跟基金经理有类似之处，至少在形式上他们类似：持有好几只股票，关注的个股更多达几十上百只。究其原因，渣散们怕踏空、怕选不准、怕板块轮动不到自己这块，因此很难做到断舍离，基本不可能做到"只取一瓢饮"、只做一只股。于是有些幽默的渣散就戏称自己是"冒牌基金经理"——特征是钱少股多，自选股页面在手机上不止一屏。

这么说，如何选股还跟企业的经营思路有点相似，应该专业化还是多元化？虽然日本企业集团似乎证明了多元化也行得通，但绝大部分企业还是需要专业化经营。在社会分工越来越精细的大趋势下，集中精力才能有所突破。股民的经营也类似，不想做冒牌的基金经理却无力自拔的渣散们，常常沦为被人收割的"韭菜"，却不知道是谁挥舞着镰刀对自己下手——换句话说，把学费交给了市场，却连收据都没有一张！

至于收割机、联合收割机、国际联合收割机，就是段子手们对机构、联合坐庄的机构、有外资参与的机构的戏称。

03 五穷六绝七翻身

这句话源于香港股民。从 20 世纪 80 年代到 90 年代，分析人士跟踪研究了历年港股的升跌，发现一个规律：5 月开始跌，6 月跌更多，7 月开始反弹。于是得出了这么个顺口溜式的结论。并且，这句话被大众知晓后，多年内持续“应验”，以至于很多股民对这个传说深信不疑，并据此操作。

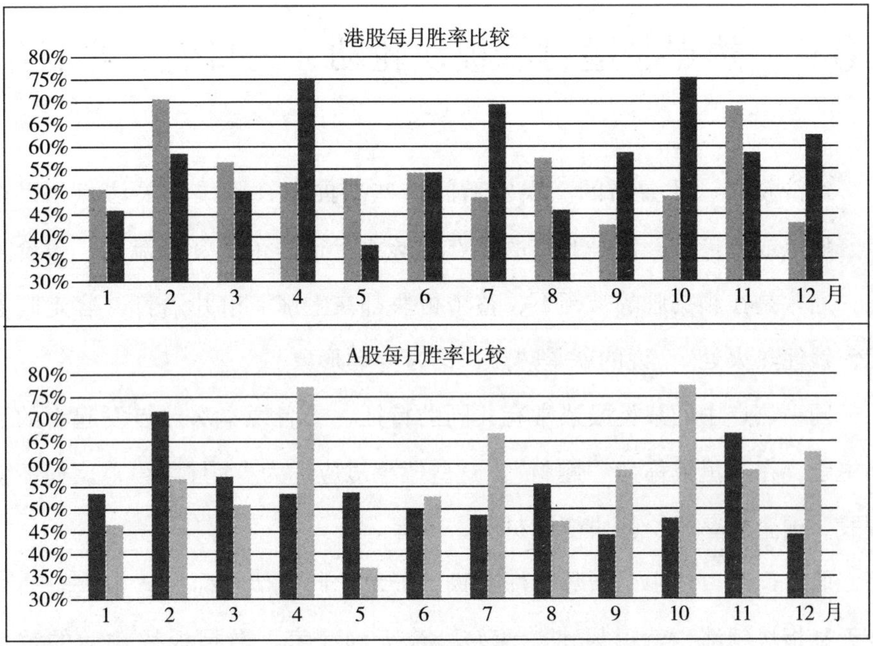

图 4－3－1　A 股、港股每月胜率比较

如果大家都在 5 月初卖出，就会产生踩踏，于是趋利避害的股民竞相提前卖出，甚至有 3 月就开始减仓、空仓，盘算着在 6 月去抄底买入。这样操作的人多了，五穷六绝七翻身就逐渐变成了三穷四绝五翻身。1998 年亚洲金融风暴之后，这个说法逐渐淡出了市场。

看官也许要问，这个"规律"适合A股吗？统计表明，2000—2015年共16组数据中，5月7涨9跌，平均涨幅0.31%；6月涨跌参半，平均涨幅-2.78%；7月涨跌参半，平均涨幅0.74%。看样子A股也不接受这个粗糙的结论。

图4-3-1更直观地显示了，港股5月表现较差，6月远远好过5月，并非"五穷六绝"；A股除了2月和11月表现较好，其他月份差不多。五穷六绝七翻身的说法，早已成为过去式了。

04 热点、题材、板块轮动、一日游、半日游

经济新闻、社会新闻、娱乐新闻这些新闻点、股民的关注点、兴奋点、痛点或者痒点，都是股市的热点。形式上很简单：资金流入、股价上涨，通常是在领头雁的带领下，整个板块都在上涨。市井语言"客走旺家门，钱往热火处"，说的就是热点，语言生动形象。

同一热点中的某类股票常有共同的特征，或者说本次热点发起者的活动主题，在这里被称为"题材"。这些股票对应称为"题材股"，比如新能源股、国企改革股、区块链题材股，等等。

股市运动过程中，指数有涨有跌，板块此起彼伏，称为"板块轮动"。今天某板块领涨，就说风水轮流转，今天到我家。谁是板块轮动的掌控者？资金。如果没有增量资金进场，股价上涨就难以为继，所以热点题材常与游资有某种深刻的联系。游资对热点很敏感，常常能超前思维、把控热点。强势的游资还能创造热点，所到之处，即使当地属于温带寒带，也能产生局部热点。资金一旦离开，热点就降温冷却，如果热点持续一天半日，就称为"一日游"或"半日游"。

魔力神侃

小散们最怕遭遇半日游。为什么？看见“机会来了”的时候，已是强弩之末，股价即将见顶，热点即将游离，然后高位接盘的事情发生在自己身上，接下来可能就是被套、套牢、深套无解。

05　风口猪、飞天象、大象起舞、独角兽

风口、瞪羚、独角兽

“只要站在风口，猪也能飞起来”，互联网名人、小米创始人雷军先生曾经如是说。所谓风口，就是受到资金或者市场热捧，热门的、时尚的、火爆的行业或者企业或者机会。

互联网行业曾经在2000年左右遭遇泡沫破裂，但那是很久以前的老故事了，现状是：资本捧场催生了很多互联网创业公司，包括仅凭几张PPT就拿到巨额风投资金的“PPT公司”，当然也催生了“瞪羚型企业”，就是那些业绩飞速发展，像瞪羚那样跳得很高的企业。

那些快速成长为行业领头雁的企业，就被称为“独角兽企业”，外文名Unicorn。

根据2018年1月31日发布的《中国互联网络发展状况统计报告》，截至2017年12月中国境内外互联网上市企业总数为102家，在沪深A股、美股和港股上市企业的数量分别为46家、41家和15家。这些上市公司中，被认为是“中国互联网独角兽”的企业有77家，位于北京上海的最

多，在杭州、深圳、珠海、广州等地也有分布。

据报道，2018 年可能在境内外上市的独角兽有 8 个：蚂蚁金服、滴滴出行、小米、宁德时代、陆金所、爱奇艺、平安好医生、哔哩哔哩。还有类似说法“2018 年十大赴港上市的独角兽”，也可供参考。如果你看见这一段的时候已经是 2019 年甚至更晚，请验证这些说法，如有时间再复盘看看这些曾经的独角兽当前的表现如何？

风口猪、飞天象

雷军先生当时说这话，可能是想说在互联网营销的大潮中，想不挣钱都难，顺势而为就能取得成功。后来这句话被股界奉为至宝，把那些具有重大利好的、受到资金推动的行业或者板块亲切地称为“风口”，把随之上涨的垃圾股称为“风口上的猪”，后来概念延伸到不分绩差股还是绩优股，统称为“风口猪”。

蓝筹股、市值大的股票也大涨，比如“两桶油”，中国石油（601857. SH）、中国石化（600028. SH）都涨停了，就被形象地称为“大象起舞”或者“大象飞天”，“飞天象”的名字由此诞生。

图 4－5－1　大象起舞

（插画：Mitty 花花@新都）

后来，“下一个风口”“下一只会飞的猪”“寻找正准备起舞的大象”“有钱任性”逐渐成了股评界的常用语。是啊，谁不想跟着牛市一起飞，到空中去冲浪呢？不过，猪或者大象可不是遍地都有，即使找到了也未必能骑上去，骑上去了也可能被“震仓”给摔下来，被“洗盘”给洗出来，于是那个时间段还产生了一个让股民很难过的说法，叫作“满仓踏空”。

06 不死鸟

那些曾经面临退市风险却又侥幸过关的上市公司，犹如打不死的程咬金，股民美其名曰“不死鸟”。

比如2012年有9家ST股恢复上市。为什么传说能够变成现实，梦想能够成真？因为A股的退市制度当时还处于建设期，不够健全。

2012年12月24日和26日晚，深交所上市委员会通过了2+9家公司的恢复上市申请：

*ST丹化、*ST方向、*ST关铝、S*ST天发、*ST朝华、*ST金城、*ST远东、*ST武锅B、*ST中钨、S*ST生化、*ST大通。

复活的利好消息刺激次日ST板块井喷，*ST长油等10余只股封涨停。市场哗然，认为退市新政刚出生数月便已名存实亡。

2012年的最后一天，暂停上市的5家公司被核准有条件恢复上市：*ST聚友、*ST铜城、*ST恒立、*ST北生、*ST宏盛，一起上演生死时速，搭上了末班车。

深交所有关负责人表示，未来退市行为将逐步市场化、正常化、常态化。

不死鸟的神话之所以能兑现，重要原因之一就是壳资源稀缺，企业所在地的地方政府竭力保护。有人如是说：“如果退市，债权人步步紧逼，企业很容易破产，税收问题还不是最重要的，关键是职工安置问题。”

不死鸟们的故事实在是罄竹难书，举个例子：*ST川化（000155. SZ）在2013年、2014年连续两年亏损，2014年净资产为负数，2015年预计继续亏损，这样的股票你买不买？别看不上，宣布预亏以后，其股价收获连续6个涨停。匪夷所思？因为退市难，所以投资者（投机者）认为炒作＊ST 公司的风险并不大，即使真的遭遇退市，等上几年，恢复上市就可以大赚一笔！如果不退市呢，如＊ST 川化，一群抱着“我炒烂股我怕谁”信念的股民，抱着壳资源待价而沽，等待被收购重组，这次他们赢了，捧出了 6 个涨停。不信请复盘，有图为证。2019 年 2 月底，它已经更名为“川能动力”。

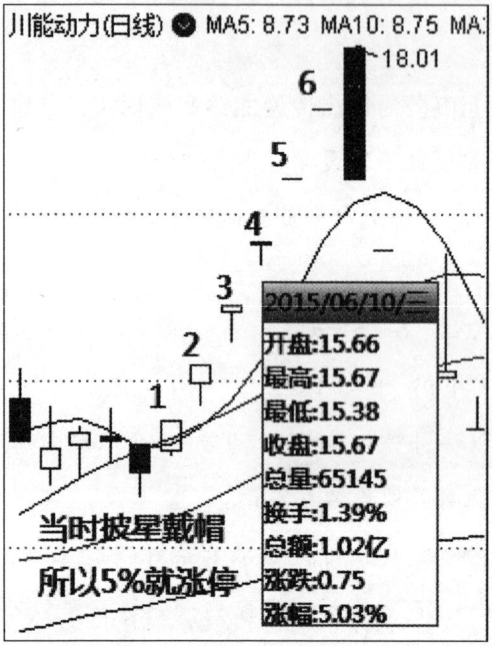

图 4－6－1 川化预亏收获 6 涨停

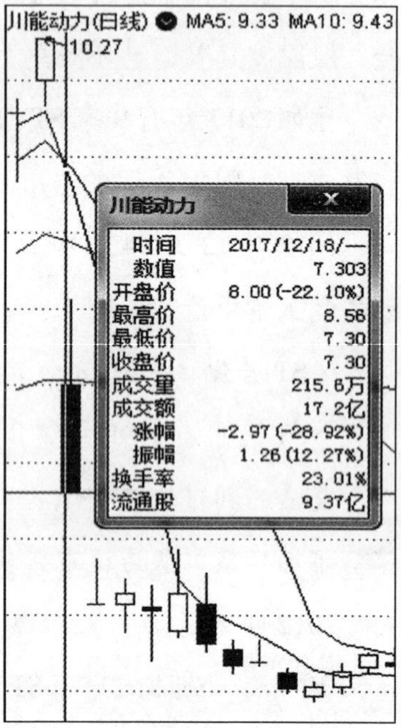

图 4－6－2 复牌当日下跌 28.92%

相关信息：＊ST 川化重组成功后，于 2017 年 12 月 18 日复牌，当日下跌 28.92%（制度规定，重组股复牌首日涨跌幅不限于 10%），第二天下跌 10%（跌停）。然后横盘整理，略有下跌。也许这种行情反映了投资者情怀的某种变化，开始从疯狂炒作＊ST 之类的垃圾股，转向投资绩优股了。

回头再说退市制度。A 股的退市制度经过多次推陈出新，渐行渐严，以至于不死鸟的神话无法维持。2016 年 3 月 21 日，上交所发布终止＊ST 博元（原名“博元投资”）股票上市的公告，＊ST 博元也成了 A 股第一家因为触及重大信息披露违法情形被终止上市的公司。5 月 11 日，在退市整理板交易了 29 个交易日后，这只在 A 股市场达 25 年之久的个股谢幕，首先打破了 A 股“不死鸟”的神话。

魔力点评

但是这个“首次打破”并没有让投资者放弃侥幸心理，或者说警告作用不充分。不怪投资者教育工作做得不好，只怪此前的不死鸟神话太多而且集中，影响力太大，让侥幸心理占据上风。*ST 博元在退市期间 N 个一字板跌停后突然来个跳涨甚至涨停，反映了部分股民的心思：我赌它绝地反击，我赌它又是一只不死鸟。可惜的是，事实证明那是最后的疯狂。

2018 年退市的仙股中弘股份（000979. SZ，中宏退），因为连续 20 个交易日股价低于 1 元，在最后两个交易日铁板钉钉，毫无悬念地退市了。2019 年 3 月正式开闸的科创板，退市制度更加严格，一碰就死的高压线有 4 条。看来不死鸟的神话快要终结了。

07　白马股、斑马股

白马股，就是企业质地好，股价也涨得好，例如现阶段的贵州茅台、格力电器、美的集团、青岛海尔、恒瑞医药，等等。

黑马股，指那些不被看好却表现优秀，出人意料的股票。

斑马股，股界新名词，产生于 2017 年，大约在冬季。当时一部分白马股，如茅台，在连续大涨后高位回调振荡，投资者虽然基本相信白马行情会继续走下去，但终究担心马失前蹄，弄得灰头土脸，“斑马股”概念由此诞生，但是很难顾名思义。初次看到，我还以为是兼具黑马和白马双重特征的股票呢，为什么不叫“斑点马”或者“灰马股”？

且看招商证券量化描述的斑马股：

公司市值相对较小（80 亿元～500 亿元），基本面不错，在市场知名度（活跃度）尚可，在所属行业或者竞争领域拥有一定地位；但是基本面或短期业绩存在一定的问题，或者估值相对较高，导致机构配置比例相对较低的那些个股。

图 4－7－1　斑马，原来是斑点马
（插画：Mitty 花花＠新都）

按图索骥，可以发现斑马股大致有以下 3 类：

第一类，原来的白马股，近段时间公司经营有点波动，出现类似管理层变更、短期业绩不及预期等现象，导致公司的吸引力下降，机构配置明显降低。但公司核心竞争力并未恶化，未来仍有重回白马阵营潜力。简单说就是，本来是白马，身上沾了点灰土，洗个澡就好了。

第二，原来的黑马股，市场关注度较低，但公司经营情况持续改善，竞争力、营收、市值、市场关注度等都明显提升，成为亮眼的黑马，如果持续跑得快跑得漂亮，就会来个华丽的转身，退去黑袍穿上白衣，变成白马股。简单说就是，皮肤或者毛色还不够白，要脱掉深色条纹还需努力进化。

第三，公司是所在细分领域的龙头，但由于所处领域的关注度整体上都偏低，身处其中的它，其成长性被市场忽视。但股市在涨跌，板块在轮动，唯一不变的就是变化，市场一旦转向挖掘业绩较为确定的细分行业龙头，这类股将会有突出表现。股民突然发现，这里藏着一匹斑马。

一般来说，消费升级、科技创新、制造升级、绿色中国这四大领域更容易出现有大涨潜质的斑马股。

08 熔断1.0/2.0、熔断机制、涨跌幅限制

熔断

2016年1月4日星期一，7日星期四，大盘两次熔断，恰好对应黑周一和黑周四。段子手说，4号那天下午有史以来第一次提前下班，感到很不适应；7号那天上午10点半隔壁老王来敲门的时候，股市小明已于半小时前下班回家，躺在沙发上看电视了。

这个“熔断”是什么，是给股市安装的保险丝吗？作用很类似。

2015年12月4日，上交所、深交所、中金所正式发布指数熔断相关规定，并宣布于2016年1月1日起正式实施，设置5%和7%两档熔断阈值。2016年1月4日星期一，沪深两市低开低走，13时13分沪深300指数下跌5%，触发熔断，休市15分钟，13时28分恢复交易，转眼之间跌逾7%，再次触发熔断。两市超过千只股票跌停，A股暂停交易至收市。

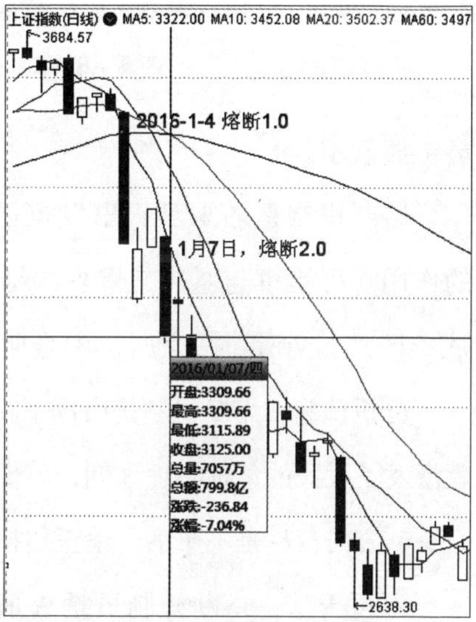

图4-8-1　熔断时段的大盘K线图

随后两天股市回暖，大盘略有上涨。但是1月7日星期四，沪深两市再次低开低走并快速下跌，9点43分跌破5%触发熔断，9点56分恢复交易，3分钟后跌破7%再次熔断。9点59分，两市提前收盘，证券公司的

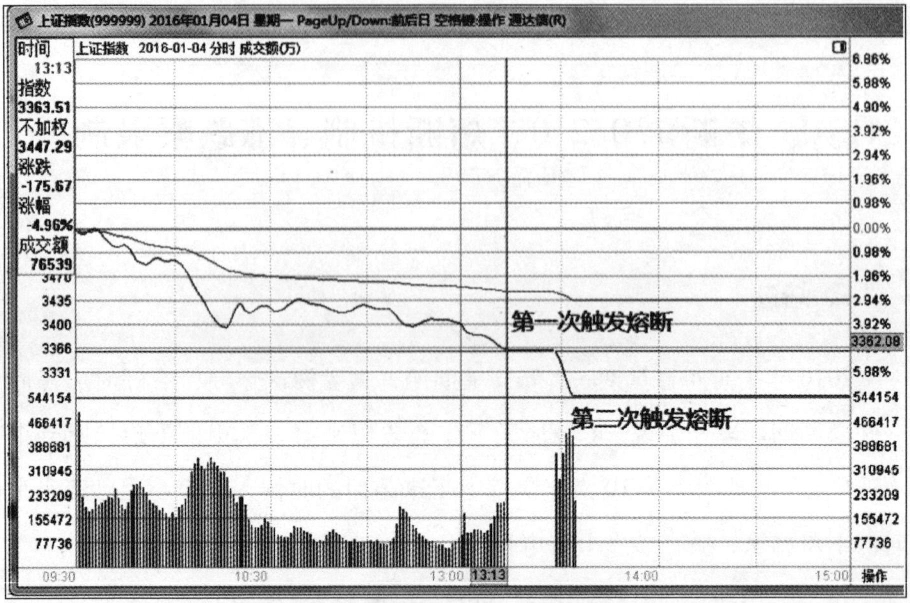

图 4－8－2　熔断 1.0 大盘分时图

员工放假了。

熔断机制是舶来品，出发点是好的，想让它起到"股市行情保险丝"的作用。可惜事与愿违，惨烈的结果让熔断机制仅仅存在 4 天就夭折了。1 月 8 日，上交所、深交所、中金所公告暂停实施熔断机制。

分析认为，熔断机制是市场下跌的加速器而非触发点，因为有了这个机制就激发了股民的某种心理预期，就像开车的新学员那样，越是想躲过前面那块石头，方向盘越是不听话，歪歪扭扭地挪过去，不偏不倚正好撞上石头。

不可否认，熔断机制虽是 A 股市场迄今最短命的政策，作用却十分显著，把 A 股股民的钱包划开了一道大口子，让几乎所有的股民至今记忆犹新，把 2016 年 1 月 4 日和 7 日分别称为"熔断 1.0"和"熔断 2.0"。

涨跌幅限制

熔断机制规定的 5% 和 7%，就是涨跌幅限制的一种。当然，A 股股民更熟悉的是涨跌停10%的限制（对ST和＊ST股票，为5%）。喜欢打新股的朋友还熟悉44%这个数字，那是新股上市首日的最大涨幅。科创板正式开板以后，还要增加两条：前5个交易日任意涨跌不受限制，从第六个交易日起，涨跌幅限制20%。

那么，科创板开板以前、现行制度之下，哪些情形不受10%或者5%这条限制？

属于下列情形之一的，股票上市首日不实行价格涨跌幅限制：

（1）首次公开发行股票上市的（如上所述，高限不是10%而是44%）；

（2）增发股票上市的（增发之后复牌当天）；

（3）暂停上市后恢复上市的（扭亏或重组成功后复牌当天），如川化股份（000155.SZ，现名“川能动力”），2017年12月18日复牌当日下跌28.92%，19日恢复老规矩，下跌10%就跌停打住；

（4）本所或证监会认定的其他情形；

（5）权证交易，也有涨跌幅限制，但不是固定值而是浮动值。

为什么要有涨跌幅限制？那是交易所为了抑制过度投机，防止市场出现过分的暴涨暴跌。因为市场需要某种稳定措施。不只是A股有这样的限制，期货市场有类似机制，海外金融市场也有相关规定，如市场断路措施、暂停交易、限速交易、特别报价制度、申报价与成交价挡位限制、专家或市场中介人调节、调整交易保证金比率等措施。

涨跌幅限制的历史，10.03%和9.97%是怎么来的？

设置涨跌幅限制

1996年12月15日前，A股没有涨跌幅限制。

从1996年12月16日起，上海、深圳证交所分别对上市交易的股票（含A、B股）、基金类证券的交易实行价格涨跌幅限制，即在一个交易日内，除首日上市的证券外，上述证券的交易价格相对于上一个交易日收盘价格的涨跌幅度不得超过 10%。

计算公式为：上一个交易日的收盘价 × （1 ±10%）。计算结果四舍五入至 0.01 元，超过涨跌幅限制的委托为无效委托，交易所作自动撤单处理。

10.03% 和 9.97% 只是个代表，可能会有略高略低的其他数值，怎么来的？就是这个"四舍五入至 0.01 元"。常见于低价股特别是"五元股"。按正负 10% 计算，小数点后面第三位小于 5 的，舍，涨跌幅就低于 10%；大于等于 5 的，入，涨跌幅就高于 10%。

特别处理股票的涨跌幅限制，减半处理

从 1998 年 4 月起，证监会对部分上市公司的股票实行特别处理，在股票名称前冠以 ST，其股票涨跌幅限制为 5%。计算公式为：上一个交易日的收盘价 × （1 ±5%），计算方法同上。

另外，对于 PT 类的股票，其涨幅限制为 5%，跌幅则没有限制。

上市首日涨跌幅限制

曾经也没有限制。后来出台了规定，上市首日可以涨两轮，每一轮最多涨 20%，于是 120% ×120% =144%，上市首日最高涨 44%。

有没有低于 44% 的？笔者表示没见过。股票上市首日就是打新中签者的狂欢日。

科创板正式开板以后，涨跌幅限制又要增加新的一笔

涨跌幅限制最直接的作用是"调幅"，限制暴涨暴跌，抑制短期风险。但事物都有两面性，涨跌幅限制有时候反而推波助澜，加速涨跌至涨停或者跌停，因为股民的心理预期，与熔断机制引发的心理预期类似。再者，可能受到游资的操纵。

总体上看，涨跌幅限制只能改变短期大盘和个股走势，对中长期的市场波动则没有多大影响。因此，一个涨跌停不够用的，就有多个涨跌停，甚至一字板排成天梯。受成交排队机制的影响，小散的买单卖单通常无法成交，遇到一字板涨停就买不到，遇到一字板跌停就卖不掉，就算前一天夜市挂单，也未必能够成交。这是股民朋友不可忽略的地方。

09　A股四大魔咒

A股股民中流传着好几个“魔咒”，常见的说法有：两桶油魔咒、招商策略会魔咒、茅台魔咒、4·19魔咒、世界杯魔咒、解禁魔咒、逢会必跌魔咒……

当然，魔咒的内容和形式都不是一成不变的，老魔咒可能逐渐被人遗忘，新的魔咒还会产生。

虽然魔咒一说被价值投资者批为消息派，但笔者认为有必要重视这些已经有一定影响力的“魔咒”，这不是鼓吹唯心论和玄学，而是换位思考，站在庄家的角度想一想，“这么好的震仓洗码机会，不利用一下多么可惜，什么，你要我放弃?”

新股民朋友们如果一时不能深刻理解震仓和洗码的深刻含义，没关系，想想情人节和钻石的营销故事，就算人人皆知那是商家的节日，戴比尔斯家族的财富盛宴，可是你就不能为了她假装一会傻瓜吗？类似地，就算魔咒只是臆测，你就不能为了钱大爷而假装躲开一下吗？顺便说一句，看完本书能学到什么或者说这本书有何价值？不能保证让你赚多少个涨停，但可以提醒你躲过N次下跌，少些亏损。常言道，少输当赢。

其实，看似无厘头的魔咒之所以能奏效，是因为市场在暗示之下形成了共识，形成了一致预期，而这个预期当然就会影响股民的操作，从而影响股价。尤其在弱市中，各类魔咒“显灵”的概率较大。因为空方会抓住散户对魔咒的恐慌心理，在特定情况下连续主动砸盘，进而引导市场情绪和投资者思维惯性，最终形成并强化了这些"魔咒"。

两桶油魔咒

资深股民注意到了一条既不能被证实也不能被证伪的规律：自从中国石油（601857. SH）和中国石化（600028. SH）这"两桶油"上市以来，只要这两只股票大涨，其他个股，特别是各种题材股，一定会暴跌。以至于两桶油股价暴涨就成了 A 股最有效的看空信号。

与此相关的是"两桶油护盘"。既然是护盘，就意味着两桶油股价上涨而其他很多股票在下跌，而且跌幅不小。符合"两桶油魔咒"的触发条件。

应对办法：如果两桶油股价暴涨、大象起舞，而其他股票普遍下跌，通常建议小散们卖出股票，持币观望。

招策会魔咒

招商证券每年召开两次投资策略会，这跟大盘涨跌有关系吗？股民发现，从 2011 年 12 月以来，只要招商策略会一开，A 股就下跌，而且经常是大跌，于是有了"招策会魔咒"一说，被股民视为 A 股一大杀器，类似港股的"丁蟹效应"。有段子手作的打油诗为证：招商年会绿油油，股民莫做冤大头。提前卖出要舍得，炒股赚钱需放手。

招商策略会真的是"A 股的法定砸盘日"吗？且看 2011—2017 年招策会召开期间 A 股指数的表现，如表 4－9－1 所示。

表 4－9－1　策略会召开期间 A 股表现

策略会召开时间	召开首日大盘涨幅	次日大盘涨幅	第三日大盘涨幅
2017 年 11 月 29 日[①]—12 月 1 日	0.13%	－0.62%	0.01%
2017 年 6 月 14—16 日	－0.73%	0.06%	－0.30%
2016 年 12 月 6—8 日	－0.16%	0.71%	－0.21%
2016 年 6 月 21—23 日	－0.35%	0.94%	－0.47%

续表

策略会召开时间	召开首日大盘涨幅	次日大盘涨幅	第三日大盘涨幅
2015 年 12 月 8—10 日	-1.89%	0.07%	-0.49%
2015 年 6 月 16②—17 日	-3.47%	1.65%	
2014 年 12 月 9③—10 日	-5.43%	2.93%	
2014 年 6 月 18—19 日	-0.54%	-1.55%	
2013 年 12 月 11—12 日	-1.49%	-0.06%	
2013 年 6 月 18—19 日	0.14%	-0.73%	
2012 年 12 月 13—14 日	-1.02%	4.32%	
2012 年 6 月 19—20 日	-0.66%	-0.34%	
2011 年 12 月 13—14 日	-1.87%	-0.89%	

注：①2018 年度策略会。开会首日一早，李大霄发微博说："重要预测：策略会魔咒今年暂时失效。"但有机构预测魔咒或将继续上演，理由是历次招商证券开会大盘必跌而且屡试不爽，且近期 A 股出现调整，市场整体表现比较疲弱，再加上股民的从众心理，结果呢？第二天跌出一根中阴线。

②2015 年中期策略会。当时沪指 5178 点刚过，暴跌模式刚刚开启。6 月 16 日当天沪深两市双双跳空低开，沪指开盘跌破 5000 点；创业板第一天重挫 5%、第二天早盘跌破 5%，盘中略有回升，但也收跌 2.85%。

③2015 年度策略会。当时正处牛市中，开会首日大盘暴跌 5.43%。有人调侃说，果然"牛市多暴跌"。

表 4-9-1 数据显示，招商策略会召开当天，大盘下跌的概率约为 90%，且多次调整幅度不小；策略会次日涨跌各半，表现优于会议首日；两天综合起来看，策略会期间总体下跌概率仍然达到 80%。

图 4-9-1　李大霄发微博预测 2017 年策略会魔咒暂时失效

4·19 魔咒

每年 4 月 19 日前后 A 股都会出现一次大跌。历史记录如下：

2007 年 4 月 19 日，上证指数暴跌 4.52%；

2008 年 4 月 18 日（19 日为周末，股市不交易），上证指数暴跌 3.97%；

2009 年 4 月 19 日，上证指数下跌 1.19%；

2010 年 4 月 19 日，上证指数重挫 4.79%；

2011 年 4 月 19 日，上证指数大跌 1.91%；

2012 年 4 月 19 日，上证指数微跌 0.09%；

2014 年 4 月 21 日（19 日为周末），上证指数跌 1.52%。

……

应对方法：跑。先跑。三十六计走为上计。

茅台魔咒

在 A 股市场中，只要哪只股票的股价超过了贵州茅台，要么自己主动高送转、除权降价，要么就是硬生生跌下来，无一例外。这就是坊间所说的茅台魔咒。

10 断网止损

股民小张回忆说，某个阶段他持有的股票跌跌不休，感觉越套越深，已经解套无望，正在犹豫要不要"割肉"，突然黑天鹅飞起，大盘下跌 1%，而且跌势不减。于是赶快查看他的持仓股，快速翻看 KDJ 和 RSI 以及 BIAS 等熟悉的技术指标，情况不妙，5 分钟级别下跌趋势已经形成，眼看它就要跳水了！说时迟那时快，分时线已经纵身起跳了！

然而，按照 A 股成交规则，价格优先、时间优先，这里的"时间"指的是你的卖出指令被成功送达交易所主机进入排队的时间，而不是你下单的时间。中间隔着你的券商。券商接到用户们的买卖指令，先把谁的指令送给交易所？那就要看券商自定义的排队机制了。

图 4－10－1　断网止损

（插画：Mitty 花花＠新都）

要排队两次？算了吧，有这时间，我的股票都跌停了。股民小张瞬间决定，嗖地一下拔掉网线，果断止损。

魔力点评

断网不能止损，生活还得继续，鸵鸟战术无用。只要交易所的主服务器和镜像服务器不同时断电，交易就在继续，你的损失并未停止。跟“关灯吃面”不一样，这个段子略带幽默，明显是小散们在苦中作乐，调整情绪以再接再厉。

要认真的话，设定自己的止盈止损点，然后按计划执行，该卖就卖，不要犹豫。止盈止损点可以是浮动的，在你的操作系统内展开就行了。前提是，你已经历练充分，已经形成自己的操作系统。

11 "韭菜"需要操作系统吗？

现在我们讨论股票的操作系统，英文简称 OS。资深股民也称之为"操作体系"。能够被称为一个"体系"或者"系统"，自然简单不了。那么，拥有哪些组件才算得上一个操作系统呢？

笔者认为，操作系统首先应该包括自我认知，包括但不限于常说的投资个性（投资风格）。从激进型到保守型，你是其中的哪一种或者说偏向哪一种？对自己有没有一个清晰的认识？成熟的操作源于成熟的认知。如果认知都不够清晰的话，就只有随波逐流，想做什么做什么。即使参加培训被劝告要遵守纪律，但实际上做不到，脚踩西瓜皮，溜到哪算哪。

所以先开个玩笑，每一棵"韭菜"都自带操作系统，那就是脚踩西瓜皮式的"随意系统"，随机操作，凭感觉操作。

第二，充分认识我们所在的这个市场。你认为这个市场值不值得操作？进场出场的条件是什么？你是价值投资者还是投机分子？或者非常认可"笋子烧肉"的思路，愿意做一个价值投机者？没错，价值与投机的混搭。

再问，现阶段你看多还是看空？如果看空，在 A 股市场中你如何实操？有理论支持吗，有实操工具吗，能够独立操作这些工具和技术方法吗？比如融资融券。

第三，如何选股、选板块？做短线还是做长线？或者说，你有能力摆出一副基金经理的架势，有些股票做短线，有些股票做长线，组合操作吗？还是集中精力，只做一两只股票？

再说，A 股市场中除了股票还有基金、权证，稍微看远点还有股指期货，你选择哪一种？就股票来说，你是基本面还是技术面？你认为消息面究竟意味着啥？就股票买卖而言，买进卖出的条件是啥？加仓减仓的触发条件又是啥？

你用自己的资金操作，还是加杠杆，用融资买入？甚至采用场外杠杆资金？如果是这样，你有防止被强平的预案吗？预案经过检验了吗？

就时间安排来说，你全职炒股还是顺便看看？你是守在屏幕面前盯盘不嫌累呢，还是一个月只看一次，甚至学着传说中的巴菲特老爷子那样，从不看电脑上的技术图形？

第四，关于心态调适。盈利了，得意忘形是人之天性，你如何调整自己？亏损了但还没有割肉，你又怎么调整自己的心态？割肉了，真正地亏了钱，你又如何调整自己？如何面对家人？

还有一条重要的，仓位管理。账面亏损了，想补仓，钱呢？如果没钱了，说明你满仓操作，现在找谁哭去？如果还有钱或者说还能创造现金来补仓，这时候更要小心了：加仓后，何时抽出增加的资金？你对仓位管理究竟有没有深刻认知？书上学来终觉浅，熊市收获是真知啊。

……

如此等等，加在一起才能成为一个基本的操作系统。堪比发动机一般的操作系统，从原理到零部件制造，再到维护保养，都不是一件容易的事。如果做不到，那就只能当“韭菜”了。

12　卖房保壳、股市泡沫、楼市泡沫

卖房保壳

2016年9月中旬，＊ST宁通B（200468. SZ）因为连续两个会计年度

出现亏损，股票被深交所实行退市风险警示。为了保住壳资源，该公司发布公告称，将转让两处位于北京市西城区槐柏树街的房产。据评估，此两处房产评估值为2272.62万元（据悉为学区房），增值额为2142.88万元，增值率1651.68%。如果宁通公司能按上述价格卖出这两套房屋，其上半年亏损将被抹平，扭亏保壳的可能性将大幅增加。

卖房保壳的故事在A股市场同样流传。看起来既荒诞又搞笑，实则让人心酸。

股市泡沫和楼市泡沫哪个更大？

有人说股市泡沫更大，理由是：上市公司辛苦一年赚到的利润还不够买一套房，这样的公司却在股市上获得众多股民的投资，所以股市泡沫比楼市泡沫更大。反方说，只要卖房就能保壳还能保业绩，岂不说明楼市泡沫比股市泡沫更大？

短期来看，只要泡沫不破，哪个泡沫更大哪个就涨价更多，于是追问来了：是卖房保壳正确，还是卖壳保房才对？

魔力点评

上市公司投资房地产无可厚非，而且买卖自由。要突出主业没错，但总不能禁止副业吧。我们不妨跳出这个话题本身，更多地关注上市公司是否把主要精力放在企业发展上，是否圈钱之后拿去海外投资房地产或者娱乐业了。如果你重视投资而不是投机，投票给实干家，可以考虑杜邦选股法。限于篇幅，这里不作展开。

13　分久必合、合久必分

话说天下大势，分久必合，合久必分……《三国演义》评书来了？非也，请看 K 线图的均线系统（MA）、布林带（BOLL）或者 ENE 指标，都能轻松看出这个规律：喇叭口放大→缩小→再放大→再缩小，数条均价线（MA5/10/20/60，允许自定义）、布林或 ENE 指标的上下轨道，都显示分久必合、合久必分的走势。

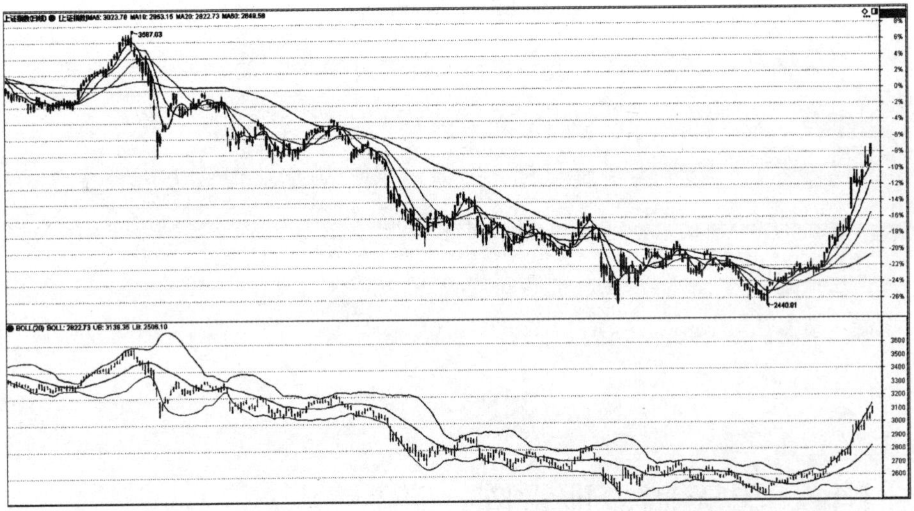

图 4－13－1　大盘日 K 线图叠加 MA＋BOLL 指标

分合之间，有规律吗，怎样运用？股民总结了一些，比较简明的说法有：

◆“布林穿顶，逃命要紧。”如果 K 线向上穿过了布林上轨，就要赶快卖出，获利了结。对应地，如果 K 线触碰下轨，可以考虑是买入信号之一。

◆量为价先。通常是说，交易量这个指标很重要，量价分析是基础，股价走势能否持续，要看量能有无配合。

◆破五卖出法。如果某只股票快速上涨，何时卖出？右侧交易者为了避免过早卖出而踏空，要等到股价低于五日均线（MA5）才卖出。这里说的"破"，意思是"向下突破"。

◆金叉共振买入法。观察到某只股票开始启动了，何时买入最佳？金叉共振法认为，在均价线 MA 出现金叉，MACD、KDJ、RSI 三指标中某一个甚至三个基本同步出现金叉的时候，就是最佳买点。

魔力点评

技术分析未必可靠，单一指标分析的可靠性更差，股市口诀更不可轻信、不可作为操作指导，只能参考。因为过于简明，信息量小，初学者常常只能理解字面意思，断章取义、刻舟求剑的毛病经常犯；上过当的老股民则清楚地知道必须结合其他工具做深入分析，这些只言片语描述的点滴经验，才有一定价值。

14 黑天鹅、地雷阵

黑天鹅一词源于澳大利亚首次发现黑天鹅，颠覆了"天鹅是白色的"这个"一直都正确"的基本判断。因为黑白颠倒，黑天鹅被视为不吉利的象征。在股市里，黑天鹅依然代表不利因素，所谓黑天鹅事件，就是不可预知的重大利空，常常导致股价大跌甚至断崖式的下跌，对空头非常有利，对持股做多的投资者来说，常常是灾难。

民间借贷、P2P、股权投资等投资渠道出问题了，网友习惯称之为“爆雷”，我理解就是踩地雷了。股市中有没有地雷？遭遇退市、重组失败、业绩变脸、海外股市暴跌、美元指数或国际油价或国际金价波动、汇率变动，等等，都可以被看成地雷。

地雷多了密了就构成“地雷阵”，比如 2018 年 1 月，业绩差的上市公司预亏预减的消息频出，股价猛跌，还导致踩踏事件，业绩不错的股票也被错杀。股民惊呼，这些天炒股就像在玩扫雷游戏似的，怎么小心也很难避免要踩中一枚，导致损失。

15 钻石底

“钻石底”语出英大证券研究所所长李大霄先生。2012 年 1 月 6 日，沪指最低 2132.63 点，李先生发文，称此时的 A 股具有钻石般的投资价值。此后，股指起起伏伏，在钻石底后，又出现了“婴儿底”“幼儿底”“儿童底”，李先生也因此而备受质疑。

到了 2018 年底大盘磨底 2500 点那段时间，李先生再次呼吁“市场底和政策底都已经出现”，被质疑了很短一段时间之后，2019 年 1 月 4 日，大盘触底 2440.91 点，随后启动了一波行情，股民笑言，李大霄终于扬眉吐气了一回。

技术分析中有双底或 W 底、三重底、多重底、底分型之说，对应有双顶或 M 头、三重顶、多重顶、顶分型之说。李大霄先生更是提出了钻石底婴儿底幼儿底儿童底等一连串的市场底部，究竟哪里是底？哪里是顶？

通常而言，技术分析的有效性是有限的，常见的技术分析法在测算阻力位上实用性较强，但在重大的顶部或底部的把握上需要有不一般的分析

图 4－15－1　大盘在 2019 年 1 月 4 日触底 2440. 91 点

方法。"顶在顶上、底在底下" 的含义之一就是，实际的顶部常常超越了技术分析得出的顶部，实际的底部常常比技术分析测出的底部更低，这样就会导致逃顶过早，少赚很多；或者抄底过早、抄之过急，抄底抄在腰眼上，股价再次探底时，账面损失不小。

顶底难测，股民朋友不要轻信技术分析师的预言，而要根据拥股数量逐步卖出，或者根据持币金额逐步买入。仓位管理，有的是内容供你学习。做不好 "仓管" 的股民是个什么样子？有诗为证：

山外青山楼外楼，股市涨跌永不休。

顶在顶上何所以，底在底下使人愁。

16　喝酒吃药吹空调

这是股市顺口溜，广义上指的是白酒乃至酒类和饮料板块、医药板块、白色家电板块的股票行情不错，股价上涨。狭义上指的是贵州茅台、云南白药、格力电器股价涨势不错，持股者享受股价上涨带来的账面收益和愉快心情。格力电器被发现是价值投资的标杆之前，股民常用语是“喝酒吃药”，没有吹空调一说。

很长一段时间以来，酒类和医药类股票在 A 股中占据了重要位置，在春节、中秋等重大节日之前常有“红包”行情。长期来看，这些大消费类股票、巴菲特讲的“嘴巴股”，都值得中长期投资。

17 一箭射天、避雷针、山高人为峰

这些说法都是股民在研究 K 线图时，由烛体和上影线的分布情况引发的联想。下面我们看图说话，如图 4－17－1 所示。

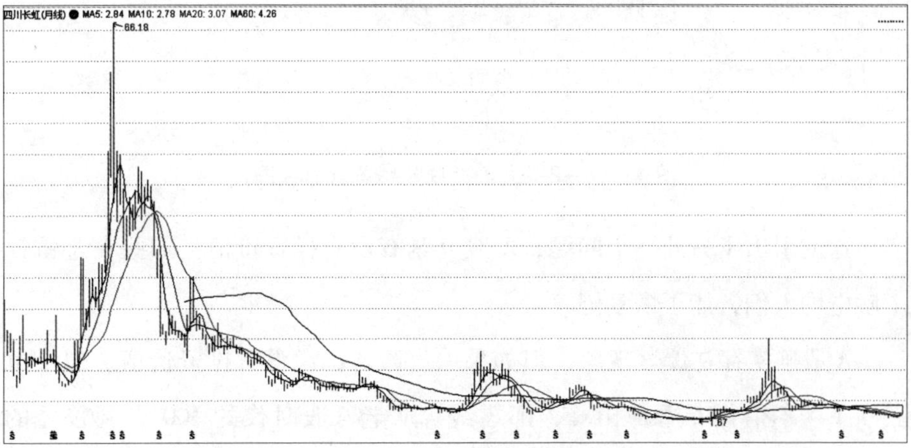

图 4－17－1 四川长虹月 K 线图

这是当年的 A 股沪市一哥，四川长虹（600839. SH）。看官注意到了左侧山顶那一杆旗帜了？山高人为峰，多么显眼，避雷针似的。

上图右侧的小避雷针出现在 2015 年 6 月，当时大盘指数勇攀第二高峰

5178 点。魔力哥确切地知道，有一群人就是在那个月进场操作四川长虹的，直到 2018 年底，都还沉迷其中无法自拔。

再来看看大盘。迄今 A 股造就了第一大顶 6124 点、第二高峰 5178 点。那些高位接盘的人们，在"会当凌绝顶"时兴奋异常，只顾着"一览众山小"，忘记了兜里还揣着股票。从顶峰滚下来以后再也没到过山腰，这样的投资者，你还好吗？

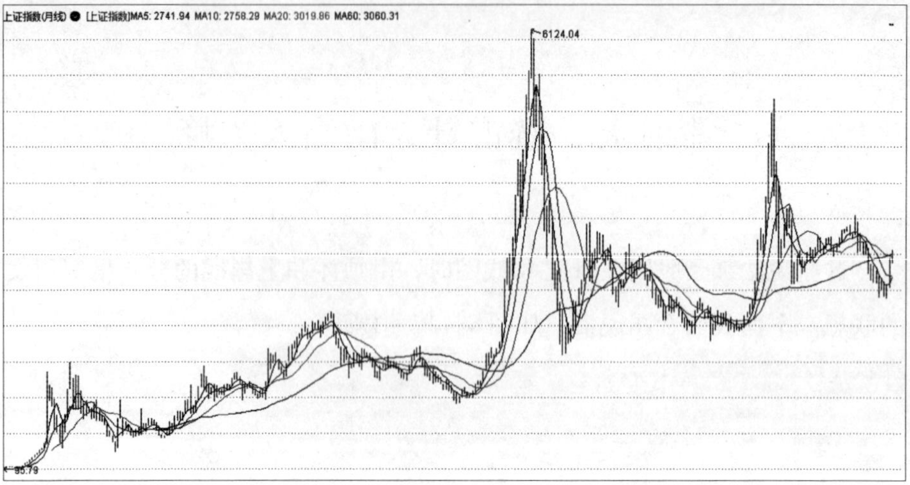

图 4－17－2　大盘指数 K 线图（月线图）

这就引出了另外一个问题，A 股究竟有没有投资价值？那些在避雷针下触电的人们，能否恢复健康？

A 股确实存在爆炒现象，但如果一言蔽之，说没有投资价值，似乎也武断了。不信你看看那山峰，那雪线，从老八股时代的 100 点到曾经的 6124 点、5178 点，再到 2018 年 1 月底的 3400 点上下，长期坚持的人还是有高额回报的，除非遇到退市股。

有研究表明，即使在珠峰 6124 点买了股票，坚定持有，且不做波段操作（高抛低吸），享受全部分红，有配股也全部参与，到 3400 点的时候，沪深两市有超过 70% 的股票都给了投资者正回报，少数股票的长期投资价值十分突出，包括但不限于前述“价投三宝”万科、茅台、白药。

18　天梯

这些新名词都源于股民的遐想，下面我们继续看图说话。

如图 4－18－1 所示，海通证券（600837. SH）从 1999 年 6 月 29 日到 2002 年 5 月 13 日，其股价的行进方式可谓与众不同——要么涨停，要么跌停，日 K 线图除了一字板（也称“翼子板”，读音接近，造型也类似，请看看跑车尾部那一条横板）起飞，看不见其他形状的蜡烛。这一造型俨然雁行有序，宛如龙翔天空，四条均线犹如飘飞的彩带，全屏显示更觉龙飞凤舞。

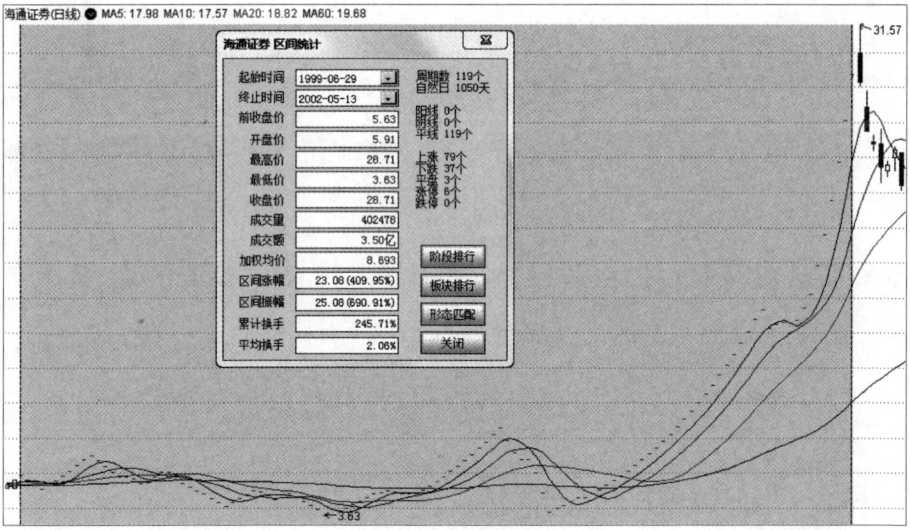

图 4－18－1　海通证券日 K 线图（1999 年 6 月 29 日—2002 年 5 月 13 日）＋区间统计

然而，小散们全部傻眼。这是在干什么？这就是传说中的天梯吗？还是龙翔天下，在空中完成某种体操的自选动作？世界各地股票交易所的硬盘中，还有没有类似的图片（数据）？我更想知道，这是怎么做出来的，还是当时有什么特殊情况？

看不明白也没啥关系，一则股民复盘的目的不是研究 A 股历史，二则历史不会简单重复，类似情况估计也难以再现。你看那些一字板涨跌停中，既有 10% 又有 5% 的，成交量无记录，连续 N 天，应该不是常规情况。

但是另一种天梯有必要关注。一字板与天量的组合。如图 4－18－2 所示，新都酒店（000033. SZ，已退市，退市前改名“新都退”）的日线，天梯之巅出现天量，却能保持一字板不破，这是难得一见的案例。怎么做出来的？谁在交易？是不是左右互搏？股民朋友，要想一想。“新都退”的最终结局如何，各位看官可以参见第五章第 11 节。

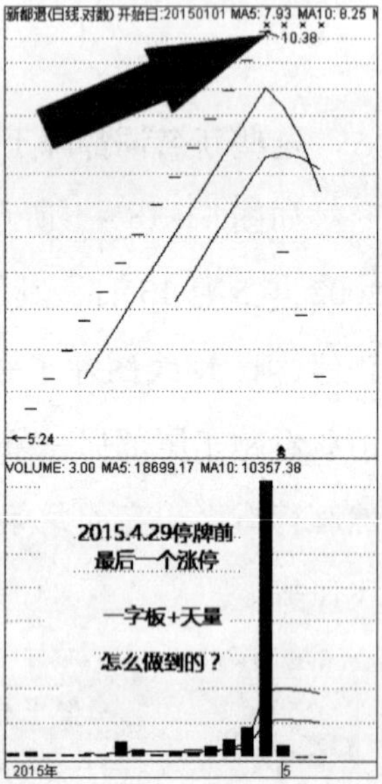

图 4－18－2　一字板＋天量（新都退）

通常，高位、大量、高换手的股票（参见第五章第 13 节）有跳水的危险。这些“西湖景”只宜远观，不可近看。新都酒店这只股票，教父级人物宋晓明先生（江湖人称“并购教父”）都“被雷”了，何况你我“渣散”？就算“牛散”，也常常嗟叹信息不对称！

19　地天板、天地板

宇航员在外太空与地球人通电话，那叫天地通。股民口中的天地通指的是，分时图中一根细线上接天下通地，从上到下的叫“天地板”，从下到上的叫“地天板”。

继续看图说话，复盘到 2017 年 6 月，看看这几只个股的 K 线图和分时图。

地天板

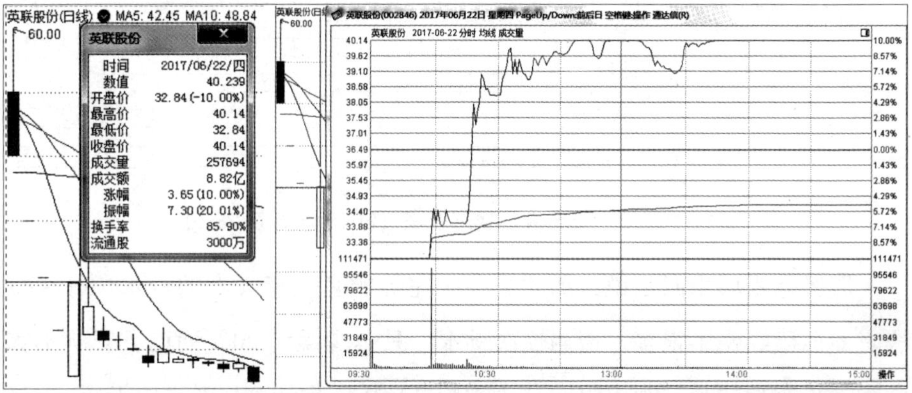

图 4－19－1　地天板：英联股份（2017 年 6 月 22 日）

英联股份（002846. SZ）在遭遇 4 个交易日连续暴跌之后，第五天，直接从地板跃迁到天花板，完成了“从奴隶到将军”的华丽转身。日 K 线图上一根巨阳，分时图上把它登天的每一个脚印都显示得很清楚。此前持股的人，可以破涕为笑了：眼看就要被腰斩，幸福却来得太突然，从跌停到涨停，一天拿到 20% 收益，这是哪辈子修来的福分？

天地板

世事难料，有些上天入地来得太陡，几乎是自由落体运动，让你躲无可躲。且看这家人的表演：鹏辉能源（300438. SZ）新股上市收获 22 个涨停，第 23 个交易日那天，2015 年 5 月 28 日，早盘午盘封死涨停，一点异动的迹象也没有。然而收盘之前天崩地裂，从涨停到跌停，分时线显示下跌路径是 90 度垂直向下！

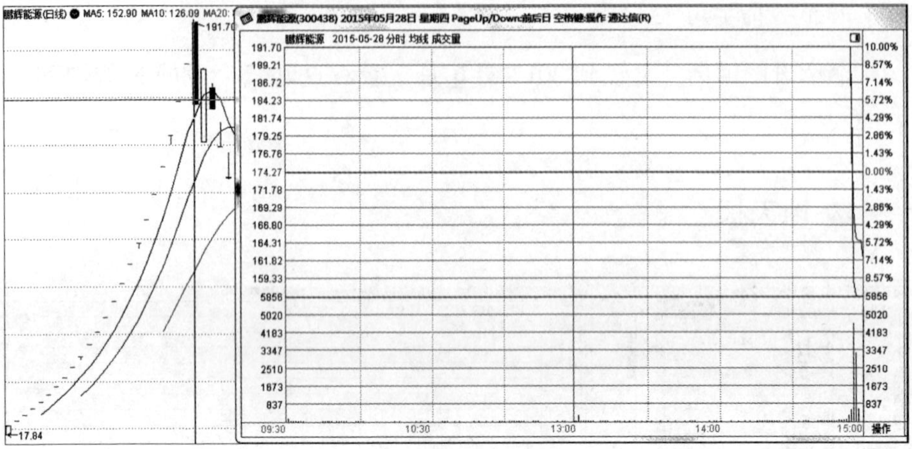

图 4 -19 -2　天地板：鹏辉能源（2015 年 5 月 28 日）

股民老张后来回忆说，那才是一次完美的真正意义上的跳水！好在持股者此前已经赚了很多，遭遇这次跳水，只是少赚了 20% 而已，影响不算太大。更有趣的是，刚表演完"天地板"，第二天它就上演"地天板"，虽然是秋千型，在振荡中触碰跌停位和涨停位，最终收涨 9.69%，没有封板，但是股民说，够了！我很满意！

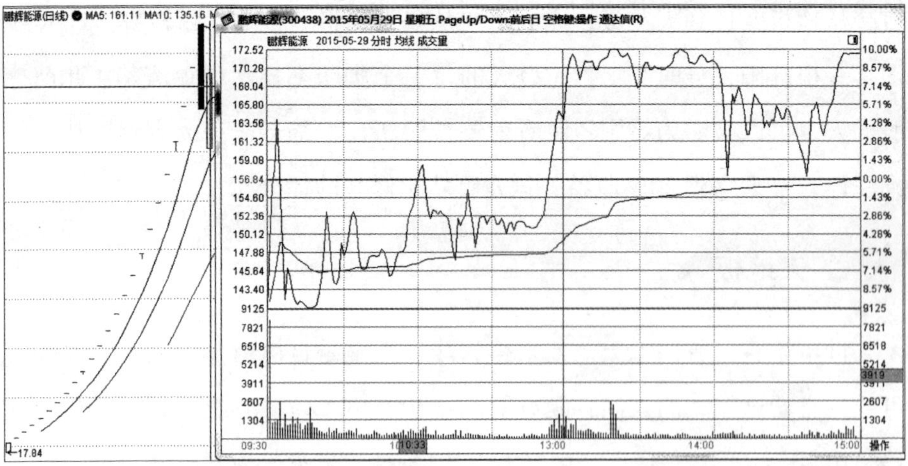

图 4 -19 -3　鹏辉能源（2015 年 5 月 28 日上演"天地板"，29 日上演"地天板"）

魔力神侃

活到老学到老，还有好多没学到。身处天地之间，涨停跌停之际，小散们有没有感觉被耍猴，被玩弄于股掌之间？地天板虽好，但难以把握，身为“韭菜”，远离为妙。如果遇到了，赚了20%赶快跑吧，突然暴饮暴食，需要到一边去消化消化。

20　白马深蹲

2017年11月28日，白马股普遍反弹，中经公司发言，建议股民长期持有贵州茅台，特别提示维持2018年目标价845元不变。为什么要特别提示？君不见此前7个交易日，贵州茅台出现有史以来罕见的七连跌，股价从719元跌到616元。完全可以说是白马深蹲、马失前蹄，很多投资者中途落马，高位进场的有可能被磕掉门牙。

茅台七连跌的过程中，有人说茅台带动白马股集体“深蹲”，还拖累了大盘，使其逼近3300点整数关口。

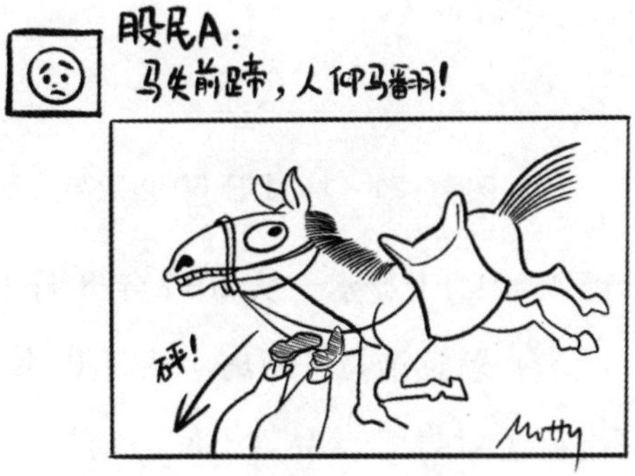

图4－20－1　股民在朋友圈说，人仰马翻
（插画：Mitty花花@新都）

还好，尽管跌跌不休，机构们却对白马股信心不减，认为在中期趋势上白马龙头的估值水平会再上新台阶。在本次调整之后，蓝筹白马

股的走势将会更健康。简言之，蹲下是为了跳起来，深蹲是为了跳得更高。果然！没过多久茅台就创下历史新高 799 元。

21 漂亮 50、要命 3000

沪深两市大约 3500 只个股，从 2017 年 7 月以来，表现如何？

上证 50 指数成分股们蓬勃发展，砥砺前行，昂头向上，接近于天天向上；剩下的 3000 个股以中小创为主，它们的表现却是怎一个弱字了得。于是有了新名词"漂亮 50""要命 3000"。

图 4-21-1　上证 50 指数与大盘叠加（2017 年 7 月—　）

图 4-21-1 显示，从 2017 年 8 月 11 日以来，上证 50 指数与上证指数（大盘）就逐渐拉开距离。从 2017 年 12 月 28 日到 2018 年 1 月 12 日，上证指数连续 11 个交易日上涨，调整一天之后，接着来了 7 个连涨，那段时间的大盘真是赚足了眼球。可是漂亮 50 指数呢？从同一天开始，一直到 1 月 24 日，20 个交易日连续上涨。20 连涨！

比较一下，大盘 11 连阳加上 7 连阳，加起来也没有上证 50 指数涨得好，却吸引了大部分人的注意力。还好资深股民不敢忽略，早就注意到“漂亮 50”与“要命 3000”的巨大落差了。

真是顶在顶上，不知何时到顶；底在底下，更未知底在何处。

在市场普跌的时候，万绿丛中一点红有没有？有，而且无疑是它——漂亮 50。与之绑定发展的 50ETF（510050. SH）的表现，当天涨幅 1. 75%。对这些数字不敏感的朋友，比一下 K 线图中蜡烛的长度，就很直观了。

22　炒股就是炒预期

为什么要修炼？因为人性有弱点需要克服，修炼是为了成长。

炒股干什么？重要目的是赚钱。如果看不到希望，就没人参与；如果没有赚钱的预期，就不会买入。

所以有人总结说：炒股炒什么，炒的就是预期。虽然“预期”的具体内容可以包罗万象，比如某企业具有长期成长性，具备内生动力；比如某企业传说要收购谁，或者被谁收购；比如某企业正在与 BAT[①] 中的某人协商投资入股；比如年报即将公布，某企业业绩预喜，或者 * ST 股票业绩大涨预期摘帽；比如某股票的技术图形漂亮，KDJ 与 RSI 和均线金叉共振，布林带和 ENE 喇叭口持续放大，量能跟上，等等。对 A 股投资者来说，不便做空我们就考虑做多，所谓预期，买股票之前就是这只股票看涨，买入之后就是持股待涨。

① BAT 指百度、阿里巴巴、腾讯。

魔力神侃

从中长期来看，预期就是从行业到企业的未来利润增长点；从短期来看，预期就是投资者自己（认为）的利润增长点。

比如，2017 年冬季市场预期房价下降，流动性收紧，AI 人工智能和 5G 大发展；以前预期国企改革大步前进，"一带一路"步伐加快，等等。

有了明确的预期，股民就开始有指导地行动，买入看涨的，避开或者卖出看跌的。预期的背后逻辑强弱，决定了股民的定力强弱。涨了跌了，中长线投资者看得较为平和，短线操作者却高度重视。初学者每天都要剁手，每天都要遗憾，就因为预期不确定，定力不足，随波逐流，患得患失。

23 利好出尽是利空、内幕消息

"消息面"包含三类消息，不管哪种消息，都面临消息兑现后股价走势要不要变化的问题。由于"炒股就是炒预期"，消息起作用的时间段往往是在兑现之前。一旦变成现实，靴子落地了，预期也就没了，要去找寻新的预期，导致股价走势反向。比如，利好消息兑现，股价不涨反跌，这就是"利好出尽是利空"。相反，则利空出尽是利多。

内幕消息

监管部门，上市公司管理人员，证券从业人员，在进行某项政策决策和开展某项业务的期间，常有信息保密的相关规定。违背规定向利益相关人透露的消息称为"内幕消息"。利用内幕消息常常可以未卜先知，精准买入卖出，甚至操纵市场。

有人利用人性弱点之偷窥偷听的欲望，把自己打扮成消息人士，把自编的消息包装成内幕消息，并用来非法牟利。反过来，人性的另一个弱点是好逸恶劳，总是想走捷径，于是绝大部分股民都曾经问过类似问题："最近有什么好股推荐吗？""有什么消息吗？透露点儿给我。"至于庄家，扔烟幕弹是必修课，"消息"是庄家必用的手段。

那么，"新韭菜"们怎样避免踩到消息"地雷"呢？

魔力建议

只要两个要点就行了：

第一，不是父子母女亲兄弟这样的关系，别人凭什么白送你钱？

第二，既然透露内幕消息要承担责任甚至可能有牢狱之灾，你凭什么要求别人为你卖命？

24　定增破发

定增破发是个糟糕的事情，就是参与定向增发的股票不涨反跌，已经跌破定增时的发行价了。

定向增发就是上市公司向特定对象增加发行股份再次融资。特定对象多为本公司大股东、实际控制人、券商等机构投资者。

一般来说，定向增发发行的股价较低，多为现行股价的80%或者更低，有人曾经说过50%。在重组概念流行的时代，公司要融资，多半是有新项目、新概念装进来，因此，一旦公司发布定向增发的消息，常会受到市场的热捧，以至于定增的机会相当于小型的 IPO，谁参与谁赚钱。但是，后来风向变了，公开发行的股价与现行股价相差较小，行情不好的时候，个别股票的股价甚至可能跌破发行价，这就是"破发"。

2017 年 7 月和 2018 年 1 月，都出现过大面积的定增破发，参与定增的机构惨遭套牢。例如，截至 2017 年 7 月 19 日，近一年以来已实施完成定向增发的上市公司共 506 家，其中股价跌破定增发行价的有 252 家，占比约 49.80%。这 252 家公司中，主板 84 家，中小板 95 家，创业板 73 家。

定增的参与者有没有个人？当然有，很多人没有机会创造机会也要进场。所以，读者朋友们请注意，定增是机会也是风险，正确的决策来自正确的认知和恰当的权衡。

25 打新股、打新债、炒次新

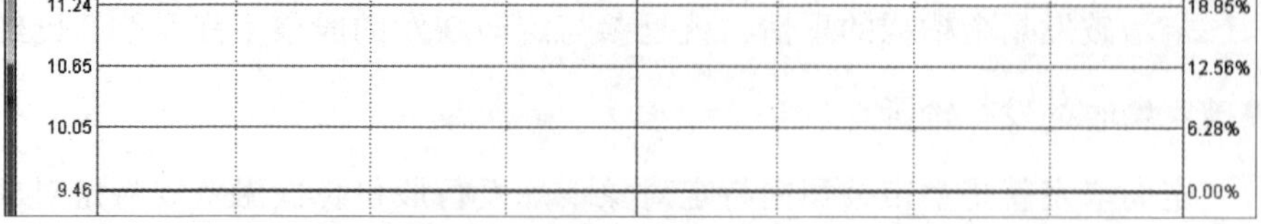

图 4 –25 –1 华西证券上市首日股价上涨 120% ×120%

中签好比中彩

A 股市场中，新股上市首日能涨多少？曾经上不封顶，后来改为最高上涨 44%，分成两个阶段：9 点半到 10 点，在发行价基础上上涨 120%，10 点开始再上涨 120%，$1.2 \times 1.2 = 1.44$ 倍，就这样来的。

然后就是 N 个一字板涨停，开板后少数股票连续小跌，大部分还有机会再来几个涨停。曾经的暴风科技（300431. SZ，现名“暴风集团”）创造了一字板最多（某个时间段以内）的神话，江南嘉捷被 360 借壳复牌后也创造了 18 个一字板的神话，类似的财富故事还很多。

正因为这样，股民热衷于打新股。以前打新股是“实弹演习”，需要预先缴款、占用资金。从 2016 年开始申购新规出台，取消了新股申购预缴款制度，改为新股发行采用市值申购的方法，投资者只要有市值就能申购，中签之后才缴款。这样一来，人们打新股的热情就更加高涨了。

免费彩票

但是历来新股中签率低，新规之后参与的人多了，中签率就更低。数据显示，2017 年前 11 个月，网上申购中签率仅为 0.0479%，股民说打中新股好比买中彩票，因此市面上出现了三种围猎新股的方案：

方案一：筹资数千万，集中打新股。

方案二：线下打新，或者购买打新基金。

方案三：各自打新，解读规则，按图索骥。（1）此前至少持仓两只股票，沪深两市各一只，偏爱任何一方都会导致另一方市值为零，只能看着别人玩打新游戏。（2）集中火力申购，不要重复申购。（3）如果中签沪市的发行价高的股票，收益更高。因为沪市规定每中一签拥股 1000 而深市只有 500 股；发行价 20 元和发行价 5 元的股票，同样 N 个涨停，赚的钱差距就大了。

A股新股发行新规三要点：（1）中签后再缴款。（2）"货到付款"，即投资者申购新股摇号中签后，确保T+2日16点前有足够资金用于新股认购资金交收即可。（3）连续12个月内累计3次中签但放弃申购者将纳入"打新黑名单"。

中了彩票还生气？养元饮品欠我几个一字板！

高价发行新股的最近案例是2018年1月31日，养元饮品（603156.SH）发行价高达78.73元，数据显示这只股票是7年来第一高发股。照此计算，中签仅一签的股民在上市首日盈利即达3.46万元，乐观者预计中一签能轻松赚到15万元。

怎么预测的？根据历史数据，此前沪市发行的新股中，高价发行的步长制药、恒林股份、吉比特发行价分别为55.88元、56.88元、54元，截至各自开板，中一签的收益分别达到8.32万、3.58万、14.77万元。

然而，事物总在变化。2017年冬季以后，IPO新股能有5个一字涨停板都不错了。比如恒林股份（603661.SH），两个一字板后紧跟着一个巨阴，以跌停收场，然后下跌再下跌，直到破发；成都银行（601838.SH）不错，5个一字板，第六个交易日才开始下跌；同在银证保范畴的华西证券（002926.SZ）却只收获2个一字板，第三个交易日就下跌了，如图4-25-2所示。

到了2018年，新股上市后的表现就更加跌宕起伏了。例如养元饮品（603159.SH）上市，恰逢农历新年之前。人们贴对联写的是新年新气象，它却表演了新股新情况。上市当天成交量不小，第二天就开板并且跌停，第三天以跌停开盘，早市略涨，如图4-25-3所示。

更可怜的是那些第一个交易日晚上以涨停价埋单买入的人，虽然第二天遭遇的不是天地板（感谢集合竞价时间段的价格撮合机制！要不然，以涨停价成交，那就是从天花板到地板，传说中的天地板了），但是当头棒喝、当场蒙圈的日子，也很难过哦。

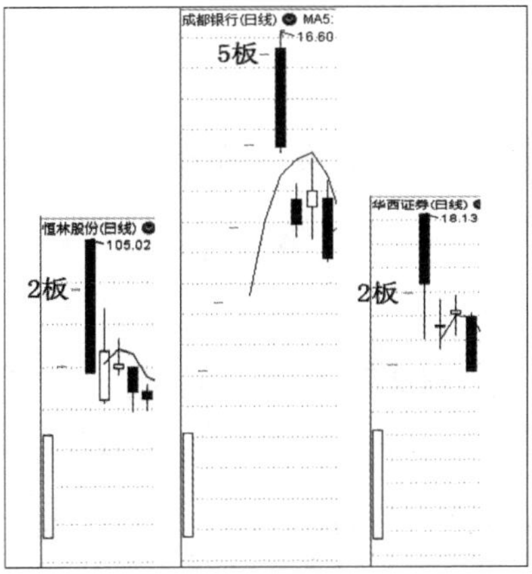

图 4 -25 -2　恒林股份 + 成都银行 + 华西证券

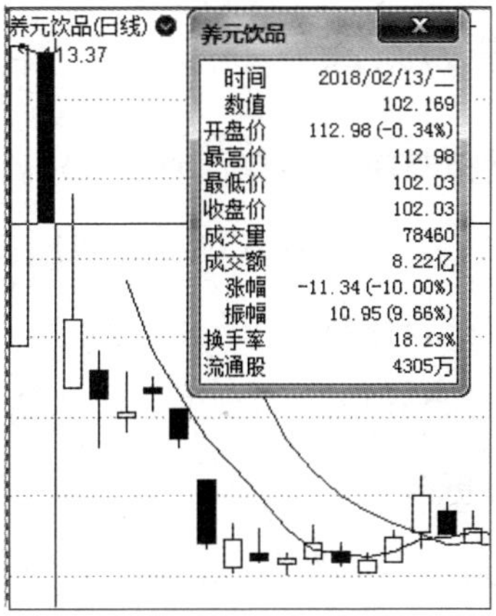

图 4 -25 -3　养元饮品 K 线图

新股 K 线图走出如此这般的造型，是要告诫股民们不要狂炒次新股吗？

养元饮品的股价走势，让人想起华锐风电（601558. SH，现名“ST 锐电”，曾用名“ * ST 锐电”，披星戴帽）。2011 年 1 月 13 日上市，创造了迄今 IPO 最高价。可惜上市首日就下跌，比养元饮品还要惨。复盘看它的 K 线图，走势令人动容啊，如同八字的右半边，股价一度低于 1 元。若无起死回生的超常行动，变身仙股的可能性很大。

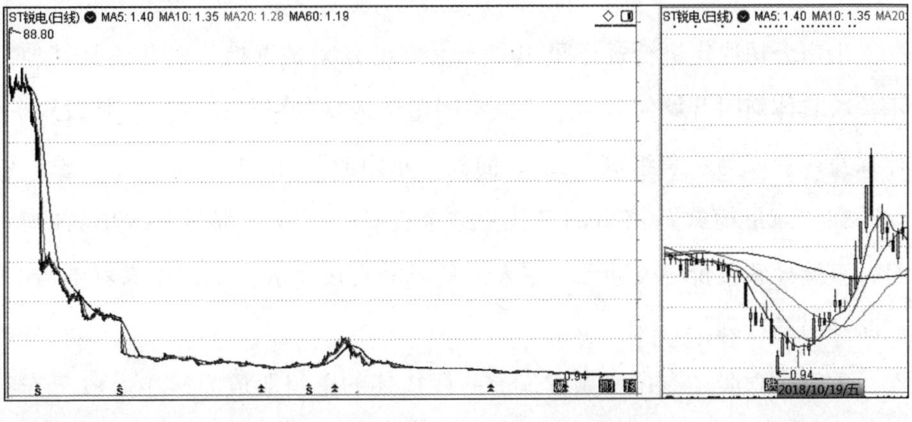

图 4 -25 -4　ST 锐电 K 线图

打新债

债市与股市并存，通常有跷跷板一说，即股市涨债市跌，股市跌债市涨。但是，也有股债双杀或者股债双飞的局面出现。打新股那么受欢迎，有没有打新债呢？

有。2017年9月25日，东方雨虹（002271）的可转债上市。以后陆续上市更多。

与打新股不同，股民人人皆可参与打新债的游戏，号称“普惠制”。还有其他的不同：（1）全仓参与，不必担心总价太高钱不够买，中两签的可能性都微乎其微。（2）下单时不用看价格，定价100元。（3）通常建议上市当日卖出，大约赚20%。（4）很快出现上市当日破发导致亏损的情况。于是，机构喊话要买优质公司的债券，大部分股民打新债的热情被一瓢冷水浇灭。

26 重组概念股、影子股

上市公司决定进行资产重组，无论重组方案是置换、兼并还是其他，不关心具体何时开始何时结束，也不问重组成功的可行性大小，其股票一律摇身一变成为“重组概念股”，简称“重组股”“重组票”。

在“三最模式”流行的年代，这个摇身一变几乎都是一次华丽的转身，直接导致股价一飞冲天，原来是乌鸦的直接变成凤凰，原来就不错的就跻身白马行列。

重组概念股还有广义版本。上一段描述的重组股成为“中心股”，与它有关的股票都被重组光环加持，真是见者有份，利益均沾。例如2018年

1 月初，随着江南嘉捷（601313. SH）重组方案的披露[①]，A 股市场马上开启了一轮炒作广义重组股的浪潮，间接持有奇虎 360 公司股权的天业股份（600807. SH）也跟涨。

某股票 IPO 或者重组了，买它们已经来不及，怎么办？一人得道，鸡犬升天，我买它的关系户。这些关系户中的上市公司，它们的股票就是影子股。例如前段所述天业股份。再如 2015 年上市的江苏银行（600919. SH），其影子股主要有三个：华泰证券（600308. SH）持有该银行6. 4 亿股，以 6. 16% 的持股比例高居第三大股东之位；华西股份（000936. SH）持有 2. 49 亿股；苏宁云商（002024. SZ）则持有 1. 5 亿股。

27 大小非解禁、解禁魔咒

根据股市的基本规定，公司上市以后，股票并非一次性全部进入市场流通，会有一部分股票暂时被禁止入市流通，就叫“非流通股”或“限售股”，简称“非”。按照“非”的数量又分为“大非”和“小非”（小部分非流通股，占总股本 5% 以内），合称“大小非”。

大小非迟早要上市流通的，解除禁止就是“解禁”。

流通股占总股本多大比例有规定吗？似乎没有。那就有可能解禁的时候，一大拨股票要涌入市场，造成抛售压力，导致股价下跌甚至大跌。

还有一种情况就是，单只股票解禁数量不算巨大，但是一段时间内大量的个股解禁形成解禁大潮，也会对 A 股市场造成冲击。比如 2017 年 12 月、2018 年 1 月，A 股近两年以来最大规模的解禁潮来临，市场担心解禁

① 奇虎 360 借壳江南嘉捷回归 A 股。

导致“达摩克利斯之剑”掉下来，而这样的心理预期往往又加剧了解禁股股价下滑，事实上，不少解禁股股价闪崩。有人把这种现象称为“解禁魔咒”。

28 大蓝筹

蓝筹股究竟是什么？没有什么硬性规定，也没有量化指标，通常是指绩优股、大盘股、活跃股、股息高分红多、在所属行业占有重要支配性地位，甚至拥有定价权。

为什么叫蓝筹（blue chips）呢？因为西方世界的赌场里常有 3 种颜色的筹码，蓝色筹码最值钱，于是脑洞大开的股民创造了“蓝筹股”一词，迅速风靡开来。

大蓝筹就是一线蓝筹股。在“三最模式”大行其道之时，价值投资者免不了长期套牢，因为他们投资的常常是大蓝筹。耐心不好、定力不够的投资者因为一再败走麦城，气愤不过，骂大蓝筹为“大烂臭”。

2017 年以后，这个现象逐步改变，不但大蓝筹涨得好，二线蓝筹也涨得不错，不少白马股从蓝筹领域成长起来。最为亮眼的就是“漂亮 50”指数中的股票。

牛市来临，或者板块轮动到风口的时候，大蓝筹也连续上涨甚至涨停，比如 2014 年 7 月到 2015 年 5 月的牛市中，“中字头”大蓝筹一路高歌成为“飞天大象”。2018 年 1 月，银行股、地产股大涨、普涨，号称“宇宙行”的工商银行单日涨幅可达 7%，建设银行股价大涨，市值离工商银行只差一个涨停的距离。万科 A 涨停的记录也不少。

魔力神侃

大蓝筹就是大盘蓝筹股吗？可以这样理解，还可以说是一线蓝筹股。因为只要有排名就有先后，有比较就有伤害。同为蓝筹股，质地还是有区别的，于是有了一线、二线蓝筹的说法。

除此之外，还可以理解成大蓝筹就是蓝筹股的统称，“大”字在这里无实意，是虚指，是爱称。

看官说既然它这么好，肯定是人见人爱了？那倒未必，风水轮流转，板块轮动到其他地方的时候，白马也深蹲，蓝筹也难而且愁啊。

29 铁公鸡中的战斗机、高送转游戏

按照股市基本制度，上市公司每年要出报表，汇报一年来的经营情况，赚了钱的要分红，形式上有派现、配股、送股等多种。与之对应，股民按业绩好坏把股票分为绩优股和垃圾股，或者高股息票、低股息票。分红的实操，专业名词叫“除权除息”，相关的词语一大把，尚未除权的叫“含权”，除权之后开始填权，K 线图分为前复权、后复权和不复权，等等。由于这些词汇在网上很容易搜索到关键词解释，就不在这里展开了。

从不派现的“铁公鸡”

股民必须面对一个残酷的事实，那就是截至 2016 年中期，沪深两市共有 120 多家公司，从上市以来就一毛不拔——真的 1 毛钱分红都没有。

据《证券日报》记者整理同花顺统计数据发现，上市超过 20 年从未

现金分红的有 21 家。另有媒体称，上市超过 10 年从未现金分红的有 36 家。不分年龄，不论资排辈，有这些公司：金杯汽车（25 年不分红，号称"铁公鸡"中的"战斗机"）、中毅达、＊ST 紫学、平潭发展、天海投资、中国天楹、山东路桥、＊ST 东海 A、S＊ST 前锋、通策医疗、襄阳轴承、浪莎股份、园城黄金、国农科技、东安动力、海王生物，等等。

据说有些公司不是管理层想"铁"，而是实在无红可分，股民怒问：为什么不退市？凭什么赖在那里？更可恨的是很多公司并不穷，山东路桥、中国天楹等 5 家公司还比较富裕，业绩良好，未分配利润超亿元！还有 8 家公司分红为零，却继续在市场上募集资金，例如天海投资、平潭发展、中国天楹等。

股民问这些"铁公鸡"栖息哪里？根据万德数据统计显示，截至 2017 年 4 月 10 日，A 股市场 3175 家上市公司中分红率（统计包括了发布 2016 年度利润分配预案的公司）为 0 的公司有 125 家，剔除 2015 年到 2017 年 4 月 10 日上市的 90 家公司后，分红率为 0 的公司仍有 35 家，其中 20 只栖息上交所主板，15 只栖息深交所中小板，代表科技的创业板很赞，一只也没有！

"耍流氓"

证监会刘主席提出："从整体看，如果上市公司不给股东现金分红，对这家公司的股票买卖基本上就会变成一个击鼓传花的投机游戏。"笔者非常同意这句话，不信你看看它们分红不派现的方案是什么？10 送 30。什么意思？每 10 股送 30 股。方案出台后，股价闻风而涨，有些可以收获 N 个涨停。这就是曾经的高送转概念，市场的热门，炒了又炒，股民仍然乐此不疲——他们都在用广东话念"投资"二字，就是刘主席说的"投机"。

于是有人仿照某种流行文体说，"只送股不派现的分红方案都是耍流氓"。为什么？送股只会让股票的数量增加，股价按比例摊薄，10 股 ×1

元 = 10 元，每 10 送 30 股合计 40 股，40 股 × 0.25 元 = 10 元，增值了吗？没有。再说了，所有股东同股同权，10 送 30 的方案都能享有，又不是你一人独享。跟配股还不一样，配股有人参与有人放弃，送股不需要你同意就执行了。这不是纯粹的数字游戏吗？朝三暮四或者朝四暮三，这是把咱们广大股民当猴耍呀。不派现只送股的公司都在炒概念“耍流氓”，这话说得很对！

炮轰

这些上市公司为什么不分红或者分红不派现？跟监管制度缺失有关系。怎么治它们？有分析师发布研报称，未来或将考虑定向增发与现金分红条件挂钩。这算是一个很不错的探索。证监会也表示将通过约谈、专项检查等方式督促上市公司落实现金分红承诺，同时，“在对公开发行证券设置现金分红条件的基础上，研究对非公开发行股票设置现金分红条件，强化监管约束”。

2017 年 4 月 8 日星期六，时任证监会主席的刘士余先生炮轰“铁公鸡”，剑指上市公司中那些十多年都没有现金分红的，痛批“全世界都没有”的“10 送 30”高送转现象。随后 4 月 10 日星期一大盘下跌 0.52%，高送转和次新股出现大面积跌停潮。高送转炒作就此淡出江湖。

30　分红王

除了铁公鸡，A 股也有分红王。据统计，有 14 家公司自上市以来分红率超过 90%，世嘉科技（002796.SZ）以 219% 的分红率居首。

数据还显示，连续 20 年分红的上市企业有 10 家：深科技、大冷股份、万科A、佛山照明、南京新百、云南白药、粤电力A、深赤湾A、豫园商城、申能股份。

从股息率来看，从2006年到2015年，10年平均股息率超过2%的上市公司有108家，其中，超过5%的3只绩优股分别是大秦铁路、中材国际、格力电器。超过4%的就更多了，有兰花科创、双良节能、中国银行、工商银行、盘江股份、福田汽车、宝钢股份、双汇发展、中国石化、铜陵有色、新安股份、福建高速。

魔力补充

舍得给股东分红的企业，笔者印象深刻的有格力电器。

2017年7月4日格力电器（000651.SZ）分红，每10股派现金18元。当时股价40元上下。如果按照股价比例来算，号称A股一哥的贵州茅台（600519.SH）岂不应该每10股派现金200元？事实上茅台的分红预案是每10股派现金67.87元，只有格力电器分红的三分之一！如此看来，"分红王"的桂冠，送给格力电器吗？跟本节开头的世嘉科技相比，谁是第一谁是第二？股民老张说，没关系，并列第一最好！反正两只股我都买。

根据股民的习惯，有了行业龙头，还要有细分龙头，于是"分红王"的称号也要按行业、按区域、按板块、按其他方式来"划片选举"。例如，汽车板块的分红王当属福耀玻璃（600660.SH）。此外，华域汽车、潍柴动力、宁波高发、浙江仙通等企业也出手阔绰。数据显示，福耀玻璃2016年净利润为31.4亿元，同比增长20.68%，公司推出0.75元/股的方案派发股息，共计现金分红18.8亿元，占净利润的比例为59.84%，够高了。不仅如此，该公司一直保持着高比例分红的传统，连续7年的派现比例超过50%。

31 横有多长竖有多高、盘久必跌

这两句是技术型股民的口头禅，有人称为股市谚语。谚语都是经验之谈，那么，这两句经过验证没有？魔力哥笑曰，这两句在形式上相互矛盾，不好说哪一句是正确的。“盘久必跌”是说大盘或者个股横盘一段时间后必然支撑不住，要下跌；而“横有多长竖有多高”却说要上涨，并且从日K线图的屏幕显示来看，指数（股价）的上涨高度约等于大盘（个股）横盘的时间长度。换言之，横盘越久，涨得越高。

看官说，这个显然不对嘛，上涨高度是百分比或者具体金额，横盘时间在日K线图上显示为天数，这两个参数的量纲都不同，怎么比？

且听股民老张的说法：从大盘5次底部的筑底时间可以看出，横盘整理的时间越长，后期的涨幅就越大。股民老李又说，横盘时间长，庄家吸筹充分，整理到位，控盘越充分，未来的拉升就越迅猛。

另一方面，“盘久必跌”分为两种情况，第一种是高位横盘，即股价被大幅拉升后主力通过横盘派发出货，如果出货速度慢，横盘时间就较长，可以保证出货价格相对较高。派发完毕就该下跌了。偶尔也会出现大盘行情好，主力二次拉升的情况，不过这种情形很少遇到。第二种是下跌中横盘，表现为平台期较长。

究竟横盘之后是涨是跌？要看情况，没有定数。

32 一波更比一波高（低）

指数或者个股、K 线图或者分时图，都能清晰地看见上升走势中，一波更比一波高，下跌走势中当然就反过来了。这里的"波"跟波浪理论的第 N"浪"不同，波浪理论对"浪"有明确的定义，不达标的波形不能叫作第 N 浪的浪，只能在口头上这么说。

股市如海，只要不被冰冻，就有涟漪、细浪、大浪甚至巨浪、水墙。一波更比一波高时，持股者欢欣鼓舞，抓住主升浪者更可能手舞足蹈，宣称要大宴宾客；一浪更比一浪低时，持股者就要脸比苦瓜长。加杠杆的投资（机）者，一旦被强行平仓，或者遭遇退市股，血本无归，或者遭遇股灾，股价连续暴跌，比腰斩还要惨，那就叫"一夜回到解放前"了。

投资者该怎么做？顺势而为。如何顺势？先识别、先认知。然后该怎么做就怎么做，必要时壮士断腕，丢车保帅。这里面的哲学太深刻，值得投资者终身学习、领悟、运用、总结。

33 全民炒股、遍地股神

曾几何时，有过这样一种景象：全民炒股，广场舞大妈大爷也炒股，菜市场商贩也有消息，公司前台小妹兼职荐股，绝大部分人买了股票就赚钱，K 线图一片红色的蜡烛森林，"股神"遍地。这时候直播界的美女较少，股评师很多，走低俗娱乐路线的较少，"跟着我赚钱"的财经主播很多。

笔者只想说，在全民炒股、股神遍地的情况下，资深股民就应该高位退场了。重要的参考数据是：新股民开户数量和增长速度。访问中证登公司的官网，就能查到新开户数据。

34 黄金坑、黑洞

黄金坑是指股指或股价快速下跌，然后盘整一段时间，再快速上升，日 K 线图上呈现盆地的模样，被股民称为“黄金坑”。例如百元裤业(002640. SZ，现名“跨境通”)，从 2013 年 12 月到 2014 年 7 月，日 K 线图的造型酷似一个黄金坑。

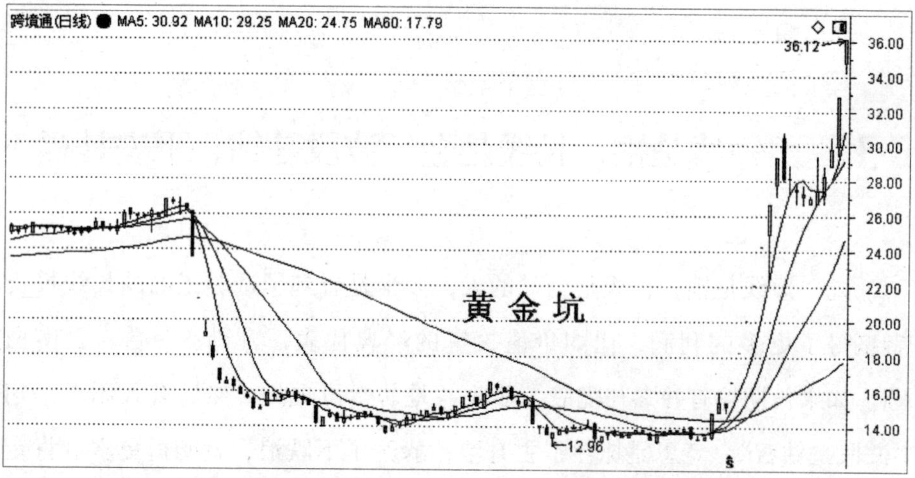

图 4－34－1　百元裤业日 K 线图（2013 年 12 月—2014 年 7 月）

通常有人在分析行情的时候使用“砸出黄金坑”这样的说法，意思是看好后市，认为会快速上涨，走出盆底。但是在坑底的时候，人们怎么知道当时处于黄金坑的底部呢？难，很难。类似情况还有上文所说的“横有多长竖有多高”与“盘久必跌”。假设现在已经横盘了一段时间，下一步是跌是涨，谁说得清？

股民常说的"黑洞"，则指的是成交量的缺口。具体是说大盘或者个股量价齐升一段时间以后，出现缩量滞涨，成交量柱体不断缩短，与 5 日均量线、60 日均量线之间形成明显的空穴。由于"高位缩量"常常是资金撤退的信号，意味着股价就要下跌，所以这样的成交量明显减少导致的缺口被称为"黑洞"。

魔力神侃

物理学中的黑洞吸引力之强大，连光线都不能反射出来，一旦遇上就完蛋，所以股市的黑洞一旦被发现，就要三十六计走为上计。惹不起躲得起，赶快跑！

35 短线是银、长线是金、波段是钻、平安是福

说"短线是银，长线是金"的人，多半是看到了选股正确的长线投资者赢得了更多的利润，比如价值投资的经典代表，万科、茅台、云南白药。如果长期持有并参与配股，那收益是非常可观的。然后有人添上一句"波段是钻石"，意思是抓住了主升浪，躲开了下跌浪，就赚得更多。肯定有人唱反调不同意这些说法，最具杀伤力的就是：如果压箱底的股票退市了怎么办，找谁哭去？在他们看来，长短不重要，能力最重要。什么能力？识别能力、操作能力、管控能力。管不住自己的人，配资炒股，一朝被强平的话就全盘皆输，于是又有人添上一句"平安是福"。

魔力神侃

现实生活中，很多人不擅长做短线，说技术不好，看不准，因此不敢下手。然而，更多的人不擅长做长线，心里没谱拿不稳，一个震仓就被抖落在地上。可是躺在地上不会摔倒，又不符合股民的基本身份——没追求的话何必当股民？那就要多看、多学、多练习、多总结，严肃版和轻松版都需要，前者中规中矩，后者寓教于乐，让你明明白白。

第五章

"韭菜"收割机

"新来的"总是要付出，股民称为"交学费"。"新韭菜"要学习如何炒股赚钱，就更要态度端正地交学费了。问题是，把学费交给谁？交多少？有标准有行规吗？能不能少交点？把学费交给市场，一次性上缴大额或者高比例的学费，例如本金巨亏超过50%，资深股民笑称他们遇上了"韭菜收割机"。

遭遇"收割机"是不是"韭菜"们心甘情愿的？本章各小节以及此前提及的人性弱点，庄家对人性弱点的充分利用，股民的自我修炼，或曰自我安慰、自我疗伤、自我成长，都足以映射出一个我们可能早已闯入却不太愿意承认的心理怪圈："韭菜"们被收割，好些时候都是以志愿者的身份出现的。

但愿你不是。

然而，正确的判断来源于正确的认知，精准的判断源于精准的认知和快速的“运算”。看别人的故事长自己的见识，在娱乐中学会或者强化识别风险与处理风险的能力，正是本书的目的。

01 博傻

博傻 = 搏杀 + 傻瓜 ≈ 傻瓜之间的博弈（搏斗 + 对弈）。在投资界，经常指的是市场参与者在明知其投资（投机）产品价格已被高估的情况下，知道现在买入的是“烫手山芋”，自己都知道比较“傻”，但仍然买入或者更多地买入，认为还会有更“傻”的人以更高的价格来接盘，从而让自己解套或者盈利。这样的市场心理和行为都叫“博傻”。

博傻理论能够成立，博傻游戏能够实操，必须有个前提或者假设：不论我为它（某个投机品）付出的价格有多高，甚至高到自己都觉得有点愚蠢的地步，都会有人比我更傻，认为还没有见顶、仍然有利可图，因而愿意付出更高的价格来买走我手上的它。

换言之，山外有山、顶上有顶，谁也不知道何时见顶，市场的参与者都在赌：总有人会来接盘。

除了典型的庞氏骗局和灰色地带的投机行为被普遍认为是在博傻以外，还有人认为 A 股股民们玩的其实也是博傻。特别是不认可 A 股具有投资价值的人，他们认为股民平时博傻（比赛谁更傻），遭遇黑天鹅以后就比惨（比比谁更惨），因此不必怜悯。

股民们不同意这个说法，他们说，股民有感性的也有理性的，博傻行为也分为感性博傻和理性博傻。前者在行动时并不清晰地知道自己已经进入一场博傻游戏，对游戏的规则没有深刻认识，对结局更只有好的预测。后者则清楚地知道规则和结局，只是相信他理解人性弱点，分析当前态势后认为一定有更多更傻的投资者会参与这个游戏，因此才投入可控的少量资金并设定了止盈止损线，认为自己能够遵守止盈止损纪律，能够接受可能发生的最大损失，玩的就是"配置"，在资产配置、组合拳、应对方案、天时地利人和、独有算法等等知识技能的指导下"赌一把"。

魔力神侃

没有最傻，只有更傻？问题是你能精准度量自己和别人的"傻瓜分值"孰高孰低吗？

行情一涨再涨时，总有人经不住诱惑、耐不住寂寞，要突破此前设定的界限，变成股民。这时候通常已经是全民炒股、遍地"股神"的火爆行情了。理性博傻的股民已经感觉到价位很高即将到顶，只是想在撤离之前多捡点钱。这时候山雨欲来风满楼，感性博傻者还觉得风吹得很凉爽。

博傻约等于刀口舔血。非高手建议远离不碰。魔力哥把这一节放在"'韭菜'收割机"的最前方，你也该懂得我的意思才好。

02 "老千股""仙股"

港股的"土特产"

"老千股"曾经是香港股市的"土特产"，市场上经常出现图 5－2－1 所示的循环操作。

"老千股"的主要特点是连年亏损。

操作上，出老千的手法经常是：通过关联交易、买货退货、以不合理的价格收购等手段财务造假（未必是在报表上造假），转移公司资产，配合庄家操纵股价，吸引散户买入，不断骗取散户财富，特别是不熟悉港股制度的内地投资者，当然，股民中的"菜鸟""新韭菜"也不会放过。

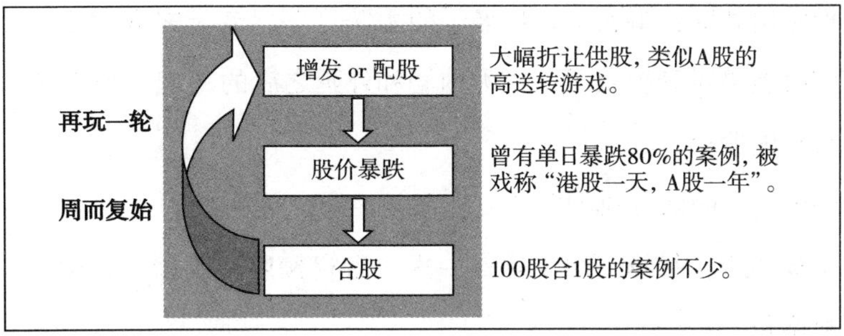

图 5-2-1 “老千股”常见操作循环示意图

“老千股”的手法恶毒。历史数据显示，散户一旦被他们的财技吸引，或者被超低股价和低 PE 蒙住双眼而买中了“老千股”，被套之后就越套越牢、越陷越深，可以说是永无解套之日，直到变成“仙股”，本金损失接近 100%。

怎样识别“老千股”？交易量极小，基本甚至永不分红，却年年根据宽松规则到股市圈钱。虽然有这些特征的股不等于“老千股”，但请高度警惕。

在 A 股市场，股民把股价低于 1 元的票叫作“仙股”。现行退市制度规定，如果连续 20 个交易日股价低于 1 元，将被强制退市。因为面值问题退市而“位列仙班”的，除了前已述及的中宏股份，还有这 14 家：*ST 猴王、*ST 龙科、*ST 数码、S*ST 国瓷、*ST 华圣、*ST 中川、S*ST 拓普、S*ST 金荔、S*ST 佳纸、退市长油、*ST 哈慈、*ST 大菲、*ST 达曼、S*ST 精密。其中退市长油很特别，2019 年 1 月重新上市，因为它退市后苦练内功，剥离不良资产，转型升级，业绩向好，符合重新上市的条件。

A 股有没有老千

近几年有“A 股港股化”一说，“老千股”会不会被 A 股引进，吸收消化，推陈出新呢？事实上，出老千的手法很多，老千之魂北上之后，因地制宜与时俱进玩升级版了。扩大内涵和外延之后的"老千股"简言之就是骗人钱财的股票。

A股出老千的两种典型手法：非常规融资、关联交易。

非常规融资：每隔一两年融资一次，融资额度逐次增加，但公司业绩没有明显增长。

在重组概念股炒作成风的时间段，股价高涨、PE高企，该上市公司却不现金分红或极少。另一方面，大股东却常常高位减持，减持方式可以是二级市场直接卖出、大宗交易、股权质押。最后一步，不是积极经营公司提高业绩，而是积极准备卖壳。至于有些公司上市后业绩就变脸，主要股东把资产转移到海外，大肆买豪宅、买游艇、买包包，就不必多讲了。

关联交易：上市公司高价收购其大股东或者利益关联方持有的劣质资产，或者将优质资产低价卖给大股东及利益关联方。这种"低买高卖"当然会损公肥私，损害公司利益也就是损害股东的利益，而众多的小散只能看着，除了卖掉这只股，别无选择。做个不赚不卖的死多头，坚决捂股待涨？机会恐怕难得。

03 追涨杀跌

小散惯用手法

庄家有"天龙八部"，小散也有本群体常用的"手法"，追涨杀跌就是其中的典型。虽然经常被股评师们建议不要这样做，但庄家们非常喜欢，功力不够的小散们也欲罢不能，因为人性的两个最基本的弱点：贪婪让我追涨，恐惧让我杀跌。

众人的追涨杀跌操作具有显著的放大作用，追涨者助推涨势，杀跌者助推跌势。人多力量大。其实是资金的力量。好比火借风威，风助火势。

散户该如何应对呢？炒股就是在修炼，就要识别并控制贪婪与恐惧，追涨以后要择机撤退，留住利润；杀跌之后要留意再次进场买入的机会。

追涨杀跌另解：右侧交易，顺势而为

常说追涨杀跌不可取，是跟风从众无主见的操作，是小散行径。但事物都有两面性，高手主动运用追涨杀跌这一招，却成了“右侧交易法”，形象地说就是，在最低点的右侧买入，在最高点的右侧卖出。

换个说法叫“顺势而为”：等下跌趋势已经反转、上涨趋势已经形成或大概率即将形成以后再买入，防止买早了遭遇横盘时间太长浪费时间，或者防止抄底抄在半山腰，力争做到抓住主升浪，“吃最肥的一段”；等上升趋势已经反转、下跌趋势已经形成或即将形成以后再卖出，滞后逃顶，以防被震仓抖落，被洗盘洗掉，防止踏空。

然而在实际的交易过程中，除非电脑下单的程序交易，股民老张们很难做到“该怎么做就怎么做”，常常雾里看花，还要被侥幸心理支配，以至于该追不敢追，该割不敢割。因为预判趋势历来是个难题，很多股民连“浪”都数不清楚，更何谈准确判断趋势？如果顺势而为有那么容易的话，哪有什么满仓踏空，哪有什么深套无解，稍加努力即成“股神”，炒股太容易之后，股市的吸引力就小多了。

图 5-3-1　破五卖出法、右侧交易法示意图

04　配资炒股、融资融券、场外配资

借钱炒股，加杠杆

所谓"配资炒股"，是指股民与资金方（常用名"配资公司"，可能是证券公司，更大可能是场外配资机构）签订协议，上交一定数额的保证金到配资公司指定的股票账号里，就能按约定的杠杆比例获得配资，常见 1∶3 或 1∶5，最高可达 1∶10 即十倍杠杆操作。例如，存 10 万元保证金，获得 100 万元配资（也就是借钱 100 万元），股民可以操盘的资金达到 110 万元，如果他全仓操作的话，以前赚 10%，现在就可以赚 110%。

通常，为了管控风险，配资机构与接受配资的股民签订的协议中必然有以下三种条款：

①限定条款，规定配资资金只能用于炒股，且很可能对可操作的股票品种有一定的限制。

②收益与责任分配条款，收益和亏损全部归配资的股民，但配资账户的密码由该股民和配资机构共同管理。

③止损条款。设置一个平仓线或曰止损线。一旦亏损，先亏的是股民预缴的保证金，当保证金余额达到某个红线值，如30%时，配资机构就会要求股民补足保证金。

如果股民没钱补足，配资机构就会强制平仓，卖出该股民持有的股票止损（别忘了他们有账号密码）。为了保证成交，平仓时的卖单都是低价单，甚至不惜以跌停板价格卖出（又不是他们的钱，无须心痛）。配资的股民的损失被放大，而且几乎没有东山再起的机会，除非他另有资金来源，从头再来。

这就是我为什么一再不建议配资炒股的原因，够不够直白？

小心杠杆断裂造成严重事故

借钱炒股的形式有：①融资买入做多；②融券卖出做空；③配资炒股；④从亲友那里借钱来炒股；④刷信用卡炒股；⑤贷款炒股；⑥若是机构，方式更多。

不管哪种方式，共同特征都是借钱/举债然后投资到高风险的股市，这是典型的激进派、高杠杆行为，通常都不建议这样做。除非该股民（这时候更倾向于说他是投机者）能够准确预判走势，或者他自以为预判准确，或者认为自己已经把投资心态调整成“愿赌服输”状态并且有可行的应对方案，有足够的风险承担能力。一旦加杠杆操作成功，收益就会显著增加，收益率显著提高或曰放大。

试问谁能控制贪欲，谁不喜欢赚得更多更欢畅？所以才有那么多人愿意打赌：小赌者选择融资买入或借钱炒股；大赌者选择融券卖出或贷款炒股；豪赌者就要选择配资炒股或刷信用卡炒股。

无论小赌大赌豪赌，都要小心杠杆断裂造成事故，尤其是豪赌客，他的杠杆一旦断裂就会酿成非死即伤的重大事故。而杠杆断裂的原因可能来自内部，杠杆材质不好（配资机构喊增加保证金时拿不出钱来）；也可能来自外部，监管部门要求降杠杆、强制降杠杆，比如 2015 年 9 月集中清理场外配资。

魔力神侃

西方经济学中有很多的假设。加杠杆的人，也有一条或好几条假设作为他的大前提，无论他是否意识到这些假设的存在，那些没有被意识到的假设，其实就是“默认值”。

比如他假设“杠杆总是有效”，形式上只有一个假设，实际上却包含了两个，首先假设杠杆不断裂，其次假设杠杆加长以后仍然有效。可是实际情况如何呢？材料学告诉我们任何材料都会疲劳，天下就没有不断裂的杠杆；行情下跌特别是意料之外的暴跌发生，触及强平条件之前，如果不能补充保证金，杠杆马上就要啪的一声，断成几截不重要，因为结果都一样。

05 高山滑雪、高台跳水

跳水：指股指或个股股价迅速下跌，且跌幅很大。更大的跌幅、更急的直线式下跌，则美称“高台跳水”或“高山滑雪”。如果反弹回升，则又被叫作“过山车”。如果没有反弹，则丑名“坐跳楼机”或者“闪崩”，瞬间崩溃，快如闪电。

为什么不是坐电梯？因为电梯是双向运动的，可以比喻快速下跌也可以比喻快速上涨。跳楼机虽然也要慢慢升上去，但玩这个游戏的人要体验的就是猛然下跌。

在多长时间内下跌多大幅度才叫跳水？没有定量描述，个人建议：一个交易日内，大盘跌幅超过1%，个股股价跌幅超过5%，不必拘泥。

通常，大盘跳水的原因常常是恐慌性抛盘并发踩踏，个股闪崩的原因则可能是风险累积太多，当最后一根稻草飘来的时候，它就轰然倒下了。

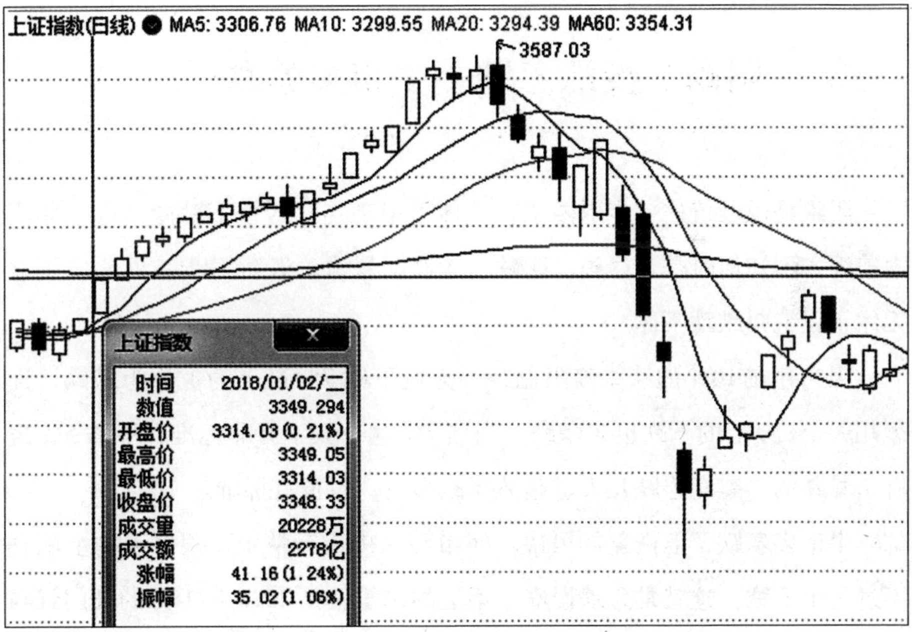

图5-5-1 2018年1—2月沪指K线图

“高台跳水”是恶庄的出货手法之一，最具杀伤力的武器之一。如果接盘的散户多，庄家会毫不客气地尽数抛出；若行情不好、散户谨慎，庄家就会第二天再来个猛跌甚至跌停，总之要把手上的筹码出尽为止。看官可能问庄家何不拉抬出货，多赚点？那是因为：

①人性本贪，看到股价跌得多了，按照概率论，总有一些人会贪便宜而抄底。

②结合这只股的特点、团队的操盘习惯。

③已经获利 2 倍甚至更多，不怕下跌。

于是选择跳水出货。

应对建议：基本面不过硬、质地不够好的股，持股的散户要坚决抛掉，持币者则应多看少动，最好只看不动，小心抄底抄在半山腰。

06 阴跌、慢涨急跌、牛市多暴跌

阴跌是说股价进一步退两步，整体上呈现连续缓慢下跌的情况，如阴雨连绵，不知何时是个尽头。阴跌、大跌、暴跌，股价一步三回头、下跌无休止，就叫跌跌不休。

因为存在 10% 的涨跌停限制，一天内下跌 7% 以上的被称为暴跌，连续几天 3% 以上的下跌也叫暴跌。当然 7% 这个数字并非标准，下跌 5% 也有叫暴跌的；究竟连跌几天、整体下跌多少，也没有标准。

牛市多暴跌，但恢复得很快。熊市和牛皮市行情中，很多天的上涨顶不过一个下跌，这就是急跌慢涨。不远的例子就是 2018 年 1 月的开门红与股灾。踩准节奏的股民赚得不错，不要求盆满钵满，年化 50% 以上的收益，很不错了。但是，观望太久、在慢涨的尾部才进场的，就很容易被急跌吓退，割肉了结。

07　深套无解、割肉、斩仓

套牢：预期股价上涨而买入股票，结果股价却下跌，又不甘心将股票卖出，被动等待获利时机的出现。

越套越深，以至于深套无解，是怎样形成的？一是不识，二是不舍。对下跌趋势没有清晰的认识，心存侥幸；对庄家编织的技术骗线基本没有认知，遭遇诱多；或者知道有问题，但是怕痛舍不得割肉，被迫变成死多头，不赚不卖。

所以，“割肉”这个说法值得商榷，一个训练有素的投资者应该摒弃割肉的概念，更不该有怕痛的担心，而应该考虑操作方案、应对措施，力争做到操作可量化，理念可复制。这样一来，就可以追求胜率超过60%。一旦某个方案经多次验证后胜率超过六成，可以继续；超过七成，值得推广；超过八成，值得大书特书。

如果抛弃了忸怩和不舍，拥有练达的投资思维，该买该卖未必清晰，但都是无须后悔的，做错了不过是胜率七成之外的30%中的一次记录而已。这种情况下，所谓斩仓，不过是壮士断腕，另起炉灶而已。正如刘欢老师的歌所唱：不过是从头再来。

08 跌停板买入

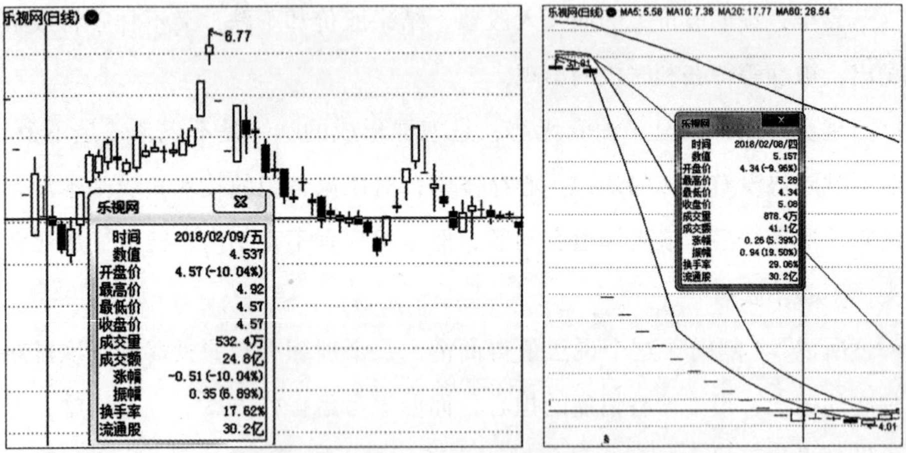

图 5-8-1 乐视网复牌前后的 K 线图

2018 年 1 月 24 日，乐视网（300104. SZ）复牌，随后走出连续 11 个一字跌停板。2 月 8 日收涨 5.39%，半个涨停。资金龙虎榜数据显示，各路机构资金纷纷撤退，散户们冲进去接盘。随后连续 3 天下跌：10.04%、2.41%、6.73%，累计下跌 18.11%。笔者只想问问，那些趁着机构拉高出货的时候杀进去买货的散户，你们买入的初心是什么？接着连续 3 天下跌 18% 的“洗礼”，被洗的感觉不舒服吧。要说后来摸高 6.77 元，那是事后诸葛啊。

“韭菜”想跟庄，在跌停板上买入，或者趁着跌停板开板“抢反弹”，却在半天之后被“割韭菜”，这样的故事再次印证了那句名言，“历史不会重复，但会高度相似”。股民朋友可参考当年的重庆啤酒和 ST 中安。后者在连续 17 个跌停后开板，很多散户涌入买入，可惜第二天继续跌停，以后的走势并没有像重庆啤酒那样触底反弹，而是江河日下，一路寻底，却不知底在哪里。

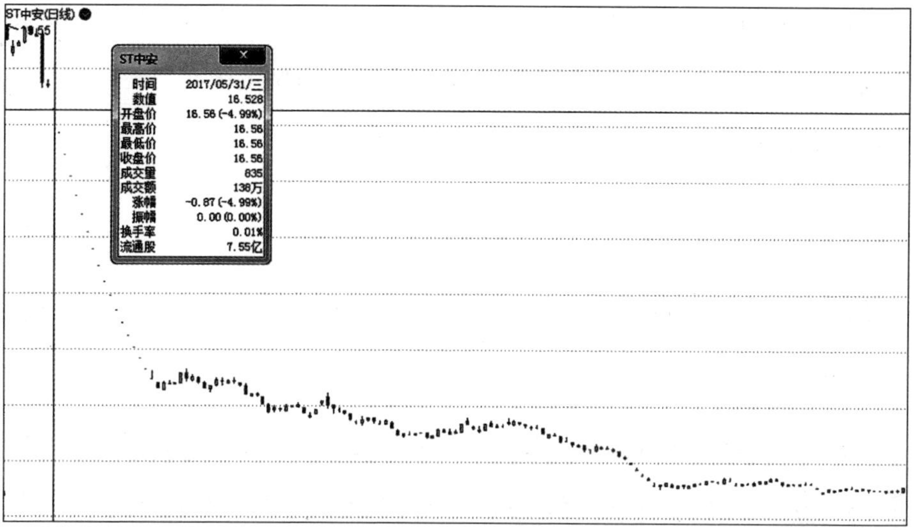

图5-8-2 ＊ST中安2017年股价K线图

有分析认为，撬板资金多为短线博弈资金，往往次日就会获利了结或是止损出局。股民们真的不能再玩刀口舔血了，而要关注公司基本面。

09 抄底抄在半山腰

在我的印象中，资深股民抄底抄在半山腰的典型例子莫过于2015年6、7月间，股市暴跌之后休整一下，反弹一下，很多股民尤其是没有受过6124洗礼的人，抄底去了。可是短暂反弹之后继续暴跌，一跌再跌。

无独有偶，2017年11月27日我在雪球网发帖写道，茅台股价七连跌，罕见罕见但毕竟“见”了，前两天抄底的哥们都抄在腰眼上了。怎么办？比惨。知道还有更惨的人（比如首跌后的第二天逢低买入那些人），心理上就释然了。这还不够的话，回头看看5178点以后的抄底一族。如果说抄底茅台的人抄在腰眼上的话，那时候抄底的人可就抄在肩膀上了。

就没有抄底成功的吗？肯定有。坚持"每天只赚一个点"的人，见好就收的人，在猴市中就可能赚钱并且兑现，在熊市中就未必，在暴跌行情中谁也不能幸免。

10 老鼠仓

解释一，北大宋教授的经典版：老鼠仓是指庄家在用公有资金拉升股价之前，先用自己个人（机构负责人、操盘手及其亲属、关系户）的资金在低位建仓，待用公有资金拉升到高位后，率先卖出个人仓位获利。如有拉升成本高导致亏损，那亏损的一定不是个人自有资金而是公家资金。庄股横行的情况下，庄家内部很容易形成老鼠仓。如果有不赚钱的庄，多半是钱都被老鼠仓赚走了。

解释二：为了坐庄获利，某些主力庄家在拉升股票之前，有选择地"剧透"一部分消息给相关的个人和机构，或者有部分操盘手将消息透露给亲朋好友，让他们在第二天早市甚至集合竞价期间以超低价甚至跌停价挂买单，然后在竞价时或盘中把股价打下去，让预埋单得以成交，再快速拉抬股价。

魔力神侃

这种有计划地打压加拉抬，很少有多日内完成的，相反，持续时间很短，其他散户几乎没有机会成交，只有事后看到，笑谈一下，当时的情形是主力以迅雷不及掩耳之势向下俯冲，瞬间拉起，在分时图上形成很深的 V 形。

甚至交易软件显示了最低价的数值，而分时图上的股价轨迹最低点却比最低值高一些。这种走势表现在日K线图上则是一根长长的下影线，或者一根长阳（以跌停价或接近于跌停价开盘）。

对于这类不属于机构本身的，通过一定关系来实现低价位成交的仓位，俗称“老鼠仓”。碰巧跟上的投资者能够短线获利，享受坐轿子的快乐。长期而言，老鼠仓是典型的损公肥私，损客利己，是偷盗行为。这也是“老鼠仓”名字的由来。

11　一字板＋天量

这是一种特定的技术图形组合，是日K线图与成交量的组合。成交量很大但是股价保持不动，因此一字板不破。典型案例是新都退（000033. SZ，已退市。曾用名新都酒店）。当时的新都酒店因为资产重组概念收获了十多个一字涨停板，这一点也不奇怪，但奇怪的是成交量逐渐放大，到了2015年4月29日停牌前的最后一个交易日，交易量突然放大数倍，VOL图中，擎天一柱十分显眼。老股民都很惊讶，一字板行情中怎么可能有这么大的交易量？手上有票的散户会卖出吗？可能有，但数量极少。

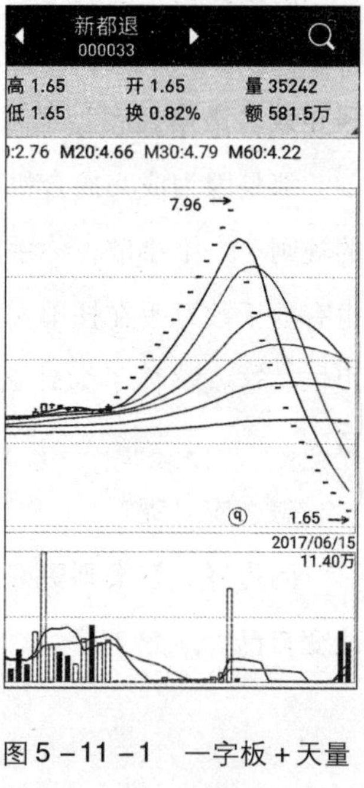

图5－11－1　一字板＋天量

交易量巨大，问题是谁在卖出？提前掌

握了某种消息吗？事后诸葛都知道了，新都酒店被黑天鹅撞个满怀，被退市。那些舍不得卖出变现、想要再赚几个一字板的人，后来悔到肠子都青了，图 5－11－1 中右侧那一串下行天梯，就是他们的血泪之路。

“技术流韭菜”问，一字板不破究竟是怎么做到的？

老技术说，不奇怪，多个账户、很多人合力操作，一群人挂单，另一群人撤单。就这样，倒腾，懂了吗？

韭菜：这个……

老技术：这个那个，联合收割机不割你割谁呀？

12 申报数量优先

前面提到，遇到问题股票的时候，哪怕进行了夜市委托、提前几个小时挂跌停价，也照样卖不出去，想逃命都跑不掉，为什么？到底是什么原因导致“谦卑到底”也入不了买家的法眼，只有被“关门暴打”的份儿？

那是因为成交撮合机制中虽然有时间优先的规则，还有申报数量优先的规则。一个小散，你手上有几手股？人家可是控盘的人，即使没有控盘也有数千数万手在挂单卖出，人家是大客户。散户？一边玩去吧，我现在很忙。这就解释了为什么股市中踩踏事件发生之时，小散们无法逃命的原因。

怎么应对呢？

问得好。答案则更好，四个字：愿赌服输。改变不了规则，但我可以改变自己。

13 “三高”股

股价处于高位、成交量巨大、换手率高，这样的股票就叫“三高”股。

“三高”是相对而言的，没有量化标准，比如换手率超过百分之多少才叫“高换手”？要看具体的个股，跟它的总股本、流动股本有关系，还跟控盘高低有关系，跟股性有关系。但有一点是确定的，“机会是跌出来的，风险是涨出来的”，股价高企就有调整的需要。其实成交量大、换手率高，就意味着多空双方的分歧也大，很多人要买入，很多人要卖掉，交易的人多、次数多，才有交易量的堆积，才能推高换手率。

那么，“三高”股的“命运”通常是怎样的？多半是暴跌，甚至是闪崩。

14 虚增营收、股民维权

2016 年 12 月 22 日，神马公司发布公告说，收到证监会《行政处罚决定书》。经查明该公司存在以下违法事实：

一、2014 年年度报告虚增营业收入 53.43 亿元。

二、2014 年度关联销售 19.65 亿元和关联采购 44.11 亿元未按规定披露。

三、2015 年半年度报告虚增营业收入 25.12 亿元。

四、2015 年上半年关联销售 12.04 亿元和关联采购 24.38 亿元未按规定披露。

该公司驻河南省。河南证监局随后作出了如下决定：

一、责令神马股份改正，给予警告，并处以 40 万元罚款；

二、对时任董事长王良给予警告，并处以 5 万元罚款；

三、对时任财务总监赵运通、时任副总经理段文亮给予警告，并分别处以 3 万元罚款。

在神马股份 78 亿元业绩造假案受到监管层的处罚后，不少受害股民就已着手维权。2017 年 2 月 21 日，神马股份发布公告称，公司在 2 月 20 日收到郑州市中级人民法院邮寄送达的《应诉通知书》及相关法律文书。

因为爆出虚增营收丑闻被查的公司仍然有，受害股民维权，跟损害他们利益的上市公司打一场集体诉讼的股民也大有人在，本小节仅为其中一例。

15 光大乌龙事件

"摆乌龙"和"乌龙球"之类说法相信大家都比较熟悉了，前者源于广东的一个民间传说。说遭遇大旱的人们求雨，谁知青龙未至乌龙现身，雨没求到，反倒引来了灾难。后来就用"摆乌龙"比喻自讨麻烦。这个说法被引用到足球赛场上，指的是球员误打误撞，将球弄入自家大门，送分给对方，不得不为一时疏忽而付出惨痛的代价。

股票界的"乌龙指"什么意思呢，就是指股票交易员、操盘手、股民在交易的时候，不小心敲错了价格、数量、买卖方向等，自摆乌龙，要受到市场的惩罚：本来要买却卖了，本来要低买高卖，却买高了卖低了；比计划买多了占用了资金，或者股价下跌，账面损失远超预期；或者买少了，看着股价快速上涨，感觉少赚了很多。

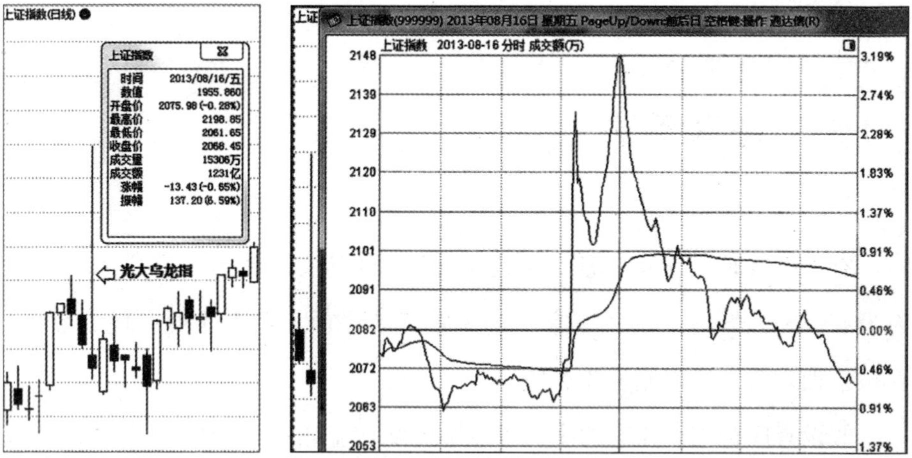

图 5－15－1 上证指数 2013 年 8 月 16 日 K 线图和分时图

2013 年 8 月 16 日上午 11：06 左右，上证指数突然“发疯”，瞬间飙升超过 100 点，最高冲至 2198.85 点，暴涨超 5%；沪深 300 成分股中，71 只股票股价瞬间涨停或触及涨停，其中有 22 只票都是金融股，除了建设银行，其余的银行股全部坐上直升机，涨停或触及涨停。真是稀奇！这需要多大的资金才能完成！

后来发现，本次“秒杀”行情背后没有什么超级利好消息，而是光大证券的“乌龙指”，简单说就是下单的人按错了键，将 1 股按成了 1 手（1 手＝100 股），放大了 100 倍，让交易量随之放大了 100 倍。

据说这次误操作因为光大证券的操盘手不小心自摆乌龙，把模拟盘搞成了实盘。这次乌龙事件中，“光大乌龙指”一共下单 230 亿元，成交 72 亿元，涉及 150 多只股票。按照 8 月 16 日当天的收盘价计算，这次“乌龙一指”的盯市损失大约为 1.94 亿元，将对光大证券 8 月的业绩产生巨大影响。事后，南方基金、泰达宏利基金、申万菱信基金纷纷表示对自己旗下基金持有的光大证券股票估值进行下调，下调幅度超过 10%。8 月 20 日光大证券一开盘就跌停。

16 庄家手法

有人说 A 股"无股不庄，无庄不股"，也有人说 A 股没有庄家。究竟有没有？魔力笑曰，在"庄家"一说被证实之前，我不能说有庄；反之，在被证伪之前，我不能说没有庄。

假设有庄存在，庄家的手法可以被比喻成金庸小说中的武功"天龙八部"：①吸筹、②拉抬、③打压、④试盘、⑤震仓、⑥诱多、⑦洗盘/砸盘、⑧出货/派发，排名不分先后。为了配合进攻，吹鼓手是必要的角色。如果信了这些吹鼓手的话，按他们的意图操作了，结果都是给庄家抬轿子，因此他们被戏称为股市"黑嘴"。

黑嘴、饵票

"咨询"本来是促进社会发展的必要业务，咨询业是第三产业不可或缺的生力军。可是林子大了什么鸟儿都有，咨询界从业人士多了就一定有黑嘴。常见的手法有：免费诊股，先给你两只股票验证团队实力，然后择机告诉你明天我们会盘中拉升一只股票，有钱大家赚，机会不等人！

愿意参与的，根据你的资金投入量和股票账户数量，给你分配买入数量，强调要在他们的指挥下按部就班操作，必须守纪律不能乱来。

这是周瑜打黄盖吗？不，这应该是操纵股价的一种形式，不合法的，要被查处的。不排除老鼠仓的可能，也有可能就是某庄安排的，主动找人去给他抬轿子。惯用伎俩就是先给点儿甜头让鱼儿上钩，这叫"饵票"。当然了，"钩票"随后就会在它该出现的时刻出现。精心设计的流程，那鱼钩必然有倒钩，吃上了就肯定挣不脱的。以这种方式被收割的“韭菜”，出了血还得不到对手的尊重。

操纵股价如何认定

操纵股价是指某些股票投资者为了获得巨额利润，通过非法手段控制“信息”（对其他投资者具有重要参考意义的股票投资信息）以达到控制股价走势的行为。

操纵股价的主体可以是机构，也可能是上市公司内部管理人员、大股东、隐形股东、个人等，还可以是牛散。只要拥有资金优势、内部信息优势、管理优势等其他投资者不具备的特殊条件，就能像操纵提线木偶那样操纵标的股票的价格，为自己获得不正当的巨额利润。

这些人以不正当手段刻意营造虚假的供求关系和证券价格，利用媒体舆论传递对自己有利的（虚假的或严重粉饰后的）信息，使用多个关联账户做“对敲”等非正常交易，制造“骗线”，误导投资者使其作出错误的买卖决策，干涉了市场价格，扭曲了价格机制，破坏了市场秩序，严重损害投资者的利益，是非常典型的损人利己。

操纵市场、操纵股价会受到证监会的严厉打击。每年都会有一系列行政处罚。本小节提及的几个案例都是2015年的案子，与以往的操纵案相比有创新，属于新型操纵案件。这几个案子在“操纵界”只是冰山一角，读者们可以举一反三。

操纵股价案例：管窥蠡测

①青岛东海恒信涉嫌操纵180ETF价格。该机构使用12个账户倒腾180ETF，虚假放大180ETF交易量，变相进行180ETF与相应成分股日内回转交易套利，非法获利接近2亿元。

②金建勇涉嫌操纵国海证券（000750. SZ）股票价格。其利用融券交

易 T+0 日内回转机制和集中持股优势，连续交易国海证券股票，并以明显高于市场同时刻买一档量的卖单频繁委托，造成短时间多空力量失衡，强化了国海证券股票价格的下跌趋势（打压?），做空获利 44 万多元。

③张春定涉嫌操纵中国卫星（600118. SH）股票价格。通过集中资金优势，盘中连续买卖，在自己控制的账户之间进行交易等行为，影响中国卫星股票价格与交易量，继而反向卖出（出货），获利 9966 万元。

④叶飞涉嫌操纵信威集团（600485. SH）、晋西车轴（600495. SH）、江淮汽车（600418. SH）、奥特迅（002227. SZ）、中青宝（300052. SZ）股票价格。叶飞曾担任浙江某大学 EMBA 总裁班"股票特训班"讲师，却让跟随他上课的 23 名 EMBA 学员巨亏逾亿元。此前在 CCTV－证券资讯频道做特约财经证券讲师，曾经获得"中国股市民间高手大赛"第一名。

⑤袁海林涉嫌操纵蓝光发展（600466. SH）股票价格。利用资金优势、持股优势，以连续买卖、对敲、虚假申报、反向交易等方式，严重影响蓝光发展股票价格，并反向卖出，可悲的是，他偷鸡不成蚀把米，亏损 2.78 亿元，被证监会罚没 300 万元，被股民在各种社交媒体上调侃。

⑥截至目前罚款最高的案例：2018 年 3 月 14 日，证监会披露抓住了一个"次新股猎手"——厦门北八道集团，并开出史上最大的 55 亿元罚单。北八道集团涉嫌操作 300 多个账户、运用杠杆资金操纵多只次新股股票。

天龙不止八部

吸筹 拉抬 打压	常用对敲手法来拉抬股价，便于制造后市看好的假象，提高小散的期望值，促使其跟风买进。为了控制成本，庄家常用大笔的买单，让小散的买单不易成交，从盘口看，量价齐升，但平均单笔成交量会减少。 当然也有一边拉抬一边出货的情况。通过多个账户操作，快速对倒，显著影响股票价格和交易量，当股价上涨到阶段性目标位后卖出，快速获利，再适当打压股价到不太低的位置，再次拉抬，吸引跟风盘进场，开始一轮新的循环。

试盘	与市场调研类似，操盘手在大手笔操作前，为稳妥起见，要了解小散们的当前心态，要测试盘口风格，测量“水的深浅”。
对敲	形象地说就是左手买入、右手卖出，庄家利用其控制的多个关联账户，相互买卖，实际上是自买自卖，目的在于堆积成交量，炮制量能骗线。让不能识别骗线的小散以为量增则价涨，从而跟进买入；或者看到卖单太大太多，因恐惧而抛售离场。 对敲是庄家的盘口手法之一，在吸筹建仓、震仓、拉高、出货、反弹等行情中运用对敲。以吸筹为例，为了降低吸筹成本，常用小阴线、小阳线参差不齐的方式沿着 MA10 十日均线缓慢上涨，然后对敲卖出导致股价横盘或阴跌不休，但成交量明显放大，堆量做得漂亮。为了防止散户跟进太多，常用大笔卖单封顶（封单）、大笔买单筑底，差距可以小到挂单允许的最小差价，造成“价格夹板”。封单还可以促使小散卖掉手中筹码。
震仓 洗盘 砸盘	投机者先打压股价使之大幅下跌，造成乌云压顶之势，迫使大量小散因为恐惧而抛售股票，投机者（庄家）自己接盘继续吸筹，进一步提高控盘程度，然后逐步抬高股价，低成本拉高股价后分段卖出，从中渔利。 剧烈的洗盘造成急跌的，称为“砸盘”。较轻的洗盘叫“震仓”，就像抖落身上的泥土一样，震仓的目的就是要抖掉不坚定的小散手中的仓位，抖掉获利较多的跟风盘，为“洗洗更健康”之后的继续上攻减轻阻力，降低成本。 洗盘过程中，庄家也会用对敲手法，从盘口语言来看，分时线上的高点和低点对应的成交量明显放大，这也是价格夹板。
诱多 假突破 诱空	引诱多方，就是吸引跟风盘进场买入。一般指庄家在关键点位拉抬股价做成“假突破”，让不明就里的股民以为是向上突破而追涨时，其实是庄家在为自己出货寻找接盘侠。假突破被发现后，容易发生“多杀多”的踩踏现象。 引诱空方，就是吸引恐高盘抛售手中筹码，便于庄家自己以较低成本接货吸筹。
出货 派发	常见拉高出货、高位派发，也有一边拉抬一边出货，这些都容易理解。比较难理解的是一边打压一边出货，甚至跌停板出货。因为庄家手上的股票数量很大，不可能像小散那样一笔卖出就能全部成交，而是要分批卖出。他们计算成本、费用和利润，也是以一个较长的时间段为操作基础，追求平均成本、整体利润，而非某一笔交易的成本和利润。 庄家出货之后，股票量价齐跌，高位跟风买进的小散已经套牢，这时候庄家会蹭热点找机会再次拉抬股价，造成反弹的感觉，但是左手挂单右手撤单（又称“虚假申报”），小散看见买单出现然而瞬间消失，几乎没有机会参与，眼睁睁看着股价振荡且幅度较大，自己的股票却不容易卖掉。这种手法被称为“反弹对敲”。

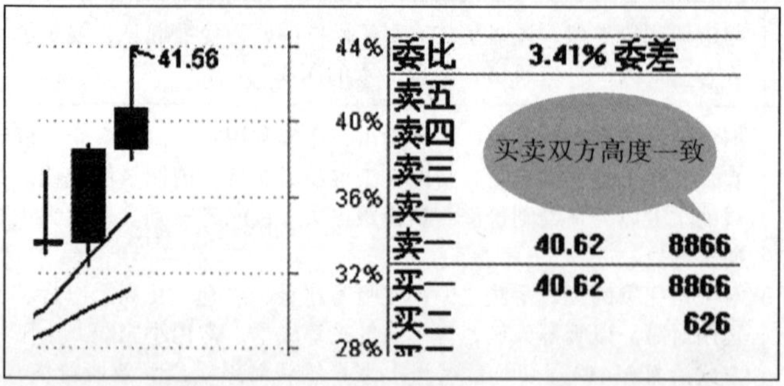

图 5－16－1　报价截图，疑似对敲

封单控盘

常用大额的卖单或者买单封住盘口，若要继续上涨或者下跌，就必须吃掉（全部成交）这些封单。这样的拥堵手法，小散们望尘莫及。高山仰止、望峰息心，用在这里还比较恰当。知难而退吧，小散朋友。

封单中比较吸睛的、比较奇葩的、小散难以理解的手法，就是以涨停价大量申报买进，制造虚假繁荣，择机秋后算账。因为人性本贪，一个涨停就足以让散户的期望值锚定在"看涨"上，舍不得卖出，因而后来被庄家们洗盘并收割。

骗线

看起来很符合某种逻辑的技术图形组合，其实是庄家编织出来的美丽肥皂泡，专门应对技术派（也称"技术流"）小散，引诱他们根据图形作出错误判断。

17 多头陷阱、空头陷阱

多头就是看好后市、看涨股价、逢低买入、持有的股票越来越“多”的人。因此，看好也叫“看多”。多头的集合被美称为“多军”，看涨或持续上涨的市场，除了叫作“牛市”以外，还有个名字叫“多头市场”。与此相反的就是空头、看空、空军、空头市场。只不过这里的空军不开飞机。

庄家诱多或者诱空，分别形成多头陷阱或空头陷阱。既然号称陷阱，那就是猎手的套路，至少是之一。

多头陷阱通常发生在指数或股价突破前高甚至屡创新高的时候，在散户们满怀希望捂股待涨的时候，迅速下跌，跌破一个又一个支撑位，使那些高位买进的投资者遭遇深套。下跌过程可以是阴跌不止，可以是高台跳水。散户被套得越牢（深套无解），庄家就可能赚得越多，直到散户坚持不住而“割肉”出局那一刻，庄家就兑现了利润。

空头陷阱则反过来，通常出现在指数或股价放量下跌，培育出大量的恐慌抛盘，待恐慌盘抛出后，快速拉抬股价回到原来的筹码密集区，让那些在低点卖出的小散高呼踏空，遭遇陷阱。

第六章

宏观领域的一些概念和故事

曾经想借用一本畅销书的名字：《本书标题无法描述本书内容》，来作为本章的标题，后来觉得名实不符，于是更名如题，看官请选择性吸收，转化成对你有用的技能。

01 “五碗面”

股市“五碗面”通常指的是政策面、基本面、资金面、消息面、技术面。也有人提出“市场面”，意思是供求关系决定股价走势，也有道理。

投资者需要深度了解这5个方面的信息，才能准确把握大盘或具体某只股票的“股性”，大致预测其走向。网传巴菲特的公司没有电脑，不看技术图形，这也许说得太过，价值投资者主要看政策面和基本面，但坚决把后面“三碗面”拒之门外，似乎也流于标榜。反之，新“韭菜”如果不关心前面“三碗面”只吃后面两碗，必定营养不良，非常不利于自己的成长。

基本面

就是某上市公司的运营情况。包括但不限于：所在行业，该行业是否紧跟国家政策，该股是否是行业龙头或细分龙头，历史经营状况及变化趋势，最近财年的财务状况、盈利状况、市场占有率，经营管理体制，人才构成等各个方面。笔者认为，还要包括“股性”（通过复盘研究可以发现一些）、主力操作风格。

进入证券交易软件，按键盘上的F10键可以查看公司的基础信息、财务信息、股东变化情况等。Wind数据、东方财富网、同花顺等机构也提供了丰富的信息。

分析公司的基本面，需要学习并综合运用经济、金融、财务管理、投资等多门学科的知识，分析宏观和微观数据，评估该股的投资价值，预估其目标价格，结合其他“四碗面”分析，得出适合自己的操作方案。这就是"基本面选股"。

政策面

政策面指的是针对证券市场出台的政策，无论长期的还是短期的政策。如，IPO备案制还在讨论中，目前继续适用审批制。这就需要排队，还有人插队，如股市扶贫政策。例如，交收规则不能T+0，简单说就是当天买了不能卖。例如，涨跌幅限制，目前有10%和5%的限制。例如，卖出要交印花税1‰而买入则没有，但买卖都要给证券公司交手续费。例如，"一带一路"政策、建设雄安新区、每年初的中央一号文件、货币政策收紧还是宽松，等等。

有人说A股是政策市。无论你是否同意这个判断，都请注意到上述各条。

资金面

资金面涵盖的内容很多，笔者自己经常关注的有：

（1）有没有增量资金进场？如果没有，就是存量资金在场内博弈，这种情况下多半会横盘，难以出现上涨行情。

（2）主力资金流向，流进还是流出？有个Level 2指标叫作"大单净量"。

（3）热钱或游资的动向。

（4）一个月内有没有大小非解禁？如果有，占流通盘多大比例？

（5）有没有公布大股东减持或者增持计划？

（6）结合技术面上的量能指标分析和筹码分布，两市成交量如何？个股成交量如何？等等。

消息面

通常指的是小道消息，一般不太靠谱。我认为“消息面”至少包括3种消息：①利好或者利空消息，②内幕消息，③全民炒股时期大妈级股民口口相传的马路消息。这3种消息不能相提并论，更不能相互替代。

对应地，“炒消息股”也可以理解成两个层次：一个是与时俱进，听政策获得可靠的信息，据此炒股；另一个是听熟人朋友在茶楼、咖啡厅或者走廊里侃大山，并据此买卖股票。那些消息有可能是股市黑嘴根据操盘需要而炮制的小道消息，即使不是百分百虚假，也经常有放大缩小或者扭曲变形，总之要符合他的利益而不是有利于“小散”们赚钱。

技术面

技术面关注的是量价关系、走势形态以及K线组合等，也称为“技术分析”。有3个前提（假设）：

（1）市场行为是全息的，基本面、政策面、资金面等信息会体现在市场行为中，能够并且一定会通过技术图形显现。

（2）价格变化有一定的趋势或规律，而且这种规律可以被我们认知并运用。

（3）历史不会简单重复但会高度相似。你如何评价这3个假设，就直接决定你是否认可技术分析，会不会成为技术派。

技术派（技术流）当然认可这3条假设，于是他们发展出来一系列的技术分析成果，包括但不限于：K线理论、支撑压力理论、形态理念、波浪理论、技术指标理论，等等。且不说浩如烟海，但可以说你这辈子学不完。

数十个技术指标，我们常用的可能就MACD、KDJ、RSI、VOL、BOLL、BIAS、ENE之类或者其变形体、升级版。有人说能够用好3个指标就不错了。换个角度看，很多人学了波浪理论却数不清波浪，甚至越看越不认识第三浪在哪里。江恩理论产生数十年以来，看得懂的人不多，用得来的人更少。只需一套《缠论》，就足以放倒一大批人：晕头转向，不知所以。高处不胜寒，确实如此。

02 “5 · 30 惨案”和“9 · 18 救市”

2007 年 5 月 30 日，当时的 A 股牛气冲天，市场情绪过热，为了控制这头疯牛，监管层使用了“印花税”这个调控工具，突然把股票交易印花税从 1‰提高到 3‰，并且实行双向收取。随后股市应声大跌并酿成股民所说的“5 · 30 惨案”。

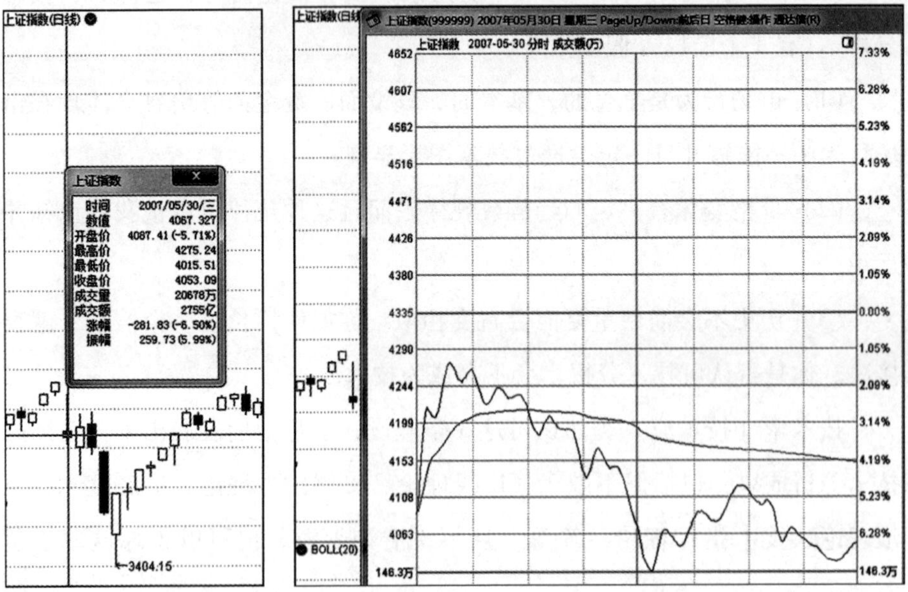

图 6－2－1　上证指数 2007 年 5 月 30 日 K 线图＋分时图

别看这小小的千分之几，证券交易印花税的的确确是管理层的调节手段之一。股市疯涨时，可能调高印花税，增加投资者的交易成本，给过热的交投降降温；相反，在熊市低迷时期，降低印花税，降低交易成本，就会激发投资者的交易热情，促进大盘猛涨。

不久之后的2008年4月，印花税被下调到1‰，9月18日进一步改为单向收取，结果又怎么样？不久之后A股就触底反转了，不是反弹是反转，因此股民们亲切地称之为“九一八大救市”。

A股交易印花税发展史

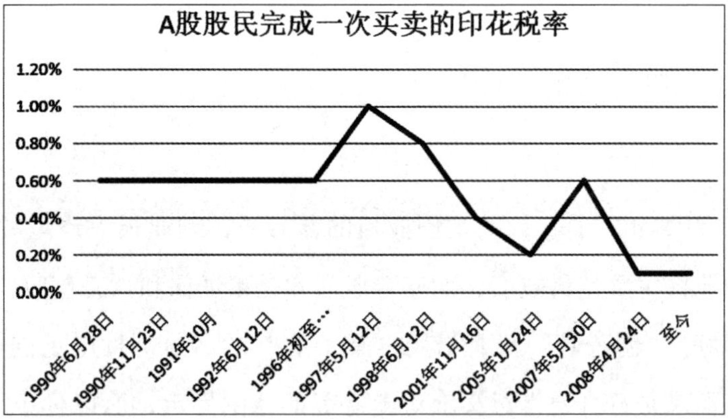

图6－2－2　A股交易印花税率

1990年6月28日，深市对卖方开征6‰印花税，11月23日对买方开征6‰印花税。

1991年10月，深市印花税下调至3‰；沪市开始双边征收3‰印花税。

1997年到2007年，多次调整。

2008年4月24日，从3‰调整为1‰，且改为单边征收：只对出让方收取，受让方不再征收。该调整生效直至今日，2019年初。

股民完成一次买卖的成本估算

买卖一次的交易成本 = 买入价 × 成交股数 × 佣金率 + 卖出价 × 成交股数 ×（佣金率 + 印花税率 1‰） + 些许费用。近年来各大券商收取的佣金率通常在万分之六到万分之二不等。

如此计算，大致是多少？2‰左右。做 T + 0 交易的人早就算过了，股价至少上涨 0.5%，才有做一次 T + 0 操作的必要。笔者的实操要求是股价振幅≥1%。

03 创蓝筹

语出 2015 年左右，指的是创业板的蓝筹股，创业板大班里的优等生。不是说创业板主要是科技股，而蓝筹股通常是银证保和铁工基吗?

问得好，“创蓝筹”只是借用“蓝筹股”的名号，肯定是创业板中的绩优股，但未必符合通常意义上对蓝筹股的范围界定，所以你也可以叫它“创绩优”，但这 3 个字放在一起有歧义，容易把“创”作为动词，理解成创造绩优股，虽然这样说也很不错。

由于 A 股创业板长期被诟病估值高、泡沫大，所以创业板中的蓝筹股就更加有吸引力，既吸睛又吸金。有消息称，“国家队”也悄然布局创业板，买入很多“创蓝筹”股票。在此，魔力哥也建议你，如果要投资创业板，就选创蓝筹股票，建议不去投机 ST 股票，更不要去玩跌停板买股票之类的游戏。再说一遍：那是火中取栗刀口舔血，看魔术师表演可以，亲自上场实操就不要了。

哪些股票是创蓝筹？这里就不一一列出了，因为行情在波动，创蓝筹的名单也在变动，信息都有保质期。朋友们可以去网搜一下，仔细遴选标的股票。

04 IPO 堰塞湖

IPO 就是企业上市。堰塞湖最初是个自然科学名词，指的是河流被外来物质堵塞而形成的湖泊。这个“外来物质”的品种就多了，如山体滑坡冲下来的砂石、火山熔岩、流动沙丘等。经济学中的堰塞湖通常是指某一项或一类指标不断升高，造成某种压力，进而导致精神压力：一旦这种压力释放，会造成较大甚至重大的灾难，非常类似于堰塞湖的堤坝垮塌造成的洪水灾害。

这样一来，组合词汇 IPO 堰塞湖就不难理解了。常见的局面是，A 面是股市行情低迷导致管理层让 IPO 节奏放缓以免雪上加霜，B 面却是排队等候过会、等候 IPO 的企业太多。于是有人说，就因为排队太久，让很多优秀的“独角兽”企业不能在 A 股上市，转而寻求到港股甚至美股上市，让多数股民失去了投资这些公司的机会。少数人可以投资，但路径长、成本高、实操费劲。那么，是不是注册制就能消除 IPO 堰塞湖？或许，但注册制的实行也需要条件，生搬硬套只怕要消化不良。从审批制到注册制，需要一个不短的过程，股民请多一点耐心。IPO 堰塞湖也有好处，君不见 2017 年冬 2018 年初，IPO 过会率大幅降低的消息传出，股民们大多数欢欣鼓舞。因为管理层帮我们的 A 股市场做了净化或者说优化工作。

2018 年 2 月 26 日，收到注册制推迟的信息后，两市放量大涨，尤其是创业板指数大涨近 4%，可以说是载歌载舞了！

05 闪电过会、定向注册制、独角兽 IPO

在 IPO 堰塞湖居高不下、过会率显著降低的背景下，2018 年 3 月 8 日，富士康闪电过会，并且“是依法办理”的，创造了 36 天成功实现 A 股 IPO 的“富士康速度”。

各方面怎么看？排队等候过会的企业，要接受这是特事特办、特事先办，另辟蹊径免于排队的传奇；业界人士嗅到了“定向注册制”的味道。股民们有的叫好，有的担忧。叫好的人认为富士康工业互联网股份有限公司前景看好，股价看涨，万一自己一不小心中签了呢；担忧的人担心这头大象的盈利能力，担忧有可能再来一个高价 IPO 的故事。

好在还有另一条信息，证监会鼓励券商们申报“独角兽”IPO，例如互联网、智能制造、生物医药、生态环保等，这是看好新经济，希望在美股、港股上市的中概股们回归，希望准备去海外上市的“独角兽”们到 A 股去 IPO。

魔力神侃

现在说这些还太早。“全球第一代工”富士康有可能是个猛犸象，也有可能是只独角兽，我但愿它是后者。

06 中概股回归

中国概念股通常被理解为在海外上市但注册地在中国的公司（或者虽在国外注册但主要业务和关系在中国大陆的公司）的股票，如阿里巴巴、京东、腾讯、百度、新浪、网秦、正保教育等。另有一个说法叫“沪深中概股”，指的是 A 股 B 股中名称带有“中国”二字的股票，如中国铁建、中国中铁、中国银行、中国化学、中国神华等。

2018 年 3 月，证监会欢迎“独角兽”回归 A 股的传闻备受瞩目。有媒体报道，证监会可能启动 CDR（中国存托凭证）吸引 BATJ 等独角兽企业“回家”。据悉第一批入围 CDR 的企业共有 8 家，除 BATJ 外，还有携程、新浪微博、网易以及在香港上市的舜宇光学。

中概股都是香饽饽吗？未必，在第一章第 13 节中有相关记述。对于虽然“无缝”但已经过气的中概股，也建议不要见了就买，而要“五碗面”通吃，谨防噎着。

07 北上资金、陆股通

A 股陆续开通了“沪港通”“深港通”，部分股民期待的“沪伦通”也即将开行，有人笑称“囫囵吞”。对于外资、海外投资者而言，通过这样的渠道投资 A 股，比 QDII 之类的渠道更有效率，因此参与热情高涨。对他们来说，这些工具统称为“陆股通”。由于内地在香港的北方，在香港投资者的眼中，到内地做事就是北上，于是他们投到 A 股的资金就有新名字"北上资金"。

2017 年贵州茅台股价持续上涨，有消息说购买主力是外资、港资。有数据表明，内地的很多基金都没有重仓持有贵州茅台，"小散"们大多恐高，也不敢买入"A 股一哥"，"渣散"因为资金不足更难买入并持有。"白马股"深蹲后，经常有外资大量买入，实现"精准抄底"。以至于后来李大霄先生呼吁，"不要把好东西（悉数）留给外资"。

如果不考虑资金来源，那么增量资金进场无疑是好事，是股市上涨的原始动力。2019 年初这一波行情，跟外资抄底买买买有直接关系。MSCI 把 A 股的权重从 5% 提高到 20% 以后，突发一件怪事：将大族激光（002008. SZ）从 MSCI 中国全股指数中剔除，同时对美的集团（000333. SZ）的权重系数进行调整。"限购令"因何而起？因为外资买入了太多的大族激光股票，都接近上限了。

08 多头/空头市场、多杀多

多头市场、空头市场

多头市场的特征，就是股价后浪推前浪，一浪更比一浪高，涨多跌少。投资者如何在多头市场的初期就觉察到？注意如下这些变化：

· 新开户数量持续增加，场外资金不断涌入。

· 即使利空消息频传，股价却跌不下去。稍有利好，指数就上涨。这时候大概率是买进时机。当然，还要选好标的股票。

· 板块轮动明显，你方唱罢我登场，股指逐步升高。

· 如果有些股票除息除权，填权行情来势凶猛，相比于过去，涨得多、涨得快。

· 均线系统呈多头排列（5、10、20、60 日均价线按顺序向上排列）。

投资人在多头市场中应尽量避免频繁买卖，而应该持股待涨。有人喜欢做波段，那要把大小趋势都看得很准才行。

趋势反转以后，多头市场变成空头市场，多头卖掉股票，不再持股待涨而是持币观望，就变身为空头。这样的情况叫“多翻空”。反之就是“空翻多”。

多杀多

就是多头“杀”多头。股民们普遍看好后市而纷纷买进，然而行情不及预期、股价上涨无力，自然有些人会多翻空，加入了杀跌的行列。随着看空的人不断增加，变成竞相卖出的话，拥挤踩踏的后果就是股价或者指数加速下跌，造成大跌甚至狂跌。

魔力神侃

多杀多的状况经常发生在什么情形之下？比如：①趋势快速反转；②利好出尽是利空；③黑天鹅事件出现之时；④假突破被发现的时候。

09　长线加波段

如果股民老张是价值投资者，他会怎么做？捂股待涨，获得长期收益。可是行情永远是波动的，即便在牛市中，也是大涨小跌，只要拉长时间来看，从来没有只涨不跌的行情。就波浪理论来说，上升浪 1 浪、3 浪、5 浪要有下跌浪 2 浪和 4 浪的配合。于是投资者优化了“捂股”的方案：长期持有不等于锁仓不动，而是在上升浪中特别是主升浪中持有，在下降浪中抛出，低买高卖，收益率更高。这就是长线加波段。

大师彼得·林奇和巴菲特都反对“冲浪”，理由是看好一只股票就要长期持有，免得被震仓下车，降低长期收益。

10 国家队、救市、护盘

“国家队”一词常常出现在体育比赛中，股市也有国家队？有，只是内涵外延都与“某国的国家队”不同。2015 年 7 月，“股灾”时间段内，“国家队”出面救市。当时的国家队由原证监会主席助理指挥、证金公司牵头、国内 21 家券商参与。以证金公司为代表的国家队确实起到了股市维稳的作用，恢复了市场的流动性，让过半数的上市公司复牌，安然度过了当月 17 日的股指交割日。可惜从 8 月开始，救市的国家队某些成员就开始违规操作，受到证监会的审查。

“护盘”跟“救市”类似，只是规模小一些，意义小一些。例如股市人气低落、大盘下跌较多的时候，机构和投资大户大量买进能够拉升大盘指数的股票，通常是银证保、铁工基、两桶油之类，这时候股民常说某机构在护盘。是国家队操作的，就说国家队护盘。哪个板块涨了，大盘止泻了，就说该板块护盘，例如银行股护盘、保险护盘、两桶油护盘等。

11　ST、PT、＊ST、S

这几个都是A股的规则，相关的还有S＊ST、SST、NST，但除ST和＊ST外，读者朋友几乎不需要关注其他的。笔者这里给它们做个集中展现，表示它们曾经存在过，影响过股民的思考和操作。

ST——亏损股、破净股。连亏2年，或者破净股。

＊ST——退市风险股。被ST后财务状况继续恶化、扭亏希望渺茫的，或者连亏3年的，将被冠名＊ST，预警有退市风险。＊ST是在ST的基础上再特别处理一次，不善于承压的稳健型投资者请远离。A股两市有接近4000只股票，而且还在不断增加中，何必要去沙里淘金赌运气呢？虽然某些＊ST股在规定的期限内扭亏为盈，也能变回ST股，或者直接去掉ST这个前置代码。

S＊ST——连续3年亏损，进行退市预警；尚未完成股改。

SST——连续2年亏损、尚未完成股改。

S——尚未进行股改或尚未完成股改。曾经有S前锋，这一页已经翻过去了。

NST——重组成功或完成股改后恢复上市的ST股。

PT——退市的股票。

具体来看ST。沪深两个证券交易所在1998年4月22日同步宣布，根据当年实施的股票上市规则，将对财务状况或其他状况出现异常的上市公司的股票交易进行特别处理（Special Treatment），首字母缩写成ST。被特别处理的股票也被统称为ST股。在“享受”特别处理待遇期间，该股票的交易应遵循下列规则：股价涨跌幅限制为5%；股票名称冠以ST，如ST

某某某；该上市公司的中期报告必须经过审计才能发布。

上述"异常"主要是指两种情况：一是上市公司经审计连续两个会计年度的净利润均为负值；二是上市公司最近一个会计年度经审计的每股净资产低于股票面值，也就是股民口中的"破净股"。

PT，即特别转让（Particular Transfer）的英文首字母缩写。PT 制度从 1999 年 7 月 9 日起执行，2002 年 5 月 1 日起停止。依据《公司法》和《证券法》规定，上市公司出现连续 3 年亏损等情况，其股票将暂停上市，该股票实施特别转让服务，股票名称冠以 PT。经过 PT、业绩没有好转，从而摘帽无望、被终止上市的公司有：PT 水仙、PT 中浩、PT 粤金曼、PT 金田、ST 中侨、PT 南洋、ST 九州、ST 海洋、ST 银山、ST 宏业、ST 生态、ST 鞍一工（统一使用股票退市前的简称）。

实行 ST 和 PT 制度，既是对亏损上市公司的警告，也是对 A 股投资者的风险提示（港股没有这样的提示）。

12 退市、强制退市制度

股票可以登陆或者退出的市场有多种，这里指的是 A 股沪深两市，"退市"特指从沪深两市退出，企业身份发生重大转变，从上市公司变成非上市公司。

如上一小节所述，退市前的亏损期，股票名称被添加前缀 ST 或 *ST，启动退市程序以后改名为"某某退"或者其他名称。

A 股的退市制度曾经被"吐槽"，因此管理部门在 2018 年进行了修订完善，迭代升级。3 月初，证监会就修改《关于改革完善并严格实施上市公司退市制度的若干意见》公开征求意见，强化了沪深证券交易所对重大违法公司实施强制退市的决策主体责任。增加了“上市公司构成欺诈发行、重大信息披露违法或者其他重大违法行为的，证券交易所应当严格依法作出暂停、终止公司股票上市交易的决定。证券交易所应当制定上市公司因重大违法行为暂停上市、终止上市实施规则”的规定。

3月中旬，沪深两交易所快速跟进，分别就修订《上市公司重大违法强制退市实施办法》公开征求意见。办法明确了重大违法强制退市的情形，并强调从严实施重大违法强制退市。

意见征求结束后，就是发布实施。

退市原因（科创板出台以前）

（1）连续3年亏损；

（2）欺诈发行、财务造假、财报违规披露；

（3）连续两年净资产为负；

（4）连续3年营收低于1000万元；（越做越小可不行，先回去，做大做强后可以再来。）

（5）年度报告连续两年无法表示意见或否定；（审计师给了差评。）

（6）*ST后未及时披露年报；

（7）累计成交量过低。（交易过于清淡，几乎无人问津。）

退市整理期

退市前有整理期，持有退市公司股票的股民可以卖出股票，但能否成交是个问题。整理期届满后5个交易日内，上交所、深交所会对退市公司股票予以摘牌，该公司股票终止上市。

退市后三条路

退市后到哪里去？有3种可能：

一是入三板市场（股转系统）挂牌交易。这种情况下，"躺枪"的股民跟着进入三板市场交易，有可能收回一点点投资本金。

二是持续亏损直至被清算，公司消亡。

三是重组后重新回到 A 股上市。但请注意两点：第一，创业板退市股没有这样的翻身机会，因为到目前为止还没有相关的制度安排。第二，退市后重新上市，不等于被特别处理或者被暂停上市后恢复上市的情形。

退市的警钟

魔力哥的建议就 5 个字：远离垃圾股。

虽然有人专门炒作 ST 股票，目的在于赌它被重组、业绩预喜、被摘帽。但请注意，那是炒作。那是三最模式流行时期的事情，那一篇已经翻过去了。卷土重来的可能性有多大？这不是投资者应关注的事情。重申一句：君子不立危墙之下，请远离垃圾股。

2018 年退市的 5 家公司

2018 年上半年确定被退市的有 3 家，如表 6－12－1 中前 3 位。

表 6－12－1　2018 年退市股票

股票代码	原名	退市原因	特别处理期间名称	退市前名称
600806	昆明机床	业绩差	＊ST 昆机	退市昆机
600432	吉恩镍业	业绩差	＊ST 吉恩	退市吉恩
000511	碳烯新材	非标审计意见	＊ST 碳烯	烯碳退
000979	中弘股份	面值退市		中宏退
002680	长生生物	重大违法	＊ST 长生	

退市原因：＊ST 吉恩和＊ST 昆机都因为业绩差，连续多年亏损甚至资不抵债，财务状况严重不良，变成了"僵尸企业"，达到了退市的客观标准而被退市。

烯碳被退市，因为触及了“非标准审计意见”类型的终止上市情形。“躺枪”的投资者可能索赔，但能否执行？公司没钱赔偿，股民即使赢了官司也输了钱。

中弘退，是“面值退市”第一股，因为连续 20 个交易日股价低于 1 元。

＊ST 长生，涉嫌疫苗造假，恶劣影响遍及全国，涉及危害公共健康，危害国家公共安全，被重罚 91 亿元，被勒令退市。

退市风险较大的股票

雅百特（002323. SZ）因为跨境财务造假，被证监会评价为“涉案金额巨大、手段恶劣，违法情节严重”，据悉该公司还涉嫌构成违规披露、不披露重要信息，被深交所启动强制退市机制。截至 2018 年 10 月初，该股已于 8 月 16 日停牌。最近的重要消息是：9 月 28 日＊ST 百特公司发布风险提示公告，因触及《深圳证券交易所股票上市规则（2018 年修订）》第 14. 1. 1 条第（八）规定的因重大信息披露违法被依法移送公安机关，存在暂停上市风险。如果雅百特最终被退市，它将成为深交所中小板强制退市第一股。

金亚科技（300028. SZ）也因为财务造假，涉嫌构成欺诈发行股票罪，深交所也已经对其启动强制退市机制。截至 2018 年 10 月 8 日，最近的信息是9 月 26 日，金亚科技发布《关于公司股票可能被暂停上市或终止上市的风险提示公告》，披露了“（一）因涉嫌欺诈发行罪导致公司股票存在暂停上市或终止上市的风险；（二）连续两年业绩亏损导致的暂停上市风险”。

2017 年只有两家公司退市

表 6－12－2　2017 年退市股票

股票代码	原名	特别处理期间名称	退市整理期间名称	A 股主板最后交易日	退市后去哪里
000033	新都酒店	＊ST 新都	新都退	2017－7－7	不在三板市场交易
300372	欣泰电气	＊ST 欣泰	欣泰退	2017－8－25	不能恢复上市

2017 年 7 月 7 日，新都退（000033. SZ）在经历了 30 个交易日的退市整理期后，被深交所摘牌，成为 2017 年退市第一股。

股票退市后可以与中国证券业协会批准的证券公司签订协议，委托该证券公司办理股份转让。投资者必须到开通股份转让业务的证券公司的证券营业部才能进行股份转让的交易。具体可以咨询开户券商是否具备代办转让业务资格。退市股票的交易时间：代办股份转让业务转让日为每周一、三、五，转让委托申报时间为上午 9：30—11：30，下午 1：00—3：00。竞价方式是代办股份转让业务中，投资者委托指令以集合竞价方式配对成交。股份转让以"手"为单位。涨跌幅比例限制为前一转让日转让价格的 5%。

在此前的 6 月 23 日，深交所发布公告称，曾因涉嫌欺诈发行的＊ST 欣泰（300372. SZ）也将于 7 月 17 日进入退市整理期，之后亦会被摘牌。

根据《关于改革完善并严格实施上市公司退市制度的若干意见》第 17 条规定，强制退市公司的股票应当统一在全国中小企业股份转让系统设立的专门层次挂牌转让。注意，这个"股转系统"不是"新三板"而是"老三板"；"专门层次"就是"退市股板块"。

交易方式是：流通股份以集合竞价方式成交，非流通股份或限售股可以办理协议转让。单日涨跌幅限制为 5%。对于这类股票，笔者建议稳健型投资者和非专业投资者都远离为好，虽然门槛很低且没有明确的资金限制。

60 多只股票已经退市

根据 Wind 数据，截至 2018 年底，A 股沪深两市共有 3567 家上市公司，仅有 100 家 A 股公司被退市，其中有 34 家公司被吸收合并后再上市，实质上退市的公司数量仅 66 家。其中 15 家公司退市时面值低于 1 元，被称为“仙股”。这些公司大部分在主板，中小板没有退市的，创业板仅两家，分别是大华农和欣泰电气。

2012 年 12 月 26 日前数日，深圳证券交易所宣布，因连续 3 年亏损且无持续经营能力，*ST 炎黄、*ST 创智将终止上市。这是 A 股实施全面退市新政以来首批退市的上市公司正式谢幕，A 股市场中长期以来“不死鸟”神话终于破灭。以往在 A 股市场，企业无论业绩多么差，只要会玩“换马甲”的游戏，“垃圾股”就能起死回生。这样的市场环境成为投机者炒作的香饽饽。

有观点比较激进的人说，如果 A 股退市规则被监管层坚持下去，只需要做到“好”这个级别，让价值投资得以体现，那么绩优股就会爆发，行业龙头也会实现长牛，权重股的慢牛行情带动大盘指数的慢牛行情，那个时候才是 A 股上万点之时。实际情况如何呢？并不尽如人意。

魔力神侃

改革有阵痛，成长要付出，任何革新都需要一段时间来适应。投资者不必指指戳戳。与其骂骂咧咧，不如付之一笑，对风险较大者退避三舍，对于熟悉其股性的股票长期关注、反复操作，长线加波段，收益会不错的。

更早期的退市股票

表 6－12－3　退市股一览

股票	概述	大致历史沿革（发展历程）
PT 水仙	首开退市先河；A 股退市首家。曾经的电器明星。1993 年、1994 年，水仙电器 A 股和 B 股分别挂牌上市。	1997 年至 1999 年连续 3 年亏损且每股净资产低于面值。2000 年 5 月 12 日更名为"PT 水仙"。 2001 年 4 月，公司公布 2000 年年报，宣布连续第四年亏损。2001 年 4 月 23 日起，PT 水仙被终止上市，进入股转系统。 曾经努力通过资产重组以实现重新上市，遗憾重组失败。
*ST 长油	首家退市央企重新上市第一股	2014 年 6 月 5 日被上交所终止上市，从主板进入股转系统，代码 400061。随后启动了破产重整。2015 年 4 月 13 日，长油 5 重整计划执行完毕，并恢复转让，股价一路摸高至 4.31 元，涨幅逾 400%，让不少在其退市前买入的投资者们赚得盆满钵满。分析认为该股大涨与 2015 上半年的牛市有关。 经过多次股权转让和变动以后，招商局集团成为实控人。2019 年 1 月 8 日重新上市，代码 601975，简称 ST 长油。
川仪股份	卖壳退市 15 年后再上市。 也有人认为该公司只是卖壳，不算退市。	1996 年 8 月，川仪股份的前身重庆川仪已在深交所挂牌交易，股票代码为 000607。上市一年后，公司业绩迅速"变脸"，连续两年亏损，因此 1999 年 4 月被 ST。 由于扭亏无望，为避免被交易所强制退市，重庆川仪在 1999 年 6 月主动卖壳。当时的大股东四联集团将壳资源出售给华立集团，而原重庆川仪的资产负债则被置换出上市公司。随后四联集团进行了资产重组，川仪股份应运而生。 卖壳两年后，公司扭亏为盈，接连开展资本运作，并于 2014 年 8 月 5 日成功登陆上交所。

退市制度问答

问：A 股的退市流程都一样吗？

答：不一样。创业板的退市流程中没有风险警示期，触发相关条件后直接暂停上市。相反，主板和中小板股票就有风险警示期。

问：暂停上市的公司是否只有终止上市一条路？

答：不只一条路。因财务原因暂停上市后，努力扭亏为盈或者搞资产重组，成功者可以恢复上市；因欺诈发行、重大信披违法被行政处罚或被移送公安机关后，如果相关机构撤销处罚决定、不予立案、不予起诉，也可恢复上市。达不到恢复上市条件的公司才会进入强制终止上市程序。

问：我持有的股票不幸就要退市了，这是否意味着股票变成了废纸？能否继续交易？

答：经过退市整理期后，一般会进入全国小企业股份转让系统进行交易。股票不等于废纸，但投资能不能回本就难说。当然也有赚钱的案例。而且退市股重新上市的话可能赚更多，但需要漫长的等待。此外，如果可以确定买入股票是在违规事项公告前，违规事项被认定后才卖出或持有，可以向公司索赔。

问：交易所对不同板块的风险整理期的规定相同吗？

答：基本一致，退市整理期的时长都是30个交易日，涨跌幅限制均为10%。不同的是：

（1）主板和中小板股票：在作出终止上市决定后5个交易日届满的下一个交易日进入退市整理期。

（2）创业板股票：在作出终止上市决定后15个交易日届满的下一个交易日进入退市整理期。

（3）沪市股票在退市整理期是进入“风险警示板”交易，而深市股票是进入“退市整理板”交易。

问：确定退市的股票何时摘牌？

答：沪深两市都是在退市整理期届满的下一个交易日摘牌。

问：摘牌股票何时进入股转系统？

答：沪市股票在摘牌之日起45个交易日内进入股转系统，深市股票在退市整理期届满后45个交易日内进入股转系统。

问：还有哪些股票要被退市？

答：如长生生物（002680. SZ，现名“＊ST长生”）。

科创板试行注册制，对应地，退市制度更加严格。这是好事情。退市率低、只进不出、炒壳之风盛行等问题，都必将渐行渐远。

13 市值管理

总市值和流通市值

在某个具体的时间节点上（如某交易日收盘后），以收盘价为准，按照以下公式计算市值：

（1）某证券的总市值 = 总股本 × 当时股价

（2）证券流通市值 = 流通股本 × 当时股价

（3）A 股总市值 = 沪市总市值 + 深市总市值

（4）沪市（深市）总市值 = Σ 在上海（深圳）交易所挂牌交易的各个证券的市值

某只股票的市值，可以反映该股票的市场规模。坊间所谓的“大象”、大盘股、小盘股、微盘股，就是以这个指标为参数来区分的。有人采用总市值，有人认为流通市值更具有参考价值，笔者更倾向于第二种观点。

容易看出，发行总量（总股本）较大的证券，其价格变动对整个市场总市值的影响就更大一些。所以权重股集体“暴动”“大象起舞”的时候，大盘指数就猛涨。非权重股怎么涨也不影响大盘指数。深市的中小板和创业板股票普涨，分别影响的是中小板指数和创业板指数，不影响深证成指。

市值管理

在资本市场中，上市公司主动管理那些与流通市值关系密切的因素，目的有二：争取市值最大化；使公司市值与公司价值相对平衡，偏差不大。例如，PE 过高让投资者担忧，股价过低可能导致股性不活跃，业绩不好让投资者用脚投票，董监高增持给投资者信心，等等。

由此看出，市值管理的核心是价值管理，包括价值创造、价值实现、价值经营。常用手段有三：财经公关、股权激励、资本运作（包括股份回购、换股并购、大股东增持与减持、定向增发、发放股票股利、资本公积转增股本、股票分拆、发行可转债等，手段丰富多变）。

在“聪明人”很多的背景之下，市值管理不幸沦为股价管理，直白地说就是操纵股价，实现一小撮人的非法利益。

14　高管兜底

员工持股

2017 年 1 月 13 日晚间，万润科技（002654. SZ）发布公告称，公司拟推出第一期员工持股计划，该公司董事、董秘邵立伟，财务总监卿北军等不超过 15 人拟通过自筹或大股东借款等方式筹集资金总额不超过 2 亿元，其中邵立伟和卿北军各占 7000 万元，占整个员工持股的 70%。

亿元级增持给平淡无奇的 A 股注入了活力。有分析认为他们此次豪赌“自家”股票，是基于对公司未来发展前景的信心和对公司价值的认可。万润科技实际控制人对本次员工持股计划也做了相应的兜底承诺，但兜底的条件是 2017 年度实现的经审计的归属于上市公司股东的净利润较 2016 年度增长 120%（含）以上。有人猜测该公司可能在当年内有并购操作。

无独有偶，同年 6 月中旬，A 股再现“兜底增持”并引起了监管层的注意。所谓高管兜底，就是包括科陆电子（002121.SZ）、星辉娱乐（300043.SZ）、青岛金王（002094.SZ）等在内的26家上市公司的实际控制人发布公告，对公司员工喊话，倡议增持本公司股票，承诺"亏了算我的、赚了是你的"，比较显眼的是骅威文化（002502.SZ）公司承诺"10%收益"。

"高管兜底"的上一次集中亮相，是在2015年7—9月，暴风集团（300431.SZ）、凯美特气（002549.SZ）、奋达科技（002681.SZ）、皇氏集团（002329.SZ）等上市公司，以实际控制人或董事长"兜底"的方式鼓励员工买入自家股票。

股民们对高管兜底如何反应？多数人大举买入，颇有趋之若鹜之势。分析认为，这是兜底公告助长了市场的投机心理。但专业人士对高管兜底一事有褒有贬，普遍认为"兜底"的目的有二：首先要为股价护盘，其次要规避股权质押风险，防止因为股价持续下跌导致质押股票被强制平仓。因此魔力哥提醒"小散"们，这样的承诺未必可靠，一则因为上述两个原因，二则因为已经有"漏底"的案例出现——被高管兜底的上市公司，其员工持股到期后仍被套牢。

监管层注意到了什么？

深交所要求上市公司在倡议员工持股时，应披露增持主体、增持期限、兜底条款等具体内容；披露倡议人补偿员工持股亏损的具体实施细则；披露员工购买公司股票的资金来源以及取得相关股份的表决权归属；应充分提示大股东质押风险、股价波动风险等。

于是，不少上市公司发布了"补丁"公告。例如，罗牛山（000735.SZ）、国际医学（000516.SZ）等公司发布了实控人或董事长向全体员工发出增持公司股份倡议书的补充公告，对市场关心的"员工因增持股票产生的亏损""补偿资金来源"等问题进行了说明。

15 IPO扶贫、股市扶贫

2016年9月初，证监会发布的《中国证监会关于发挥资本市场作用、服务国家脱贫攻坚战略的意见》，明确表示，资本市场将大力支持贫困地区企业利用多层次资本市场融资，支持和鼓励上市公司、证券基金期货经营机构履行扶贫社会责任，切实加强贫困地区投资者保护。同时将对贫困地区企业IPO、新三板挂牌、发行债券、并购重组等开辟绿色通道。尤其是“IPO不排队”最让人眼馋，贫困地区符合条件的企业IPO将享受“即报即审、审过即发”的优先政策。

消息一出，热议不断，有人担心此举有失公平，有人担心证监会的好意被非法利用，有人嗅到了新三板市场中扶贫概念股的香味。有人质疑，有人反对。代表人物有复旦大学金融与资本市场研究中心主任谢百三先生，有兴趣的读者可以搜索他发表的两篇文章《〈资本市场将服务脱贫地区〉的意见是完全错误的》和《望月哭股市——再批资本市场扶贫意见》。

当然也有人叫好。有业内人士称IPO扶贫不会降低上市质量，有人称还能做到一石三鸟、一举多得。可是它的操作方案是怎样的？可行吗？很遗憾，不得而知。

地球人都知道，A股IPO排队者众多。股市扶贫的政策一出，允许加塞插队的新政可谓一石激起千层浪。9月12日，多只符合条件的新三板“扶贫概念股”在政策的刺激下疯狂上涨，其中创新层做市企业“根力多”涨幅高达76.52%，“宏源药业”大涨65.44%，“润成科技”上涨33.47%。

本来就活跃的资本市场，这下子热情高涨，大做“壳资源”生意。而炒壳也是不少投机者偏爱的事情。有人认为，以扶贫的名义增多并且加快了壳资源的供给，有利于降低 A 股的壳价格。短时间内似乎不利于炒壳的股民，但长时间来看，有利于优质企业以更低成本获得壳资源。

魔力神侃

事物都有两面性，应以平和心待之。政策既出，赶快学习，你不用别人就用了。只是，要用好这一条，又要考验股民们的眼光和智慧了。

16 买空、卖空

做空	就是高卖低买，先高抛后低补。如，投资者预期行情将会下跌，将手中筹码按市价卖出，等股票（期货）下跌之后再买入，从而赚取差价。	“做空”跟“做多”相对，都是证券市场的常见操作方式，并非做空的人（空头）就是“坏蛋”。
买空	就是“融资买入”，书面语叫“多头交易”。 当投资者看涨后市，自有资金不足，于是根据规则向证券公司交纳一定的保证金或以其持有股票做质押，从券商那里借入一定金额的资金再买入股票的交易行为。	英文 short purchase。
卖空	就是“融券卖出”。 如果投资者对某种股票看跌，就从券商手中借入该股票（A 股中这样的股票带有 R 符号）然后卖出，然后择机买回相同数量的同一只股票还给券商，完成交割、结清差价。如果股价如期下跌，卖空这一投机成功；如果股价不跌反涨，则卖空者有损失且比不融券的普通买卖行为损失更大。	卖空也叫“平仓”，英文 oversell。

轧空	就是“空头倾轧空头”。 如果较多的股民认为当天行情下跌概率很大，于是不少人卖出手中股票等待下跌（做空），然而事与愿违，当天股价并未大幅下跌，空头们无法低价买进并赚取差价。 眼看当天的交易时段就要结束，为了防止第二天涨得更高损失更大，特别是融券卖出的投机客更要防止被平仓，于是没有差价也要买入补仓，众多的买单必然会抬高股价，甚至让收盘价大幅上升，跑在后面的空头被前面的空头倾轧，损失不小。	英文 squeeze the shorts。 期货、贵金属、外汇、大宗商品市场，都有多头空头买空卖空，自然也会有轧空。如果遭遇了“操纵性轧空”，被倾轧的空头损失更大。类似的故事还有人民币空头被央行痛击的情形。
逼空	股价连续上涨，让人高位追涨，更不给空头低价买入的机会，逼迫空头们空翻多，追涨买入导致股价一涨再涨。	起源于期货，意思是多方不断拉抬价格，迫使空方平仓。

17　股转系统、老三板、新三板

老三板	新三板
全称“代办股份转让系统”，2001 年 7 月 16 日正式开办，主要接收两网（STAQ 和 NET 系统）及退市股票。	由国务院批准设立，中国证监会直管，属于全国性证券交易场所。
股票代码以 400、420 开头。	股票代码以 430、83X 开头。
退市股票的避风港。	不是“垃圾股”收容所。

新三板有上万只股票，自然会分层。此外，请看官们务必把“新三板”与“Q 板”“E 板”区别开来。坊间有人把新三板称为“四板”，那是考虑到它在“老三板”之后推出。因此也有人把 Q 板、E 板合称“四板”。由于跟 A 股已经相去甚远，不详述了。

18 嘴巴股、女 + 口

美国“股神”巴菲特说过“嘴巴股”或类似措辞，我理解这是“民以食为天”的股市版，呼吁股民们重视与日常生活直接相关的股票，主要是指食品饮料板块、大消费类的优质股。

与此类似，犹太人有“女 + 口”或者类似说法，认为女性是消费主力，尤其是家庭消费的决策者；食品饮料类生意也不错，这两项是他们投资的首选。你看，线下商场的布局就是这样的：一楼历来被化妆品、奢侈品和女士服装霸占，二楼大多是食品饮料和童装玩具，三楼以上才是男士服装，耐用消费品，其他商品。

第七章

技痒

前面6章似乎都在变着法儿提醒股民，技术分析与A股不怎么匹配，技术派在A股难以发挥，因为A股给他们准备的土壤很不肥沃。相反，庄家们做骗线的水平倒是一流。是不是技术分析就与A股不共戴天了?

也不是。股民常吃的“五碗面”，其中一碗就是“技术面”。

笔者曾与专业人士谢先生讨论，文艺范儿和理工科谁更适合理财投资? 他说，不管理工科还是文艺范儿，在深度研究某只个股的基本面、政策面和资金面之后，已经决定进场，那么，何时买何时卖的切入点要找得准确，还是需要参看技术图形的。如果你强行砍掉技术分析只字不提，股市五味岂不少了一味?

再说了，股民中起码有一半人习惯于看 K 线图，有一半的分析人士一谈到股市就技痒，还有些人在做量化分析，数据和图形对他们来说都是基础工具，不可或缺。至于我自己，对于技术分析的态度也是“不可全信，不可不信”。

于是，准备了第七章，既供技术爱好者们交流切磋提意见，也算是为这一大碗股市麻辣面备齐了调料。是的，调料。市面上关于股市技术分析的书籍很多，看官请自选自取适合你的那一瓢饮。本章继续发挥魔力哥的风格，对流行于股民中的一些关键词做个列举和简述，不详细展开。

01 亚当理论

亚当理论是美国人威尔德（J. W. Wilder，也称“韦特”）创立的投资理论，用于否定他自己创立的 RSI、MOM 等技术指标，实现了自我迭代。用新发明否定了自己的旧发明，亚当理论说了些什么？A 股股民拿来怎么用？

先看看亚当理论的基本内容：

（1）任何技术分析都有缺陷，都无法准确预测股市。凭技术指标就能预测股市的话，掌握了 RSI、SAR 等技术指标工具的人就可以毫不费力地成为百万富翁。实际上，正是掌握了 RSI、SAR 等技术指标工具的人，却在炒股中往往亏得一塌糊涂。

（2）必须摒弃事后诸葛亮的做法，不要轻信主观的技术分析，炒股就要顺势而行，不可逆势而行。只要是升势确立，哪怕已经升高也要坚决跟进。因为升高了还可以再升高。只要是跌势确立，哪怕亏损割肉也要坚决平仓。杜绝均价摊低越跌越买的愚蠢买入法，因为跌深了还可以再跌深。

（3）有错必纠，该出局的时候坚决出局。一旦判断失误，炒作方向错误，则应该认错改错，坚决果断出局。不能摆出一副死猪不怕开水烫的态度。自己不要和股市较劲。

（4）对资金要留有余额，全部投入则没有周转的空间。

魔力哥认为，亚当理论似乎想告诉我们，要注重整体认知和趋势分析，防止钻进牛角尖无法回头。因此，不醉心于某种特定的技术指标，就不太可能被庄家的“骗线”缠住。

02 巨阳、长阴、假阳线、假阴线

股指或者股价，当日上涨就是阳线，下跌就是阴线，涨跌幅度巨大、大、比较大、些许，对应叫作巨阳/巨阴、长阳/长阴、中阳/中阴、阳/阴十字星。十字星跟骑墙派有某种联系，又被细分为早晨十字星、黄昏十字星，在技术派看来分别有不同的含义和用途。

当日 K 线收阳，但开盘价太低（跳空低开）加上涨幅太小，以至于当日收盘价低于前一交易日的收盘价，看似上涨其实下跌，这样的阳线就叫假阳线。假在哪里？当天、同一个交易日内、自己跟自己比，涨了；但跟昨天相比仍然是下跌，所以这根阳线是假的。

反之，跳空高开、跌幅很小，当日收盘价高于前一个交易日的收盘价，K 线图上显示为阴线，其实股价上涨了，这样的阴线就是假阴线。如图 7－2－1 所示。

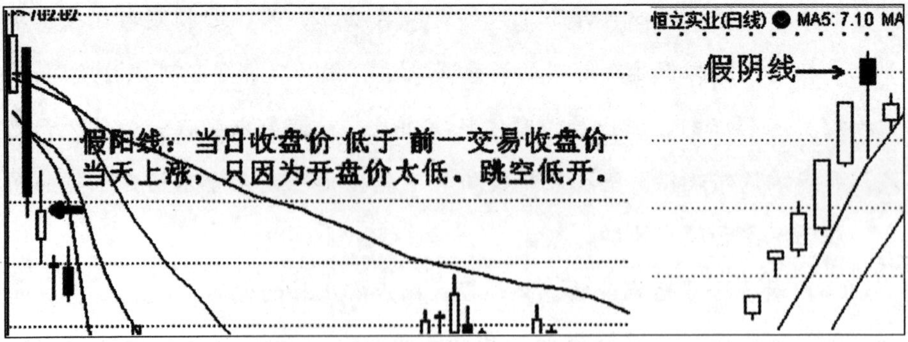

图 7－2－1　假阳线、假阴线

魔力神侃

假阳线、假阴线传递了什么信息？你想想，为什么会出现这样的图形？在这里我们不妨接受“存在即为合理”的说法，假设你是庄家你会怎么做？

一般而言，假阳线就是假涨，假阴线就是假跌。庄家的操盘手做出各种障眼法，目的就是让小散们蒙圈，作出错误的判断。所以我们要考虑反其道而行之，不可简单判断。模糊逻辑用到这里比较适合。

03 量价关系、八阶律

（1）量增价平，转阳信号。

股价经过持续下跌的低位区，出现成交量增加股价企稳现象，此时一般成交量的阳柱线明显多于阴柱，凸凹量差比较明显，说明底部在积聚上涨动力，有主力在进货，为中线转阳信号，可以适量买进持股待涨。有时也会在上升趋势中途出现“量增价平”，则说明股价上行暂时受挫，只要上升趋势未破，一般整理后仍会有行情。

（2）量增价升，买入信号。

成交量持续增加，股价趋势也转为上升，这是短中线最佳的买入信号。“量增价升”是最常见的多头主动进攻模式，应积极进场买入与庄共舞。

（3）量平价升，持续买入。

成交量保持等量水平，股价持续上升，可以在期间适时适量地参与。

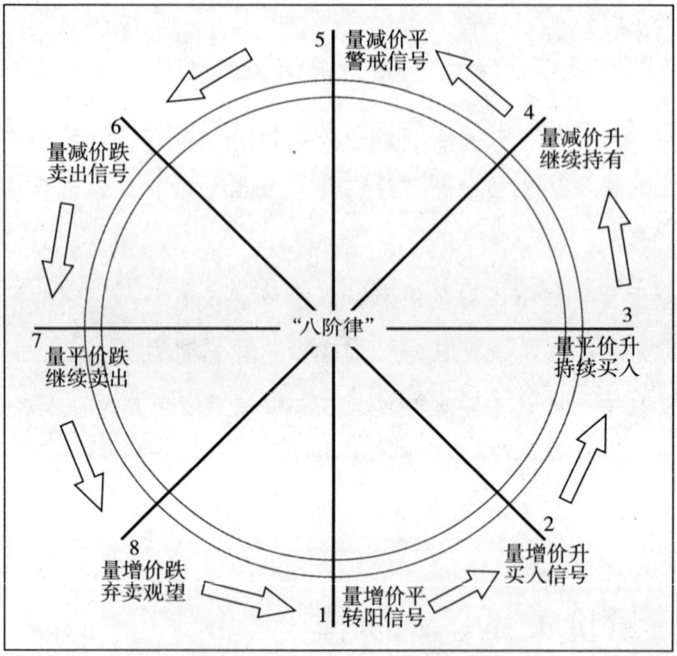

图 7-3-1　股市成交量变化八个阶段的"8 阶律"

（4）量减价升，继续持有。

成交量减少，股价仍在继续上升，适宜继续持股，即使如果锁筹现象较好，也只能是小资金短线参与，因为股价已经有了相当的涨幅，接近上涨末期了。有时在上涨初期也会出现"量减价升"，则可能是昙花一现，但经过补量后仍有上行空间。

（5）量减价平，警戒信号。

成交量显著减少，股价经过长期大幅上涨之后，进行横向整理，不再上升，此为警戒出货的信号。此阶段如果突发巨量、天量，拉出大阳线或大阴线，无论有无利好利空消息，均应果断派发。

（6）量减价跌，卖出信号。

成交量继续减少，股价趋势开始转为下降，为卖出信号。此为无量阴跌，底部遥遥无期，所谓多头不死跌势不止，一直跌到多头彻底丧失信心斩仓认赔，爆出大的成交量（见阶段8），跌势才会停止，所以在操作上，只要趋势逆转，应及时止损出局。

（7）量平价跌，继续卖出。

成交量停止减少，股价急速滑落，此阶段应继续坚持及早卖出的方针，不要买入。

（8）量增价跌，弃卖观望。

股价经过长期大幅下跌之后，出现成交量增加，即使股价仍在下落，也要慎重对待极度恐慌的“杀跌”，所以此阶段的操作原则是放弃卖出，空仓观望。低价区的增量说明有资金接盘，说明后期有望形成底部或反弹，适宜关注。有时，若在趋势逆转跌势的初期出现“量增价跌”，那么更应果断地清仓出局。

魔力神侃

八阶律是股价运动的基本规律，但是在多长时间内完成一轮变化，8个阶段分别持续多久，各阶段要达到怎样的效果之后再进入下一阶段，每个阶段中分别使用什么样的操作手法，这些都是没有定数的。如果有一点点规律，也一定会有操盘手将计就计反着用，让小散们摸不着头脑。

要说“跟庄”，哪有那么容易？让庄家为我们抬轿子，更难！虽然庄家也分三六九等，但我想就算是七八九流的庄家，他的综合实力也完胜一个小散。

04 量为价先

关于交易量，股民常用语有这些：量能，放量、缩量，堆量，天量、地量，放量上攻/下跌、缩量上涨/下跌，量增加平，均量线，等等。有资深股民曾经说过，量能指标不容易做骗线，但是我们在"骗线"小节中明确提到，对倒手法就可以做出不真实的交易量来。

但是我们都能看到，上述各种交易量的变化，都对应有股价的变化。量价关系变化多端，整体上有一句话说得好，叫"量为价先"，就是说股价的变化是果，交易量的变化是因；股价上涨需要资金的推动，如果主力在进场，就算涨价不多、放量温和，也常常出现"量价齐升"的局面；如果主力在退场，就算跌价不多甚至微涨不跌，随着卖单的堆积特别是大卖单封顶的局面出现，股价必然应声下跌。

魔力神侃

如果暂不考虑对倒手法，交易量的放大就意味着买的多、卖的也多，多空双方意见分歧较大（多方看涨所以买进，空方看跌所以卖出，买卖双方都多，所以交易量才放大），对应地，换手率也就升高。所以，有一些基本判断，比如：高位放量要小心下跌，低位放量可能要涨，缩量上攻后续乏力，缩量下跌无须担心太多。

05　低开低走、低开高走、高开高走、高开低走

某一指数或某股票的价格，当日开盘价低于前一交易日收盘价的叫低开，相应地还有平开和高开，顾名思义即可。

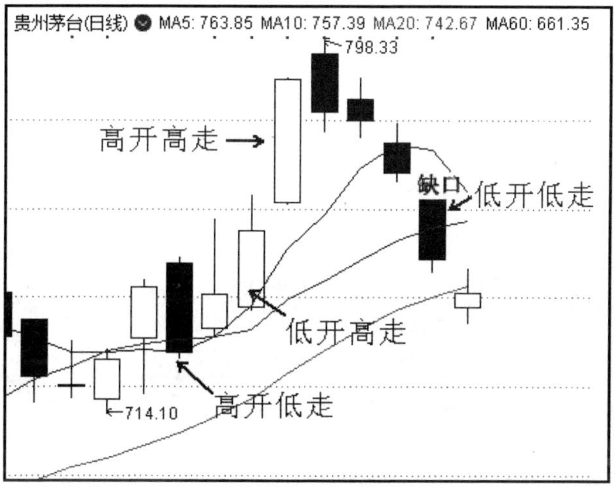

图7－5－1　开盘与盘中走势

标题中的4个说法，就是股市行情的4种表现，描述了当日的开盘情况和盘中走势。如果有利好或者利空消息，还有可能出现反转行情、跳涨行情或者跳水行情。

06　缺口、补缺、跳空回补

如果受到强烈的利空（利多）消息影响，大盘股指或者个股股价低

（高）开幅度较大，就叫跳空低（高）开，表明该指数或该股票在当日表现弱势（强势）。

如果跳空较多以至于开盘价低（高）于前一交易日最低（高）价的，就会形成缺口。低开缺口常常是后续的操作机会，高开缺口常常是后续的风险所在。因为有缺口出现，就有人想学着女娲的样子去补缺，也称“补空”“回补缺口”“跳空回补”。

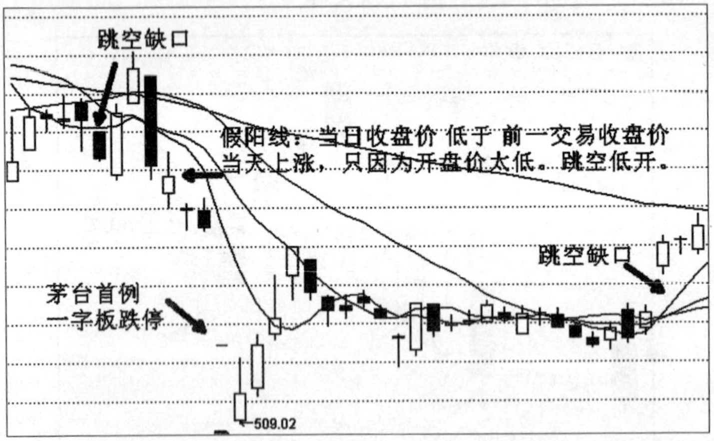

图 7－6－1　跳空缺口（含假阳线）

魔力神侃

跳空回补，股民常用来比喻某人德不配位，承受不起巨额财富或巨大成绩，以至于节外生枝或者得而复失。这是股市文化的影响在扩展。从另一个意义上说，炒股就是在修炼，其收获远不止股市收益。

07 均线、多头排列、空头排列

均量线

均线分为均价线和均量线。均量线就是交易量的平均线，用来考量当日成交量水平。笔者曾经学过某种量化选股方法，要求当日成交量要超过60日均量线的1.2倍或1.5倍。也就是要求有一定程度的“放量”，因为前述“量为价先”。

均价线

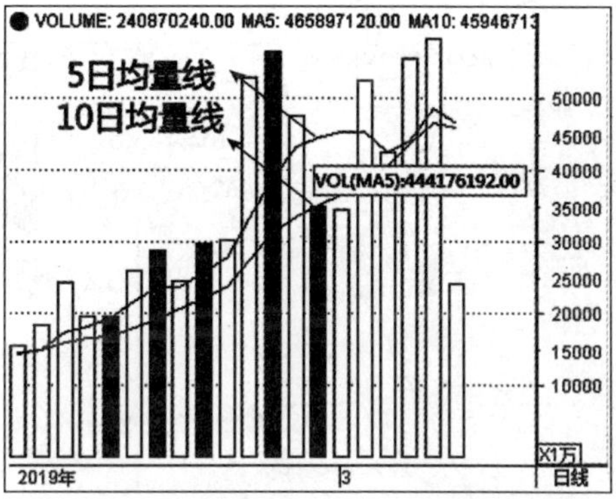

图7-7-1 均量线

常说的均线指的是均价线。换言之，均线的默认值是均价线。在通达信系统中，均价线的常用指标分为MA和MA2，允许用户自行设置。比如MA指标默认值是5、10、20，MA2指标默认值是5、10、20、60、120、250，有人调整为5、8、13、21、34、55。哪个指标系统更好用？要看投资者你熟悉哪个。

MA2的6根线依次叫作“5日线”“10日线”“月线”“60日线”“半年线”“年线”。奇怪了，一年不是有365天吗，MA250为什么叫“年线”？那是因为一年只有250个左右的交易日，类似地，一个月的交易日大约有20个，所以MA20叫“月线”。

而5、8、13、21、34、55 很明显是斐波那契数列。还有人采用 5、13、34、55、144、233。

与均价线直接相关的"技术"和说法有：均线黏合/发散、布林带、布林开口/闭口、多头排列、空头排列。

多头排列、空头排列

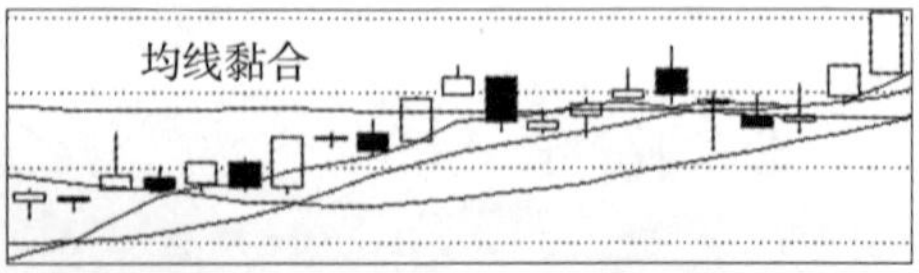

图 7－7－2　均线黏合

多头排列就是 5、10、20、60 日均价线从下向上依次排列，而反向的排列就是空头排列。

为了防止均线系统在除权日被"破坏"，看官你可以选择复权方式为"前复权"，不要选择"不复权"。

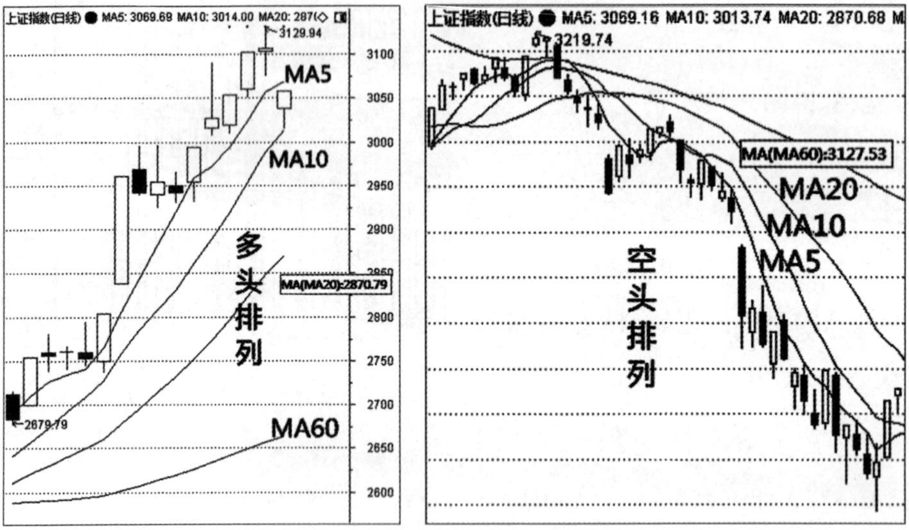

图 7－7－3　多头排列、空头排列

08 破五卖出法

与均线系统密切相关的说法还有：破五卖出法、金叉共振买入法，等等。

所谓破五卖出法，是指股价高于 5 日均线 MA5 时就坚定持有，换言之，如果股价下跌但不下穿 MA5 就不卖出，只有当股价跌破 MA5 时才卖出。

破五卖出法属于右侧交易，只吃鱼身不吃头尾的高手实操手法，有可能少赚一些，但遇到强势股就可能实现“跟庄”，而不被庄家的震仓洗盘手法摔下车，没有满仓踏空的危险。

09 金叉、水下金叉、死叉、金叉共振买入

均价线 MA、移动平均 MACD、随机指标 KDJ、相对强弱指数 RSI，以及其他多种指标体系，都有快线和慢线。

快线由下而上穿过慢线，就形成“金叉”，例如，均线 5 日线上穿 10 日线。反之，慢线由上而下穿过快线，就叫“死叉”。金叉意味着看涨，死叉意味着看跌。

由于 MACD 系统有零轴水平线，零轴以下的金叉被股民戏称为“水下金叉”，虽然有看涨信息出现，但能量较弱，因此水下金叉未必可靠，谐趣解释是带水的金叉容易受潮。相反，水上死叉的信息强度也相对不足，水下死叉就比较可靠。

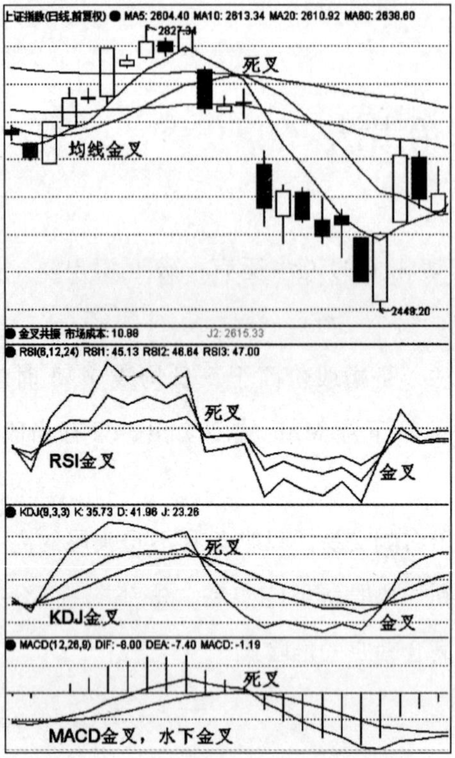

图 7－9－1　金叉、死叉、共振、水下金叉

类似地，一次金叉未必可靠，连续的两个金叉要可靠得多，这就是“二次金叉”。相反，就是二次死叉，是比较可靠的下跌信号。

如果 KDJ + RSI + MACD 金叉或者 KDJ + RSI + MA 金叉同时出现，就叫三金叉共振，是更可靠的上涨信号。甚至有可能出现多金叉共振。借此信号决定买入，就是金叉共振买入法。

当然了，死叉共振就是可参考的离场信号。

10 技术指标、盘口语言

通达信交易系统列出的常用指标有：MACD 平滑异同平均指标、DMI 趋向指标、DMA 平均差指标、FSL 分水岭指标、TRIX 三重指数平均线、BRAR 情绪指标、CR 带状能量线、VR 成交量变异率、OBV 累积能量线、ASI 振动升降指标、EMV 简易波动指标、WR 威廉指标、KDJ 随机指标、CCI 商品路径指标、ROC 变动率指标、RSI 相对强弱指标、VOL－TDX 成交量（虚拟）、MTM 动量线、PSY 心理线、MCST 市场成本指标、BIAS 乖离率指标、BOLL 布林线，等等，多得很。

这么多指标，都常用吗？操盘手真神人也！

不可能更没必要。虽然不是“一招鲜吃遍天”，只需要掌握一个指标就够用，但即便是专业操盘手，常用的指标组合也不过四五个。例如，我的师父就常用 MACD＋VOL/OBV＋BOLL，有时候结合 BIAS、KDJ 或者 RSI 看看。临时在手机上看的时候，还会用到 ENE。

盘口语言

盘口语言有狭义广义之分，我的解释是：操盘手盯盘或者行动的时候，相互之间使用的明语和暗语。他们用盘口语言通信并交流。

广义地说，古老的牲口交易市场上人们比画的手势、买卖双方藏在袖筒里做交易的手指动作，以及电影中的股票交易所内交易员们的各种交易手法、跑马灯显示屏上滚动变化的数字……甚至各种技术形态，都可以叫盘口语言。

如果说语言是通向对方心灵的基本途径，那么掌握盘口语言就是技术学习成长的必经之道。

支撑位、压力位、前高、前低

有各种方法预测出指数或者股价的支撑位和压力位。常用的有江恩理论、斐波那契数列，其理论基础都是黄金分割法。也常用画线的方式预测点位或价位。

此外，还有简单直接地观察前高和前低，整数关口，缺口能否突破，等等。

头部、顶部、底部

常见的关键词有：M 头、W 底，头肩顶、头肩底，双重底、三重底，双重顶、三重顶；顶分型、底分型。这些常识性知识读者朋友可自行百度学习。

趋势、反弹与反转

关键词有：趋势线、趋势反转、V 形反转、岛形反转。

反弹不是反转。

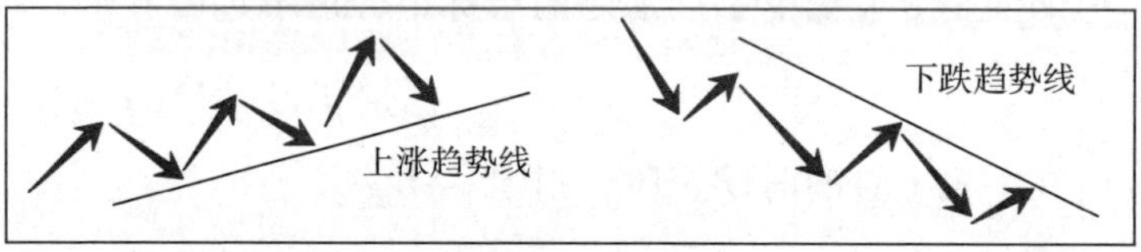

图 7－10－1　趋势线

背离、背驰

关键词有：顶背离、底背离；顶背驰、底背驰。

KDJ、RSI、MACD、MA 等指标，都有背离和背驰，可供分析、把握、运用。

时间级别

时间级别可划分为：小时间级别、大时间级别；日线、周线、月线、年线级别；60 分钟、30 分钟、15 分钟、5 分钟级别。

11 缠论、缠中说禅

缠论是技术派极为推崇的一门大学问，更有大师于缠论中说禅。相关书籍和网文很多，感兴趣的看官请移步佳处，这里不做展开。

12 技术形态、K线形态、MACD“必涨”形态

形态，就是股民在长期的观察中摸索总结的K线组合，隐藏在K线图中的图形组合。我把它们比喻为天文学中的星座，股市中的“图论”。

天文爱好者拿出一张星空图，在几颗明暗度不同的星星之间连上线条，说这是某某星座。我问，看不出来呀？他就在旁边绘出一些曲线，一个可被识别的形态就跃然纸上了。所以，如果“新韭菜”说技术形态怎么这么难学，那只能说不怪你，读懂天书本身就是巨大的挑战。

技术派可能会说，形态分析就是为了把复杂的东西简单化、把数据分析图形化、把规律和经验从一大堆散乱的信息中摘取剥离，让我们看图说话，轻松面对。感到困难、不想费劲的话，临渊羡鱼不如退而结网。

都说得有道理，但如果是技术流，技术爱好者，笔者建议掌握一些常见的K线形态及其变体，在此列举一些如下：

红三兵（三阳开泰、三个白武士）、三只乌鸦（三胎乌鸦、暴跌三杰）；

多方炮、空方炮，底分型、顶分型，老鸭头；

早晨之星（启明星）、黄昏之星（金星）、射击之星（流星线、倒锤头、一箭射天）、双十字星；

锤头线、上吊线、孕线、抱线；

旭日东升、乌云盖顶、倾盆大雨；

一箭射天、双棒锥地、三棒坠地；

仙人指路、断头铡刀；

……

魔力哥要提醒各位：形态有真假，小心去鉴别；门外有高人，运用需谨慎。关于 K 线形态的图书、文章，可谓汗牛充栋，笔者在这里只简单列举，如图 7－12－1 所示。

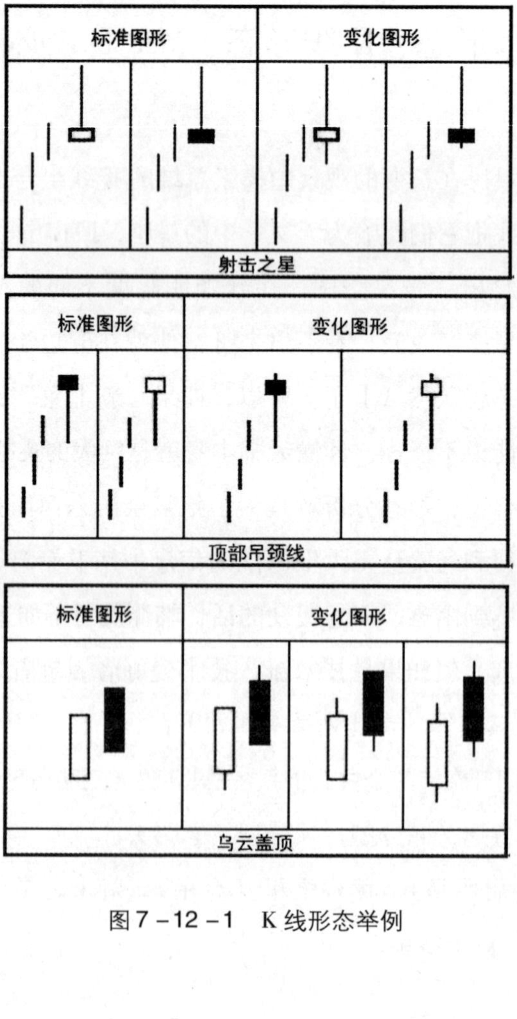

图 7－12－1　K 线形态举例

有人对这些形态做了二分法，分为买入形态和卖出形态，如《K 线图的 102 个买入形态》和《K 线图的 93 个卖出形态》这些书籍；有人根据趋势来分类，则有 3 种：上升形态、反转形态、下跌形态；还有某个指标的细节形态，如下文的 MACD“必涨”形态，等等。

传说中 MACD“必涨”形态有：佛手向上、小鸭出水、鳄鱼嘴、空中加油，还有人说海底捞月、漫步青云、天鹅展翅、空中缆车、海底电缆，甚至有人总结了“MACD 六种必赚形态”。必赚，真的吗？如果有这样的好事，那就是每个股民都赚钱，什么 721 法则，什么正态分布，都是胡扯。

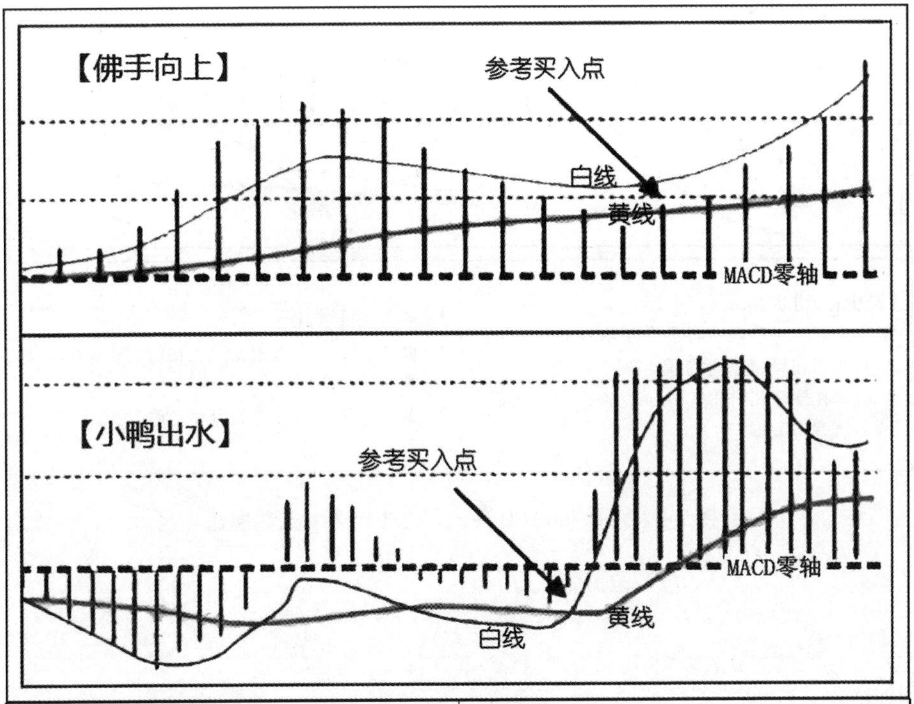

【佛手向上】特征：	【小鸭出水】特征：
1. MACD 金叉上行后回调→黏合前再发散。 2. 经常出现在主力洗盘时。 3. 此时均线系统呈多头排列。	1. 快慢线先形成水下金叉→触碰或稍微下穿零轴→形成死叉→二次金叉→白龙出水（白线上穿零轴）。 2. 配合放量更好。

图 7 -12 -2　MACD 形态：佛手向上 + 小鸭出水

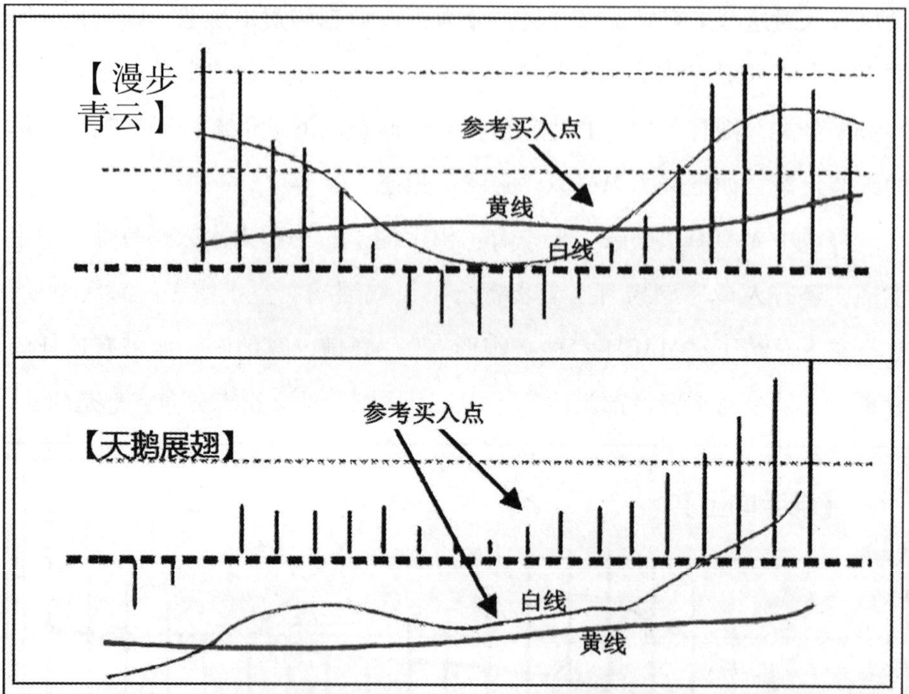

【漫步青云】特征：	【天鹅展翅】特征：
1. 水上死叉→触碰或者下穿零轴→水上金叉。 2. K线正在穿越重要均线。 3. 股价在探底回升中，处于盘整或筑底形态，大概率将上攻。	1. 水下金叉→没有触碰零轴就回调→并不形成死叉，却反转向上。 2. 多为底部形态，抛盘穷尽之时。

图7-12-3　MACD 形态：漫步青云+天鹅展翅

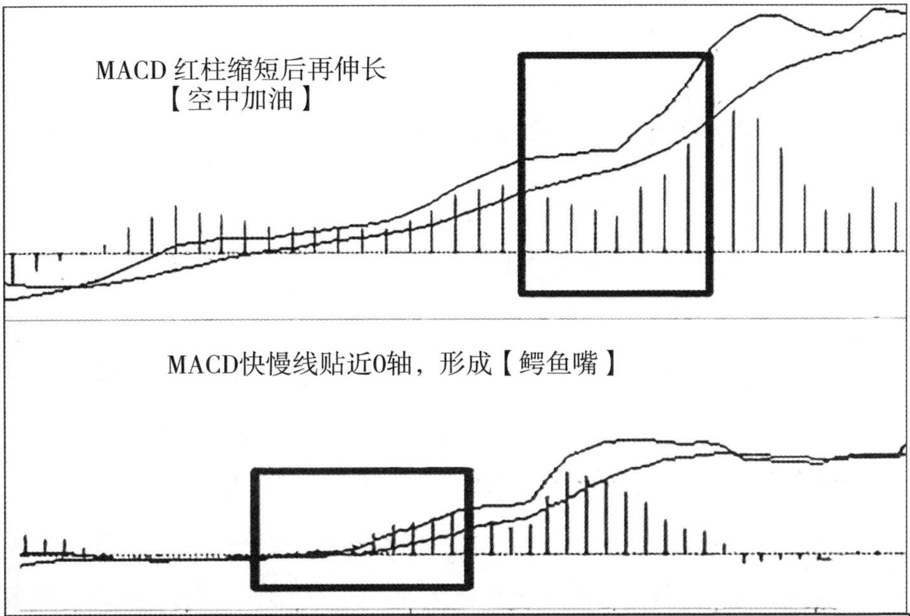

【空中加油】特征： MACD 红柱持续缩短，以为就要下跌了，却又昂头向上。常在牛市行情中或牛股 K 线中出现。	【鳄鱼嘴】特征： 牙齿部分（很短的红柱绿柱）黄白线居高不下。

图 7-12-4　MACD 形态：空中加油 + 鳄鱼嘴

魔力神侃

上过当的技术派不会轻信“必涨”之类的说法，但是把“小鸭出水”与“均线黏合但趋向多头发散”结合起来，或可短时参考。

再次提醒：警惕庄家的骗线。那是非常重要的“形态”！专业操盘手带着若有若无的笑意说，你要什么线我都能做出来。但肯定不是每个操盘手都做得出来。所以技术派能否掌握骑牛术，除了技术实力和资金实力外，还要看缘分和时间窗口。

13 选股公式、指标公式

比起看图说话，还有更简便的事情，那就是直接套用公式。问题是波谲云诡的股市中，真的有公式吗？

要说公式，也有，你只要用“公式网”作关键词网搜一下，就会找到上千条的号称公式的结果，而且还被细分为“选股公式”和“指标公式”。然而这么多的公式怎么运用？靠谱吗？不靠谱又怎么能够叫公式呢？

比较一下你会发现，选股的“公式”有很多条，判断买卖点位的指标公式也有很多条。那么，我们应该选哪个来用？它标注了 B（买点），我敢不敢照单买入？实际使用一下你会发现，这些可以免费下载的“公式”都未必靠谱，甚至有一些会让你感到很难使用，简直对不起“公式”这个词！

魔力神侃

事物都有两面性，我们不能依赖炒股公式，否则股市七亏两平一赚的 721 法则就不存在了，人人都赚得盆满钵满，喜笑颜开，全民炒股，心无旁骛。这可能吗？反之，我们也不能因为某些号称公式的东西不好用就否定了所有的公式，就像不能因为某一个程序有缺陷或者算法不够科学，就粗暴判断“计算机程序不靠谱”一样。

编辑公式的前提是对股市规律的认知——深入全面的正确认知，这是第一难题。第二个难题，就是公式中使用的算法，是否靠谱？是否合理？是否经过优化？要知道有些东西很有逻辑性，而另一些东西却是没有逻辑的。在此感谢一下我的朋友赵二斤先生，是他让我警觉到，逻辑二字并非放之四海而皆准。

大学期间我读的是专业数学，受此影响，我一度对“炒股公式”颇有兴趣，朝七晚十、劳神费力、集合创新，做出来6个公式，依次命名为“魔力一号”至“魔力六号”，实践中发现“魔力一号”还算不错，运用该公式得出的建议，不可全信，也不可不信。

炒股公式究竟能不能用，有结论吗？有。选用。选得准，你就挖到了宝贝淘到了金。怎样才能选得准？那就要学习加研究再加实操了。

14　炒股口诀，仅供娱乐

股民们总结了很多炒股口诀，也称股市打油体。例如“布林穿顶，逃命要紧”“双棒锥地，后市可喜”，等等，简单明了，朗朗上口，似乎很好用，小散们特别是新股民喜闻乐见，很有兴趣。

但是有人警告说“简单有毒”，不建议（直白地说就是反对）按顺口溜操作。

为什么？

魔力神侃

首先，表达模糊 + 断章取义。

文言文和诗歌体的表达能力，强大还是不足？你可以说简练、形象，但那是能理解并且有共鸣的人才能领会的境界，对于大众而言，对于二八分的“八”而言，似懂非懂，用之有害。因为表达模糊，而且没有告诉你有没有前置条件，有哪些默认和假设，甚至于“我说的××是这个意思，不是你理解的那样”。你要根据顺口溜去买卖，大概率会犯错，犯断章取义的错。

其次，“简单”二字的内涵外延，最少有 3 个层次。

常说事物的发展规律是“波浪式前进，螺旋式上升”，其实我们对事物的认知也有这样的规律，股民对股票和股市的认知，同样逃不脱这个规律。从简单到复杂再到简单，迭代两次够不够？未必，可能还要再来一次循环：简单—复杂—简单。不是简单重复，而是螺旋式上升，简单 3 跟简单 2 和简单 1 相比，文字相同，内涵不同，层次不同。套用一句《金刚经》的话：佛曰简单，是名简单，是不简单。

所以我同意“简单有毒”这个说法，不妨强调一次，送给各位股友。也许简单的初级阶段是简陋，简单的高级阶段是简明。“大道至简”当然没错，但是直接给我们“大道”，无字天书，我们看得懂吗？更何谈运用？《道德经》说，“上士闻道谨行之，下士闻道大笑之”，为什么大笑？因为“道”跟我们曾经听到学到的东西相比，这里也不通，那里也不通，甚至截然相反，于是很搞笑。

15 斐波那契数列、二十四节气、变盘、江恩理论

斐波那契数列

古代意大利数学家列昂纳多·斐波那契在研究兔子的繁衍规律时发现

一个数列：1、1、2、3、5、8、13、21、34、55、89、144、233、377、610……，其特点是从第三项开始，每一项都等于前两项之和。研究发现这个数列十分神奇，藏身其中的数理关系多种多样，引人入胜。比如：

它的每一项都是自然数，然而它的通项公式却是用无理数来表达的。

$$F_n = \frac{1}{\sqrt{5}}\left((\frac{1+\sqrt{5}}{2})^n - (\frac{1-\sqrt{5}}{2})^n \right) \text{或者 } Fn = \frac{1}{\sqrt[4]{5n}} (n=1, 2, 3\cdots\cdots)$$

这个通项公式中的元素，有没有让您想起初中数学讲过的黄金分割？该数列中，相邻两数的比值无限接近黄金分割比 0.618，因此该数列除了被命名为斐波那契数列（Fibonacci Sequence）以外，还被称为“黄金分割数列”。

“黄金比”被广泛应用到绘画、雕塑、音乐、建筑等艺术领域，也在管理学、工程设计等方面发挥着不可忽视的作用，在投资界也有特别的用处，举例说明如下。

波浪理论

波浪理论的内涵外延和实际运用，内容丰富多彩，读者可选取恰当的书籍来研读。这里只提及很小一部分内容：大浪套小浪；上升五浪加下跌三浪一起构成完整的八浪。但是研究发现，完整八浪与斐波那契数列有神奇的联系，如图 7－15－1 所示。

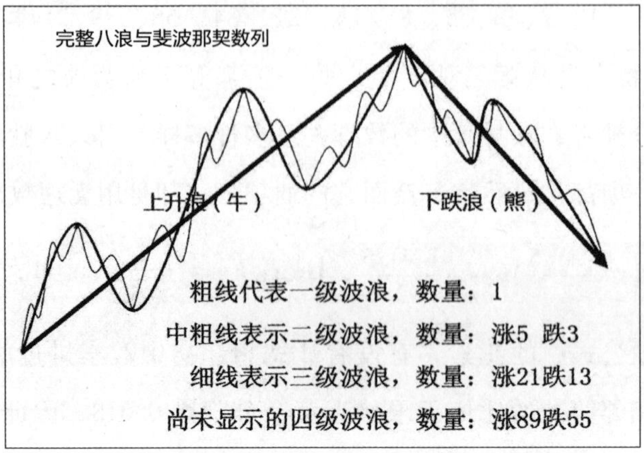

斐波那契数列	完整八浪与斐波那契数列的奇妙关系
1、1、2、3、5	一级波浪：1 + 1 = 2
8、13、21、34	二级波浪：5 + 3 = 8
55、89、144、……	三级波浪：21 + 13 = 34
	四级波浪：89 + 55 = 144

图 7 – 15 – 1　完整八浪与斐波那契数（数列）

斐波那契均线系统

均价线的常见设置为 5、10、20、60，对应一周、两周、一个月、三个月，分别有 5 个、10 个、20 个、60 个交易日，因此有人喜欢将 MA5 到 MA60 分别称为周线、双周线、月线、季线；MA2 则增加 120 和 250 两个数字，对应 6 个月和 12 个月的交易日数量，分别叫“半年线”和“年线”。

笔者还是倾向于用系统命名，就叫“5 日均线”“10 日均线”。

更复杂的还有斐波那契数列均线系统，共有 11 条均线：5、8、13、21、34、55、89、144、233、377、610。如果你更改均线设置，系统可能会建议你选择对数坐标系。

图 7－15－2　上证指数日 K 线图＋斐波那契均线系统（2019 年 3 月 8 日）

斐波那契 610 均线曾经显示 2009 年 8 月 3 日的 3478 点为小牛市的高点。那么 2019 年 3 月 8 日这天在本轮行情中处于什么位置？请你以后再来复盘。

变盘日

斐波那契数列常被用于预测股市变盘的时间节点，例如上涨开始后的第 5、8、13、21 个交易日，可能是“变盘日”。

如何应用？

斐波那契变盘日通常用于大盘走势，而不用于个股的走势预判。

起始日的选择较难，常用方法是：找到阶段性的高点或者低点，把第二个交易日作为起点 1，开始画线，如图 7－15－3 所示。以通达信系统为例，打开软件后，依次点击：工具—画线工具—斐波那契线，选定起始点，即可画线。

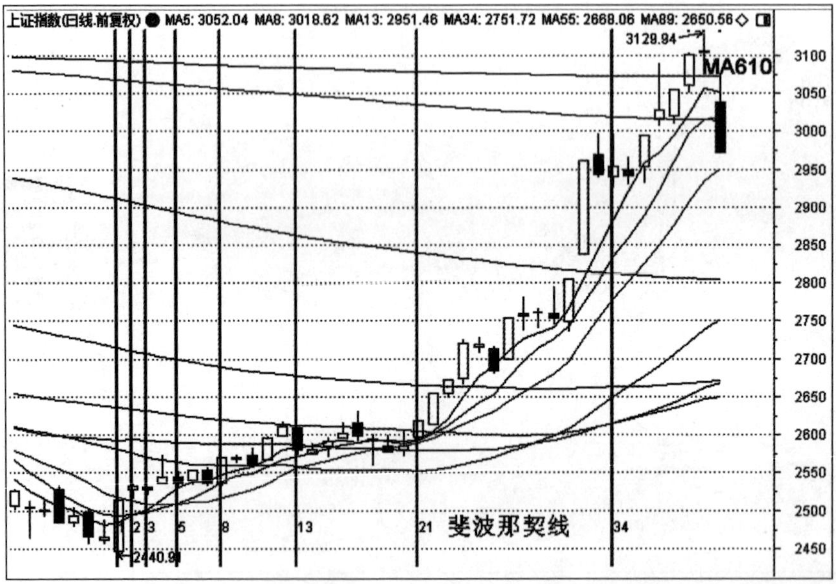

图 7－15－3　斐波那契线＋变盘日（上证指数日 K 线图）

魔力神侃

①比斐波那契数列更深入、更难懂的是江恩理论。

②斐波那契数列和江恩时间节点都是“节点”，而股市行情的重要节点还有中国农历的二十四节气，特别是立春、立夏、立秋、立冬和春分、秋分、夏至、冬至这 8 个重要的节点。

③实际应用方面并不那么精确，前后一两天都要注意行情“变脸”。

16 股市数学

本小节内容为引用加解释或点评，建议股民朋友们了解一下。虽然这些都不是 K 线分析，但属于技术分析的一部分。据说，抽象化以后，很多科学问题都变成了数学问题。股民朋友每天跟钱打交道，哪能拒绝数理逻辑？

收益率

假如你本金 100 万元，第一年收益 100%，总资产 200 万元。如果第二年亏损 50%，则资产又回到 100 万元。请问亏损 50% 跟盈利 100% 相比，哪个更容易？

假如你持有的股票现值 100 万元，一个涨停板后达到 110 万元，不巧的是，第二天就跌停，资产现值多少？110 × 90% = 99 万，不到 100 万元。反过来，假设第一天跌停，第二天涨停，资产还是 99 万元。

如果有人问你，5 个跌停板要多少个涨停板来补齐？肯定 5 个涨停板是不够的。

魔力神侃

关键点在于：多个跌停板后，本金失去太多了，再开涨的话，基数小了，起点低了。

波动性与收益率

仍然假设你有本金 100 万元，第一年赚 40%，第二年亏 20%，第三年赚40%，第四年亏20%，第五年赚40%，第六年亏20%，资产剩余多少，赚了还是亏了？

$100 \times 1.4 \times 0.8 \times 1.4 \times 0.8 \times 1.4 \times 0.8 = 140.4928$ 万元，赚了。

盈利能力怎么样？那要看相对数。折算成年化收益率是多少？

6年年化收益率仅为5.83%（1.0583的6次方就是1.4049）。

魔力神侃

这样的年化收益率仅比银行定期存款好一点点，比银行理财常规产品好一点点。可是，6年的投资管理工作，你付出了多少？当然你可以说，学习了更多知识，收获了更多经验，赚钱能力比以前强多了。

每天只赚1%

假如你持有的股票现值100万元，每天只赚1%，年收益怎么样？

以每年250个交易日计算，$1.01^{250} = 12.0321$，也就是说你一年就实现12倍增长。

如果每个交易日赚1%的梦想能够成真，再过一年赚多少倍？

$1.01^{500} = 144.7728$。100万元变成1.4477亿元。

魔力神侃

这是神话，让新股民口角流涎，让老股民望峰息心。每天只赚1%，乍一听这要求似乎不算高，魔力哥就曾经这样"要求"过自己。可是，结果只有：做不到！类似地，长期投资20年以上并且获利丰厚的投资者，他的收益增长曲线也是跌宕起伏的，不可能一帆风顺。

那么，换个角度看，1 年 10 倍要求高了的话，10 年 10 倍比较靠谱吧？

相当于解方程 $(1+x)^{10}=10$，求解 x，答案是 x = 0. 2589。也就是说，如果你有 100 万元，希望 10 年后达到 1000 万元，那么你需要达到的年化收益率是 25. 89%。如果这 10 年中有一年的收益率远低于这个数字甚至出现亏损，那就必须在某些年份的收益率远高于 25. 89% 这个数字，比如，翻一番。

拉低成本

如果某只股票价格在 50 元的时候你买入 10 万元，后来跌到 40 元时再补仓 10 万元，持有成本是 45 元吗？

不是！10 万元 ÷ 50 元/股 = 2000 股，补仓 10 万元 ÷ 40 元/股 = 2500 股，合计 4500 股，总金额 20 万元 ÷ 4500 股 = 44. 4444 元/股，再加上手续费，才是当前持股成本。

如果长期看好的股票持续下跌，而自己是这只股票的铁粉、死多头，并且手上有余钱可供追加投资，那就持续补仓，不断拉低持有成本。如果这只股票有分红、派现的话，你的持有成本可以变成零甚至负数。

组合投资

假设有无风险资产 A，年化收益率 5%；风险资产 B，年化收益率范围是 -20% ~ 40%。如果你投入本金 100 万元，并且投资风格较为稳健，你可以选择投资 80 万元到无风险资产 A，投资 20 万元到风险资产 B，那么，你全年最差的收益不过就是零，而不会亏损，因为 $80\times5\%+20\times(-20\%)=0$。最佳年化收益可以达到 12%，因为 $80\times5\%+20\times40\%=12$，而 $12\div100\times100\%=12\%$。

止盈止损、胜率

要不要设置止盈点、止损点？很多时候老股民都建议：要设置！就算采用动态管理，浮动止盈/浮动止损法，有也比没有好。

假设我们设定并严格执行每次盈利 10% 就止盈、亏损 5% 就止损，假设连续投资 100 次，胜负各半，即胜率为 50%，那么最终的收益率是 803.26%，因为 $1.1^{50} \times 0.95^{50} = 9.0326$。

假设每次盈利 10% 止盈，亏损也达到 10% 才止损，结果又怎样？仍然假设连续投资 100 次，胜负各半，那么最终的收益率是亏损 39.50%，因为 $1.1^{50} \times 0.9^{50} = 0.6050$。

魔力神侃

要么提高胜率，要么赚多赔少。不设止盈止损，或者设置了操作提醒却不实操，以至于形同虚设呢？那就是嘴上说着顺其自然，脚下却踩着西瓜皮，摔倒是大概率事件。

17 一板解千愁：涨停板的姿势和类型

涨停板的姿势多种多样，除了一字板，还有脉冲式、斜刺式、台阶式、凹字形、根号式、拉锯式等各种姿势和类型，如图 7－17－1 所示。

蓝盾传动(002765) 2019年03月07日 星期四 PageUp/Down:前后日 空格键:操作 通达信(R)
蓝盾传动　2019-03-07 分时 均线 成交量
脉冲式涨停，突发涨停

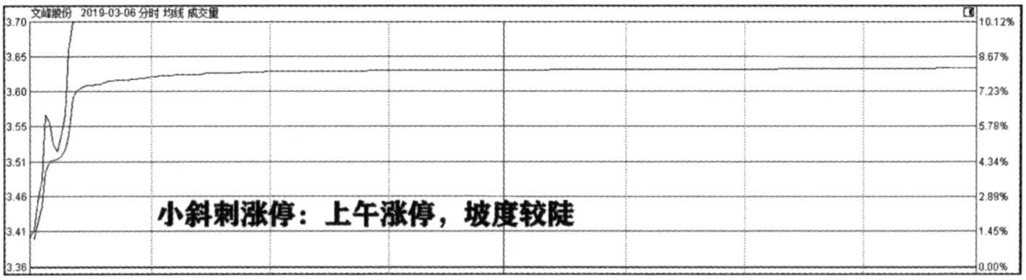
文峰股份　2019-03-06 分时 均线 成交量
小斜刺涨停：上午涨停，坡度较陡

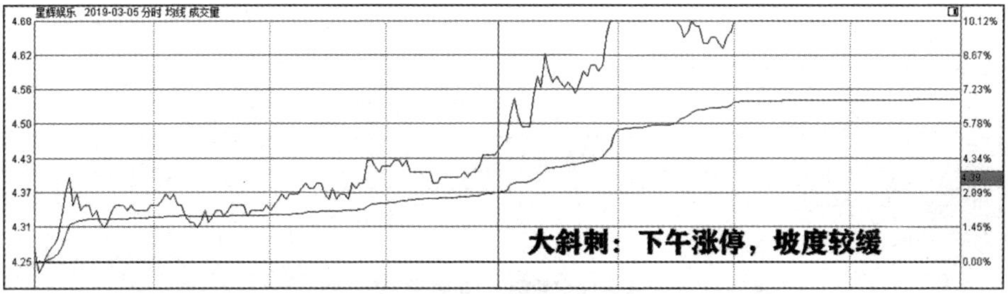
星辉娱乐　2019-03-05 分时 均线 成交量
大斜刺：下午涨停，坡度较缓

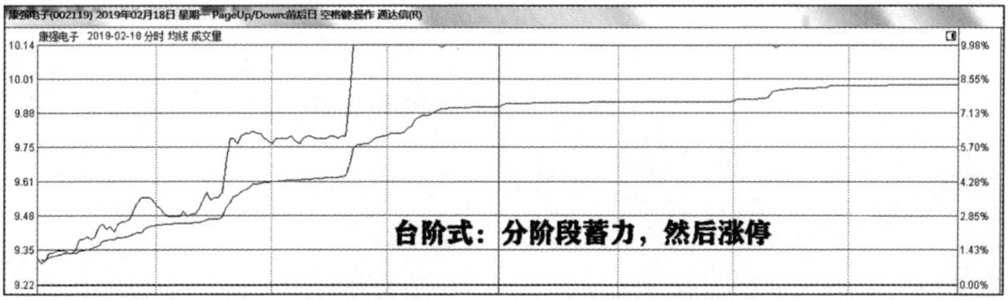
康强电子(002119) 2019年02月18日 星期一 PageUp/Down:前后日 空格键:操作 通达信(R)
康强电子　2019-02-18 分时 均线 成交量
台阶式：分阶段蓄力，然后涨停

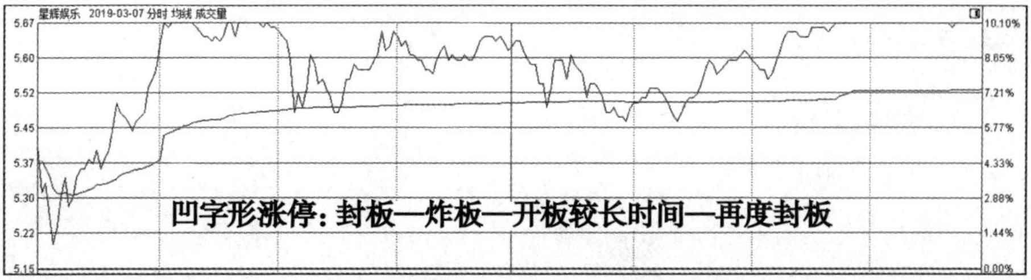
星辉娱乐　2019-03-07 分时 均线 成交量
凹字形涨停：封板—炸板—开板较长时间—再度封板

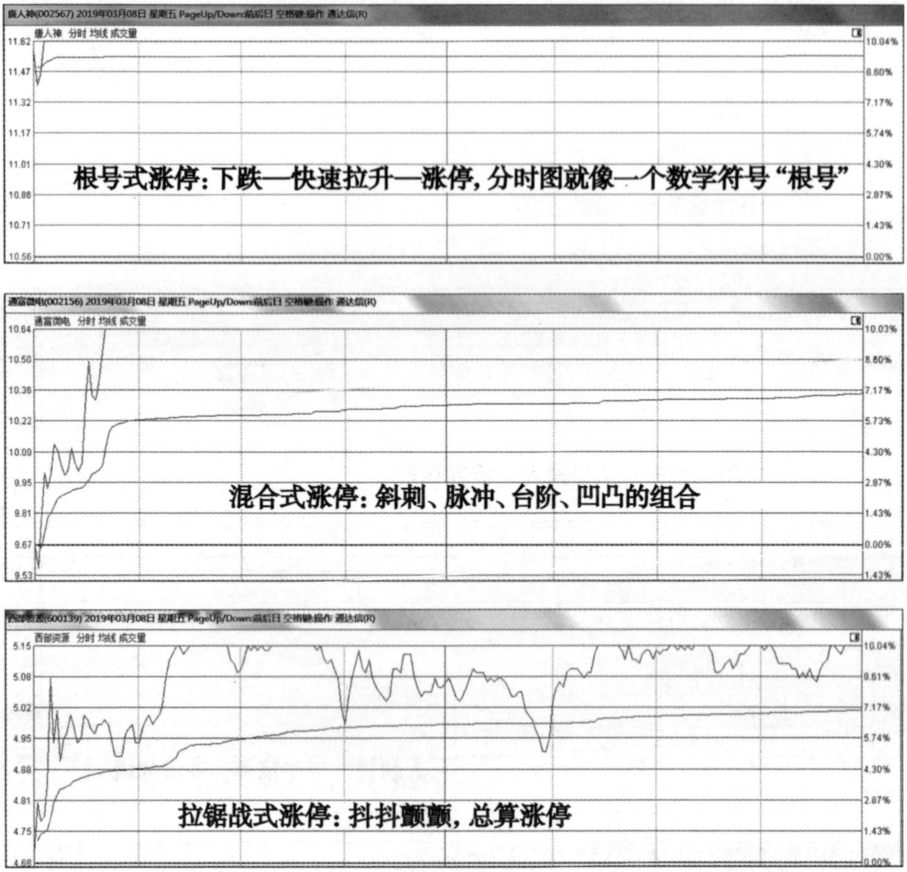

图 7－17－1　涨停板的各种类型

魔力神侃

那么多人在研究涨停板，只因“一板解千愁”。在次新股受冷落的时段内，特别是新股只能收获两三个涨停板的时候，就更显得“板”以稀为贵。

但请看官们注意这两点：

①财不进急门。或者说，很多人到了中老年阶段仍然贫穷，大都因为

年轻时急于赚大钱，着急多年之后发现其实并没有赚到多少钱。

这句话应用到股市上，除了前文所述的不要轻易“加杠杆”“配资炒股”之外，还有一条很重要，不要苛求涨停板，更不要奢望每天抓一个涨停板。

②为了配合小散们急于赚大钱的想法，无良机构常与黑嘴合作，号称他能够抓涨停板，不保证每天抓一个，但是三五天抓一个是很稀松平常的事情。你信吗？看了魔力哥的提醒你还要相信他的话，我也拿你没办法，毕竟，要克服人性弱点，不付出点代价怎么行？除了要修炼，还要交学费。

当然，身为技术派的你，对“涨停板战法”颇有兴趣，起早贪黑研究涨停板如何出现，如何封死涨停或者如何打开后再封涨停，如何开板，新股上市开板后多少天可以进场……研究研究，没问题。研究之后小试牛刀，并且确认是“小试”，也没问题。如果醉心于抓涨停呢，那就不是股民在研究骑牛术，而是斗牛士在寻找一招制敌的死穴，有机会也有风险。遗憾的是，风险很大，而且一旦发生，只怕你难以承受。还是适可而止为好。

18 抢帽子（做 T）

“抢帽子”是老牌股民的说法，现在已经被“做 T”代替。所谓做 T，就是做 T+0 交易，在同一个交易日内买卖同一只个股，赚取差价。买多少就卖多少，卖多少就买多少，当天完成操作，保持仓位不变。

目前 A 股采用 T+1 的交易制度，除上证 50ETF 外，不支持双向操作。如何 T+0？聪明的股民总有办法。实操中，做 T 还被分为顺 T 和倒 T。顺 T 就是先买后卖，前提是持币、有仓位（有余钱或者能新增资金）；倒 T

就是先卖后买，前提是持股。没钱或者没股，无米之炊，虽巧妇亦不能为之。除非巧妇向邻居借米下锅，那就到了融资融券的领域，不属于本小节讨论的范围了。

做 T 能赚钱吗？

对于这个问题，向来有争议。支持者的意思是，你同意波段操作的话，就把做 T 看成是微型的波段操作。

反对者则认为，做 T 的收益不高风险却不小，很可能判断错误造成损失，就算专业操盘手能够规避人性弱点，严格遵守纪律，买错了就卖掉、卖错了就买回来，也会损失双向操作的手续费和印花税等。更何况，如果小散都能做到"规避人性弱点，严格遵守纪律"的话，他就不会一直是小散了。实际情况是，他们经常买错了就放在那里，苦等股价上涨，于是资金被占用，仓位管理失守，陷入满仓套牢的风险。如果卖错了，又不敢追涨把它买回来，于是捶胸顿足大喊踏空。如果目前的实操水平停留在这个阶段，你 T（踢）啥呀？

魔力实操

我本人支持波段操作，有时候也做 T，根据记录来看，胜率大约为 70%。

当然，做 T 还有个基础条件，就是你要有时间盯盘，还要配套使用盯盘工具，比如前文提及的"魔力一号"公式，以及分时 MACD。我喜欢查看分析不同时间级别的趋势变化，反复查看 5 分钟、30 分钟、60 分钟级别的图形走势。

这是在推荐做 T 吗？不。理由如上。看官你不要捡了芝麻丢了西瓜。

后　记

虽经数轮牛熊，毕竟水平有限；

知识浩如烟海，难免挂一漏万。

况我大国金融，市场持续发展。

还请各位看官，风物长宜放眼！

就在本书付印之前，国家重磅推出了“科创板”。面向科技创新型企业，试点注册制，配合更加严格的退市制度；沿用 T + 1 交易制度，设定了投资者适当性规则，也就是两道门槛：50 万元资金、2 年交易经验。小散们欢呼雀跃，期待从中分一杯羹。

但笔者认为，无论是达不到门槛条件还是非激进型的投资者，都不建议直接投资科创板的股票，建议借道公募基金，进行间接投资。这样操作的风险更小，也不丢失机会，是根据自身特点寻求的平衡。

首先，投资科创板的股票，需要火眼金睛。相比主板的上市公司，科技创新型企业的品质更加难以把握，而且面临更加严格的退市制度。业绩波动较大，经营风险较高，盈利不作要求，怎么选股？这是个很有挑战性的问题。投资者要具备良好的投资经验和资金实力，要不然，风险承受能力和价值判断能力不够，很有可能驾驭不了这匹烈马。万一“千选万选，选个漏油灯盏”，撞上红线被勒令退市，那就惨了。

其次，科创板的交易规则也在我们熟悉的规则上加了杠杆。比如涨跌幅限制，前 5 个交易日不设限制，从第六天开始涨跌幅限制 20%，跟以前相比翻了一番。还有，最小交易量加了杠杆。股票最少买一手，以前是 100 股，到了科创板就翻一番变成了 200 股。机会放大了，风险也放大了！

如果遭遇游资爆炒，你有可能坐轿子，但是更大的可能是抬轿子，抬得汗流浃背，亏损严重。

简言之，没有金刚钻，别揽瓷器活。还是顺应去散户化的潮流，把这些专业的事情拿给基金经理们去做吧！

再次祝您：一手抓机会，一手控风险，投资顺利，吃嘛嘛儿香！